세계화시대의 한국현대사

세계화시대의 한국현대사

개정판 1쇄 발행   2017년 9월 5일

지은이   현광호
펴낸이   윤관백
펴낸곳   [로고]돌선선인

등록   제5-77호(1998.11.4)
주소   서울시 마포구 마포대로 4다길 4 곳마루빌딩 1층
전화   02)718-6252 / 6257
팩스   02)718-6253
E-mail   sunin72@chol.com

정가 · 26,000원
ISBN   979-11-6068-116-1   93910

· 잘못된 책은 바꾸어 드립니다.

세계화시대의 한국현대사

현광호

도서출판 선인

책머리에

　한 공원에서 분수대 사이를 지나가는 시민들을 바라보며 평범한 사람들의 일상생활이 들어가는 역사서를 써야겠다는 생각을 하게 됐다. 사람들은 당연히 스스로의 일상이 들어간 역사에 흥미를 가질 것으로 판단했다. 그럴 즈음 서민의 일상생활에 대한 연구가 활발하게 이루어지고 있었다. 민주주의 시대에 평범한 서민들이야말로 역사의 주인공이다. 그런 분위기에서 일반 대중을 위한 역사서는 꼭 필요하다고 보여진다.

　근대에 접어들어 일상과 세계는 긴밀하게 연결되고 있으며, 최근 전개되고 있는 세계화는 사람들의 일상에 많은 영향을 주고 있다. 세계화라는 용어는 1961년 처음 등장한 이래 빈번하게 사용되고 있다. 세계화의 정의는 다양하다. 일각에서는 세계화를 자본주의 경제방식이 세계의 주변 지역으로 확장되는 과정으로 보고 있다. 그러나 세계화의 정의에 대해서는 다층적인 접근이 필요하다. 세계화는 일반적으로 지구적 차원에서 교류와 통합이 진행되는 현상을 뜻한다. 다시 말하자면 세계화는 세계의 상호 연결성과 의존성이 증대하는 역사적 전개 과정으로 볼 수 있다. 세계화의 개시 시점에 대해서는 논쟁이 계속되고 있다. 16세기 전반에 개시됐다는 주장과 19세기 후반에 개시됐다는 주장이 대립하고 있다. 후자의 경우 19세기 후반 첫 번째 세계화의 물결이 시작됐다가 1차 세계대전과 경제대공황으로 중단됐다고 주장한다. 두 번째 세계화의 물결은 20세기 후반에 시작됐다고 파악하고 있다. 후자의 견해에 입각하여 본다면 한국은 개항기 때 첫 번째 세계화의 물결에 동참했고, 제5공화국 때 두 번째 세계화의 물결을 탄 것으로 볼 수 있다.

한국에서는 일상생활에서 세계화라는 용어가 사용되고 있다. 한국에서 세계화 용어가 본격적으로 사용되기 시작한 것은 1990년대 전반기였으며, 특히 문민정부는 세계화를 주요 국정과제로 설정했다. 세계화는 위기이자 기회였다. 한국은 세계화를 통해 기회를 추구했지만 정작 세계화는 한국에 IMF 경제위기를 제공했다. 그런 가운데 1999년 미국 시애틀에서 발생한 대규모 세계화반대 시위는 사람들에게 세계화에 대한 부정적 인식을 심어줬다. 세계화라는 용어는 반세계화운동 과정에서 많은 사람들에게 각인됐다. 세계적으로도 세계화에 대해서는 찬반논쟁이 격렬했다. 지지론자들은 세계화가 자원 사용의 효율성을 높이고 경제성장을 가져다준다고 주장하는 반면, 반대론자들은 세계화가 국가간, 사회 내 불평등을 심화시킨다고 반박한다.

한국인은 세계를 의식하는 경향이 강한 것 같다. 한국의 일각에서 세계화의 방향을 심층적으로 따져보지 않고 세계화 물결에 적극 참여하려고 하는 것은 세계와의 긴밀한 끈을 놓치지 않으려 한 데서 나온 것은 아닐지 모르겠다. 한국이 세계를 강하게 의식하기 시작한 때는 개항기였다. '은둔의 나라'로 불릴 정도로 국제사회와의 접촉을 기피했던 한국이 세계와 긴밀한 관계를 맺으려 한 것은 국가의 주권을 수호하려는 노력의 일환이었다. 다시 말해 세계의 감시하에 한국을 배치시켜 외세가 한국을 침략하지 못하게끔 하려 한 것으로 볼 수 있다. 대한제국이 국제법을 그토록 중시한 것도 세계의 법으로 국가 주권을 지키려 했던 안간힘이었던 것이다. 한국인은 국권을 상실한 뒤에는 국제사회와 연대하여 일제에 줄기차게 항거했고, 그 과정에서 해방의 감격을 맛봤다. 대한민국은 UN의 결의로 합법성을 보장받았고, 최근에는 한국인이 UN의 수장에 취임하기도 했다.

세계사는 인간의 주체성이 제고되고 인간의 존엄성이 실현되는 과정이다. 또 세계사는 인간, 사회, 계층, 민족, 국가, 문명, 지역 등에 대한 이해가 확대되는 과정이다. 나아가 세계사는 인간의 자유와 평등의 확대, 고급문화의 공유, 문명의 융합 과정으로 볼 수 있다. 세계사는 다양한 인물이 등장하여 다양한 역할을 담당하는 등 파노라마나 대하드라마와 같은 역동성을 지니고 있다. 한국사도 이상과 같은 세계사적 보편성을 지니고 있다. 또 한국은 다른 나라와 마찬가지로 자랑스러운 역사와 부끄러운 역사를 간직하고 있다.

한편 한국사는 다른 나라 역사와 차별성도 많이 있다. 한국은 경제성장과 민주화를 비교적 성공적으로 수행하여 아시아의 주요 국가로 부상했다. 그 위에 한국은 '한류'라는 문화를 창조하여 아시아 문화의 일익을 담당하게 됐다. 그런 가운데 아시아문화를 서구문화의 대안으로 보는 시각도 등장했다. 한편으로 한국의 그늘도 엄존하고 있다. 경제위기로 인한 양극화의 확대, 집단 이기주의의 만연, 봉건의식의 잔존 등은 그 주요 실례라 할 수 있다. 대한제국은 1910년 8월 일제의 식민지로 강제 편입됐다. 대한제국이 국권을 상실한 것은 지배층이 기득권에 집착하여 개혁을 소홀히 하고 국민통합 대신 외세의존을 지향했기 때문이었다. 강대국에 둘러싸인 한국으로서는 공동체 의식과 국민통합이 필요하며 국민통합에 있어 한국사의 재인식이 긴요하다. 현명한 국민은 역사로부터 많은 교훈을 배운다. 한국 역사는 한국인에게 소중한 자산이다. 한국인들은 한국사를 음미하여 재도약의 기반으로 삼고 새로운 문화를 창조할 필요가 있다.

　세계화와 지역화의 추세 속에서 한국사를 세계사, 동아시아사와 연결지어 이해하는 시각은 필수적이다. 그에 따라 본서는 한국사를 세계사, 동아시아사와 연계하여 서술하고자 했다. 또 본서는 한국 근현대사를 지배의 영역, 일상의 영역, 운동의 세 영역으로 구분하여 서술했다. 세 영역은 각자의 고유성을 지니며 상호 영향을 주고받는다고 판단했다. 지배의 영역은 국제정세, 정권의 지배정책 등으로 구분했고, 일상의 영역은 의식주 생활, 청소년 생활, 대중문화 등으로 구분했으며, 운동의 영역은 민족주의 운동, 민주주의 운동으로 구분했다.

　구체적으로 본서의 내용은 다음과 같다. 첫째, 일제 식민지배의 본질을 서술하는 데 많은 비중을 두었으며, 최근에 논쟁이 활발한 식민지근대화의 실상에 대해서도 일정 부분을 할애했다. 둘째, 민족문화운동의 실상과 민족해방운동의 지향에 많은 분량을 할애했다. 민족문화운동은 민족해방운동의 기반이 됐으며, 민족해방운동은 대한민국 탄생의 기반이 됐음을 강조했다. 셋째, 민중의 일상생활에 대해 큰 비중을 두고 서술했다. 구체적으로 의식주 생활, 청소년 생활, 대중문화 등을 통해 시대상을 이해시키고자 했다. 초판에서는 따로 여성 생활에 대한 절을 설정하여 서술한 바 있지만, 개정판에서는 여성 생활을 삭제했다. 초판의 여성 생활의 내용 중에서 일부는 개정판에 배치했다. 넷째, 식민지에서 해방된 뒤 표출된 한국인의 교육열을 강조했다. 교육열은 한국의 경제성장과 민주화의 기반으로 작용했으며, 한국으로 하여금 선진국 도약의 희망을 갖게 했다. 다섯째, 한국의 세계화 과정과 IMF 경제위기에 대해 서술했다. 그 과정에서 세계화의 여러 가지 방향을 인식시키고자 했다. 여섯째, 통일운동에 지면을 할애했다. 남북한은 본래 하나의 민족이므로 통일은 당위라 할 수 있다. 또 남북통일은 한반도의 민주화와 동아시아의 평화를 위해서도 늦출 수 없는 과제이기도 하다. 통일은 남북 대화와 6자회담 등을 잘 활용할 필요가 있다고 보여진다. 일곱째, 세계에 자랑할 만한 한국의 민주화운동을 상술했으며, 민주주의가 정착되는 과정도 소개했다.

세계화가 곧 서구화나 미국화라고 할 수는 없다. 그런데 한국은 서구문명을 수용하여 근대화를 추진했다. 그러므로 한국의 근대화 과정은 서구 수용과 연관이 있었다. 본서에서 서구문화 수용을 강조한 것은 미국을 비롯한 서구의 강력한 영향을 반영한 것이다. 그렇지만 향후 아시아, 아프리카, 남미 등의 지역을 고려한 세계화 접근이 필요하다고 보여진다.

본서에는 여러 장의 사진이 들어 있다. 본래는 사진을 촬영할 시간이 부족하여 사진을 넣지 않으려 했으나 수업을 듣는 학생들이 책을 읽는 데 사진이 있으면 좋겠다고 권고하여 사진을 집어넣었다. 사진 촬영은 무더운 날씨와 잦은 비, 보수 공사 등으로 여의치 않았다. 많지 않은 사진이지만 책의 내용을 이해하는 데 도움이 됐으면 한다.

본서는 다루는 시대가 방대하여 내용의 검토와 수정에 많은 시간을 보냈다. 그럼에도 불구하고 소홀히 다룬 부분이 있는 것 같아 아쉬움을 느낀다. 좋은 계기가 마련되어 내용을 보완할 기회가 있기를 기대한다. 본서는 학생들과 일반 대중이 한국근현대사에 흥미를 느끼게 하는 데 그 목적이 있다. 모쪼록 사람들이 이 책을 읽고 약간이나마 한국 역사에 관심을 가졌으면 한다. 끝으로 이 책의 출판을 흔쾌히 허락해주신 선인의 윤관백 사장님 외 편집부 분들께도 감사를 드리는 바이다.

2017년 8월 저자 씀

차례

차례

차례

제5장 경제 성장과 세계 속의 한국(1961~1979)

차례

차례

제1장 식민지 전략과
민족해방운동(1910~1919)

1910년 8월 대한제국을 강점한 일제는 조선인의 모든 정치활동을 중단시켰다. 동시에 조선 병합의 목적인 식민지적 수탈을 노골적으로 자행했다. 일제는 보통교육과 실업교육에 치중함으로써 조선인을 우민화, 일본인화하고자 했다. 일제는 조선을 대륙 침략의 기지로 만들고, 조선인을 대륙 침략의 도구로 삼았다. 그러므로 조선 민중은 민족 해방을 제일 과제로 삼았다. 일제의 탄압 속에서 국내의 민족해방운동단체는 비밀결사의 형태를 띠었다. 한편 많은 조선인이 일본의 수탈에 밀려 해외로 이민을 가야 했다. 그에 따라 연해주, 간도 지역에서는 민족운동단체들이 결성됐다. 국내외 민족운동단체들은 국제 사회와의 연대를 추구했다. 식민지 시기 발발한 민족운동 중 최대규모였던 3·1운동은 세계적인 흐름에 동참한 것이었다. 3·1운동은 국내외에 엄청난 반향을 일으켰다. 수많은 민중의 희생으로 민족해방의 토대가 마련됐다.

1절 일제의 지배정책

1. 국제정세의 변동

　1910년대 서구 열강은 세계의 대부분을 지배했다. 특히 세계적 열강인 영국은 해군을 동원하여 세계의 1/4을 식민지로 지배했다. 한편 독일은 철강, 전기, 석유 분야에서 기술혁명을 선도하면서 신흥강국으로 부상했다. 독일 황제 빌헬름 2세는 독일을 세계적 열강으로 등극시키고자 해군을 육성했다. 프랑스는 이웃 국가인 독일이 강국으로 부상하자 크게 경계했다. 프랑스는 독일을 견제하고자 러시아에 접근했고, 영국도 독일을 견제하고자 러시아에 접근했다. 그 결과 영국, 프랑스, 러시아는 군사동맹에 준하는 삼국협상을 체결했다.

　한편 유럽의 화약고라 불리던 발칸반도에서는 격렬한 분쟁이 발생했다. 종래 발칸반도를 지배했던 오스만투르크가 쇠약해지자 슬라브 맹주를 둘러싸고 합스부르크 제국과 러시아 제국, 세르비아가 대립했다. 합스부르크 제국은 오스만투르크가 지배했던 보스니아－헤르체고비나를 점령했다. 이에 맞서 세르비아는 보스니아의 수도 사라예보에서 한 청년을 사주하여 합스부르크 황태자를 저격하게 했다. 합스부르크 제국은 동맹국 독일의 지원을 기대하면서 세르비아에 최후통첩을 보냈다. 러시아는 세르비아를 지지하면서 전쟁에 개입했고, 독일은 합스부르크 제국을 지지하면서 군대를 파병했다. 러시아와 협정을 체결했던 영국, 프랑스는 1914년 8월 1일 독일에 선전포고했다. 제1차 세계대전이 발발한 것이다.

합스부르크 제국의 군사력이 미약했으므로 전쟁을 주도한 것은 독일이었다. 독일은 국가 경제력을 총동원하는 등 총력전으로 전쟁에 참여했다. 그런 가운데 미국은 독일의 무제한 잠수함 작전으로 자국의 상선이 침몰하자 1917년 4월 독일에 선전포고했다. 한편 러시아에서는 1917년 2월 혁명이 발발하여 황제 체제가 붕괴됐고, 10월에는 볼셰비키혁명이 발발하여 소비에트 정권이 수립됐다. 소비에트 정권은 1918년 3월 독일과 브레스트-리토프스크 협정을 체결하고 전쟁에서 이탈했다. 한편 미국의 참전으로 고전을 거듭하던 독일은 해군 수병의 반란을 계기로 항복했다. 총력전인 1차대전은 엄청난 인명피해를 남겼다. 전사자는 1천만 명을 넘었고, 부상자도 2천만 명이 넘었다. 소설 『서부전선 이상없다』는 1차대전의 참혹함을 세계에 폭로했다.

1차대전의 승전국인 미국, 영국, 프랑스는 전후 유럽 질서를 재조정하고자 1919년 1월 파리강화회의를 개최했다. 파리강화회의의 주인공인 미국의 윌슨 대통령은 전후 질서 재건의 원칙으로 '민족자결'과 '집단방위'를 제시했다. '민족자결'은 피식민지들이 스스로 독립을 결정하게 했지만 패전국의 식민지들에만 적용됐다. 영국 등 승전국들은 제국의 보고인 식민지를 해방시키려 하지 않았다. 식민지는 제국을 유지하는 정치·경제적 기반이었기 때문이다. 그 결과 독일은 아프리카에 있던 식민지들을 상실하고 막대한 배상금을 지불해야 했다. 1919년 독일에서 나치당이 결성된 것은 파리강화회의에 대한 강력한 반발을 의미했다. 합스부르크 왕조는 헝가리, 체코슬로바키아를 상실하면서 제국이 해체됐다. 1차대전으로 합스부르크, 독일, 러시아의 황제 체제는 와해됐다.

미국, 영국, 프랑스는 전쟁을 방지하고자 국제연맹을 창설했지만 국제연맹은 독일, 러시아를 제외함으로써 한계를 드러냈다. 한편 러시아는 1919년 3월 제국주의에 맞서 세계 사회주의운동을 지도한다는 명목으로 모스크바에 '코민테른'을 창설했다. 미국, 영국, 프랑스는 러시아의 사회주의를 경계했으므로 러시아에서 반혁명이 발발하자 반혁명군인 백군을 지원했다. 그러나 혁명군인 적군은 1920년 외국군들과 백군을 격파하여 혁명을 수호했다.

1차대전 이후 세계는 민주화의 길을 밟았다. 영국은 급진적 사회운동으로 자유당이 몰락하고, 보수당과 노동당의 양당구도가 확립됐다. 영국은 1918년 모든 성년 남성과 일부 여성에게 보통선거권을 부여했고, 미국에서도 1920년 여성에게 참정권을 부여했다. 멕시코에서는 1915년 입헌정치를 요구하는 멕시코혁명이 발생했다. 한편 남미에는 영국 자본이 퇴조하고 미국 자본의 진출이 가속화됐다.

중국에서는 1911년 10월 신해혁명이 발발하여 청조를 타도하고 민주공화국이 수립됐다. 중국은 혁명의 혼란으로 일본의 침략을 견제하지 못했다. 일본은 1912년 러시아와 제3차 러일협정을 체결하여 몽고 등을 분할했고, 제1차 세계대전이 발발하자 대륙으로의 팽창 정책을 본격적으로 추진했다. 유럽 열강은 중국으로부터 철수했고, 그 결과 세력균형으로 유지됐던 중국의 주권은 심각하게 유린됐다. 일본은 독일에 선전포고하여 중국의 산동 지방을 점령했고, 1915년에는 중국 정부에 '21개조 요구'를 제시했다. 21개조 요구는 중국 지배를 노린 제국주의적 요구였다. 중국 민중은 일본에 항거했고, 영·미도 이의를 제기했다. 그에 맞서 일본은 1916년 러시아와 제4차 러일협정을 체결하여 중국으로부터 얻은 이권을 확고히 했다. 하지만 일본은 러시아 혁명이 발발하자 러시아와 적대적 관계를 맺게 됐고, 시베리아 지역에 대규모 군대를 파병하여 적군과 전투했다.

중국은 1916년 이후 군벌시대로 접어들었다. 일본은 군벌을 이용하면서 중국 침략을 계속했다. 중국의 민중은 파리강화회의에서 일본의 산동영유권이 인정되자 크게 분개했다. 때마침 조선에서 3·1운동이 발발하자 중국의 학생들은 반제국주의운동인 5·4운동을 전개했다.

2. 일제의 지배정책

1910년 8월 한반도를 강점한 일제는 조선의 모든 정치단체를 해산시키고, 조선인의 정치활동을 일체 금지시켰다. 심지어는 '한일병합'에 앞장섰던 친일단체 일진회마저 해산시켰다. 일제는 조선의 식민통치를 위하여 '조선 총독부'라는 최고 통치 기구를 설치했고, 주로 육군 대장 출신을 조선 총독으로 파견했다. 초대 총독은 데라우치 마사타케(1910.10~1916.10)였고, 그 뒤를 하세가와 요시미치(1916.10~1919.8)가 계승했다. 데라우치는 무단통치로 일관했고, 하세가와는 데라우치의 방식을 충실히 계승했다. 데라우치는 1916년 조선 총독을 사퇴하고 일본 내각의 수상에 취임했다. 이때 일본 언론에서는 데라우치가 조선에서 6년간 칼을 휘둘렀다고 지적하며, 일본에서도 칼을 휘두를 것이라고 우려했다. 하세가와는 러일전쟁이 발발한 1904년부터 조선 주차군 사령관으로 근무하면서 의병을 무자비하게 진압했던 인물이었다. 데라우치와 하세가와는 모두 일본 육군의 주류인 죠슈번 출신이었다. 이는 일본 육군이 한반도를 통치한 것을 의미했고, 한반도 통치는 대륙 침략과 연계됐다는 것을 의미했다.

1911년 일본의 군사비는 총예산의 34%를 차지했다. 그럼에도 불구하고 일본 군부는 대륙 침략을 목적으로 한반도에 육군 증설을 추진했다. 조선군은 열강의 주목을 받지 않고 쉽게 만주에 투입될 수 있기 때문이었다. 일본 내각은 병합 후에 재정 축소를 추진했으므로 육군 증설에 난색을 표시했다. 그럼에도 불구하고 일본 육군은 내각을 제압하고 1916년 나남, 1919년 용산에 각각 1개 사단을 설치하는 등 육군 2개 사단을 증설했다.

신촌역
철도는 제국주의의 첨병이었다. 철도는 유사시 군 병력을 신속하게 분쟁 지역에 이동시킬 수 있었다. 일제는 철도를 적절하게 이용했다. 일제는 서울-신의주 간의 경의선을 만주와 연결시켜 대륙 침략을 획책했는데, 신촌역은 경의선이 정차하던 역이었다.

일제는 제국주의의 첨병인 철도를 적절하게 이용했다. 철도는 유사시 군병력을 신속하게 분쟁 지역에 이동시킬 수 있었다. 총독부는 서울과 지방을 연결하는 철도 교통망을 구축하여 조선의 전략적 요지와 연결하고자 했다. 그에 따라 경원선, 호남선을 부설하고, 경부선, 경의선에는 지선을 부설한다는 계획을 세웠다. 또 일제는 한반도에서 만주까지 철도를 연장시키려 획책했다. 이에 일본은 경의선을 만주와 연결시키고자 압록강 철교를 건설했고, 신의주 대안에 있는 만주의 관문 안동에서 만주의 중심 도시 심양까지 철도를 건설했다. 그 결과 일본은 중·러와의 전쟁이 발발할 경우 군인을 신속하게 수송할 수 있었다. 조선 총독부는 한반도와 만주의 철도를 통합하는 한편 한반도와 만주의 행정체계도 통합하고자 했다. 그런 가운데 조선은행은 만주의 군벌에 차관을 제공하는 등 침략을 지원했다.

한편 조선인들은 병합 후에도 일제에 저항하는 민족운동을 전개했다. 의병전쟁은 일제를 긴장시켰으며 비밀결사도 일제의 경계 대상이었다. 총독부는 전국 요지에 현역 군인인 헌병 경찰들을 거미줄같이 배치하여 조선인을 감시했다. 헌병 경찰의 수장인 헌병사령관 아카시 겐지로는 러시아주재 일본 대사관 무관으로 근무하면서 러시아가 폴란드 독립운동가에게 가한 고문 방법을 수학한 바 있었다. 그는 러시아에서 배운 고문 방법을 조선에서 그대로 재연했다. 일제는 1911년 조선인들이 데라우치 총독의 저격을 모의했다는 '105인 사건'을 조작했다. 이 사건은 일제 경찰의 고문으로 날조된 바 일제는 처음부터 조선에 대한 폭력적 지배를 선택한 것이다. 총독부는 강력하게 조선인을 단속했고, 그에 따라 체포된 조선인 수는 1912년 5만 2천여 명, 1918년 14만 2천여 명에 이르렀다. 조선 총독부의 무단통치로 한반도는 사실상 장기 군사계엄체제로 들어갔다.

총독부는 조선의 민족운동을 원천적으로 봉쇄하고자 했다. 조선의 민족운동을 봉쇄하려면 조선인의 민족의식을 절멸시키고 일본 국민이라는 의식을 심어주어야 했다. 그에 따라 총독부는 조선 교육에 대한 통제를 개시했다. 총독부는 1911년 '조선교육령'과 '사립학교 규칙'을 공포하여 민족의식을 기르던 사립학교를 대부분 폐쇄했다. 조선교육령으로 조선의 학교는 4년제 보통학교, 4년제 고등보통학교, 3년제 실업학교로 재조정됐다. 보통학교의 교육 목적은 일본어 교육에 있었다. 일제는 일본어를 국어로, 조선어를 소수 민족의 언어로 격하시켰다. 일제의 교육목표는 조선인을 충성스러운 일본 제국의 신민으로 육성하는 것이었고, 그에 따라 보통학교 교육은 유교의 '순종'을 강조했고, 일본역사를 집중적으로 교수했다. 총독부는 일본과 조선은 조상이 같다는 '일선동조론'과 일본과 조선은 하나라는 '내선일체'를 운운했지만 실제로 조선인을 일본 국민으로 대우할 계획은 없었다.

이 무렵 일본은 산업의 급성장으로 저임금의 노동력이 필요했다. 그에 따라 총독부는 조선의 교육을 실용교육에 중점을 두어 조선인의 노동력을 수탈하고자 했다. 총독부는 노골적으로 조선인의 민도에 적합한 과목은 실업이라고 강조했다. 실업학교는 지방민에게 농업, 양잠 등 실용 지식을 가르쳤지만 일본 문화를 보급하여 조선인을 일본화화는 데 주된 목적이 있었다.

총독부는 조선의 민족운동을 탄압하는 한편 조선의 지도층을 회유했다. 총독부는 귀족, 도참사, 군참사, 군수, 면장, 농업가, 실업가, 신사 등으로 일본시찰단을 조직하여 일본에 유람을 보냈다. 일본시찰단의 목적은 주로 박람회 시찰을 통해 일본의 선진성과 근대성을 조선인에게 인식시켜 일제의 지배에 적극 협력하도록 유도하는 데 있었다. 한편 총독부는 1915년 서울에서 총독부의 치적과 경제 발전을 선전하고자 50여 일간 '조선물산공진회'라는 박람회를 개최했다. 총독부가 박람회를 개최한 목적은 업적의 과시 외에도 새로운 소비자와 수요를 창출하려 한 데 있었다. 즉, 총독부는 조선인에게 일본 상품의 우수성을 각인시켜 소비의 대상을 전국적으로 확대하는 데 목적을 두었다. 대대적 홍보로 백만 명이 넘는 인원이 박람회를 관람했다. 총독부는 경복궁을 박람회장으로 사용했으며 경복궁의 근정전에서 개회식과 폐회식을 거행했다. 근정전은 조선

왕조 때 국왕이 정사를 보던 곳이었는데, 총독이 올랐던 단상은 용상이 있던 곳이었다. 또 총독부는 강녕전, 교태전, 수정전, 사정전, 근정전 등의 전각을 전시 공간으로 사용했고, 경복궁 일대에서 전람회, 품평회, 운동회, 봉축행사 등을 개최했다. 경복궁을 유흥과 오락 공간으로 전락시킨 것이다. 1918년 창덕궁 화재로 경복궁의 강녕전, 교태전이 철거되자 경회루, 근정전마저 연회, 기념식, 각종 대회 장소로 사용됐다.

한편 총독부는 조선을 병합한 원래의 목적대로 식민지적 수탈을 자행했다. 1911년 '토지조사사업'을 통해 조선인의 토지를 약탈했고, 같은 해 '회사령'을 공포하여 조선인의 회사 설립을 저지했다. 동양척식회사는 병합 이후 한층 조선의 토지를 점탈했으며 일본인은 병합 이후 전보다 많은 금을 채굴했다. 한편 일제는 조선의 곡창지대를 중심으로 철도를 건설했다. 그에 따라 1912년 군산선, 1914년 호남선을 개통했고, 1923년에는 마산－진주 철도를 개통했다. 일제가 군산선, 호남선을 건설한 목적은 충청, 전라도 곡창지대의 농산물을 항구로 반출하는 데 있었다. 그 결과 특히 군산항을 통해 대량의 쌀이 일본과 만주로 반출됐다. 총독부는 쌀을 담는 가마니가 많이 필요했으므로 조선인에게 가마니 짜기를 열성적으로 장려했다. 가마니와 새끼의 제조판매조합에 거액을 보조했고, 우수 제품 생산지와 생산자를 대대적으로 표창했다. 또 철도역을 중심으로 신시가지를 조성한 결과 전국의 지방도시는 일본인이 집중 거주하는 신시가지로 재편됐다.

총독부는 일본 쌀값이 상승하자 조선 쌀을 일본으로 가져갔으므로 1912년 조선의 쌀값이 폭등했다. 그에 따라 조선인은 쌀 대신에 보리, 조를 주식으로 해야 했으며 부족한 조는 중국에서 수입했다. 조선의 쌀 부족 현상은 계속됐다. 총독부는 조선인의 구미에 맞지 않는 베트남 쌀을 수입하여 쌀 부족 사태를 타개하려 했다. 그 후에도 일본은 '쌀 소동'이 발생하자 1918년 11월에서 1919년 6월까지 대량의 쌀을 조선에서 가져갔다. 일본은 조선 쌀 1/5을 수탈해갔고, 만주에서 귀리 등을 대용식품으로 수입했다. 조선인들은 귀리를 싫어했다. 미국 총영사는 본국 정부에 조선이 일본을 위하여 수탈되고 있다고 보고했다.

2절 민족해방운동세력의 동향

1. 국내의 민족해방운동

총독부는 전통적으로 내려오던 조선의 향촌공동체를 해체하고자 1914년 지방행정구역을 면제로 개편했다. 총독부는 관리, 군인, 경찰을 통한 직접 지배를 추구했으므로 조선인이 모일 공간은 학교, 교회, 시골 장시 정도로 국한됐다.

총독부의 통치를 수년간 경험한 조선인들은 일제의 본질을 간파했다. 조선인들은 일제가 동화를 거부하는 조선인들을 억지로 일본인화하고 있다고 인식했다. 그리고 일본인들이 조선인들에게 물질적 혜택을 준다고 떠들지만 실제로는 일본의 이익을 도모하는 것이라고 인식했다. 또 일본인들이 모든 목적을 물질주의에 둔 결과 정신적 파탄상태에 처해 있으며, 나아가 일본인들은 국가주의를 위해서라면 도덕, 양심, 인류애, 언론 자유 등 모든 가치를 희생할 각오를 가지고 있다고 비판했다. 결론적으로 일본이 정신적 기반이 없는 근대화를 추구하므로 재난을 당할 것이라고 예측했다. 한편 조선인들은 일본 정부는 자국민도 엄격히 감시하고 있다고 파악했는데 일부 일본인들도 조선인들의 지적에 공감을 표시했다. 일부 일본인은 군부를 미친개라고 비난했고, 일본인들이 도덕적 용기가 없다고 개탄했다.

　식민통치는 억압 그 자체였다. 총독부는 항시 조선인들을 감시했고, 조선인들이 집과 집 사이를 이동해도 수시로 검문했다. 조선인들은 어디 가서 누구를 만나고 어떤 말을 하고, 무슨 책을 읽으며, 신문은 어떤 것을 읽는지 등을 낱낱이 일본인에게 설명해야 했다. 손님을 접대할 때도 질문을 받았으며, 제나라 땅인데도 마음대로 집을 짓지 못했다. 그러므로 민족운동단체는 비밀결사의 형태를 띠었다. 국내의 대표적 비밀결사로는 대한독립의군부(1912), 조선국권회복단(1915), 대한광복회(1915), 조선산직장려계(1917) 등이 있었다. 독립의군부는 의병을 계승한 단체로 헌병분견소 습격, 친일파 응징을 감행했다. 조선국권회복단은 애국계몽운동세력과 유림이 연합한 단체였고, 대한광복회로 확대·발전했다. 대한광복회는 군자금, 무기 확보, 친일파 처단을 목표로 했고, 각지의 부호들에게 독립 자금을 요구하는 통고문을 보냈다. 조선산직장려계는 중등학교 교사를 중심으로 활동했다. 한편 대한광복회의 경우에는 공화주의를 표방한 반면, 의병을 계승한 대한독립의군부는 황실을 추대하는 등 복벽주의적 성격을 지녔다. 병합 이후 한동안 정치체제 지향에 혼선이 있었음을 보여준다. 일제의 탄압 속에서도 사립학교, 근대 서당, 야학을 중심으로 민족교육운동이 지속되었고, 그에 따라 청년학생층이 조직화됐다. 종교인들도 독자적 단체를 결성하고 민족운동을 전개했다. 국외의 간도·연해주 지방에서도 민족교육운동이 활발했다. 그리고 실력양성론과 무장항쟁론으로 대립됐던 국권회복의 방법론은 독립전쟁론으로 통합됐다. 그에 따라 신민회 등은 해외에 독립전쟁 기지를 설립하려는 노력을 개시했고, 민족운동가들은 해외로 망명하여 민족운동단체를 결성했다.

2. 국외의 민족해방운동

일제는 조선인의 서구 접근을 강력히 차단했다. 총독부는 여권
발급을 해주지 않고 출국허가를 유보하는 방식으로 조선인의 해외
여행을 단속했으며, 일본 경찰은 외국인을 방문하는 조선인을 감시
했다. 일제는 미국, 중국에 거주하는 조선인을 감시하는 기관을 설
립했다. 또 회사령을 공포하여 조선인은 물론 서구 기업들의 한반
도 접근을 저지했고, 토지조사사업으로 서구인들의 토지 소유를 침
해했다. 일본은 1912년 쌀 등 일부 상품에 대한 수출관세를 폐지하
여 열강의 경제 이권에 타격을 주었다. 그렇지만 일본을 견제할 수
있는 열강은 거의 없었다. 러시아는 일본과 비밀협정을 맺고 있었
고, 영국은 1차대전으로 유럽에 집중했으므로 동아시아문제에 간섭
할 여력이 없었다.

일본을 저지할 수 있는 국가는 미국이 유일했고, 실제로 미국은
일본을 견제했다. 미국은 일본이 중국에 21개조를 요구하자 중국의
문호개방을 차단한다고 인식하여 강력히 항의했다. 미국 선교사들
도 '105인 사건'에 기독교인들이 대거 연루되자 미국 정부에 일제의
기독교 탄압을 보고했다. 그러므로 이 시기 조선의 독립운동단체들
이 가장 기대를 한 국가는 미국이었고, 그에 따라 조선의 민족운동
가들은 미국에 적극적으로 접근했다. 이 무렵 활발하게 민족운동을
전개한 단체는 대한인국민회였다. 대한인국민회는 하와이 호놀룰
루에 21평방 마일의 농장을 구입했고, 1914년에는 새 청사를 신축
하고 하와이 지사를 초청했다. 또 3·1운동 직후인 4월 서구 열강에
'신조선은 서구적 방식으로 최고의 교육과 훈련을 받은 수천 명의
조선인들이 대표하고 있다. 상해에 수립된 조선 임시정부는 공화정
체를 수립할 수 있는 능력을 갖춘 인물들로 구성됐다'는 청원서를
보냈다. 다른 민족운동가들도 미국 국무성에 지속적으로 독립청원

서를 보냈지만 국무성은 공식 접수를 거부했다.

한편 병합 전후 수많은 조선인들이 일제의 극심한 탄압을 피해 러시아의 블라디보스토크 등지로 이주했다. 러시아 영토에 거주하는 수만 명의 조선인들은 병합 조치로 자동적으로 일본 국적을 갖게 됐다. 하지만 조선인들은 러시아 국적을 취득하려고 노력했고, 조선의 독립을 위해 러시아에 접근했다. 연해주에서는 성명회와 권업회 등이 창립됐는데, 그중 권업회는 교육과 산업을 기반으로 무장항쟁을 전개하고자 했다. 권업회의 지도자인 최재형은 노비 출신으로서 조선의 학정을 피해 러시아로 도망한 인물이었다. 그러나 그는 평생 모은 거액의 재산을 독립운동에 모두 쏟아부었다. 연해주에는 유인석, 이범윤 등 의병장 출신이 대거 이주했으므로 의병전쟁이 활성화됐다. 미국에 소재한 국민회는 연해주에 지부를 설치하여 비밀리에 조선 학교를 운영했다. 조선의 민족운동가들은 러시아의 영향력이 강한 하얼빈에 독립운동단체를 결성했다. 단체의 군가는 '일본의 깃발을 찢어 짓밟자'였다. 일본 정부는 러시아정부에 반일운동을 하고 있는 조선인들을 추방하라고 요구했고, 구체적으로 이동휘, 이동녕, 이범윤, 이위종, 이상설, 안공근, 홍범도 등을 적시했다. 1차 세계대전 때 러시아는 일본으로부터 군수품을 대량으로 주문할 정도로 일본과 우호적 관계였다. 그러므로 러시아 정부는 권업회 등 조선인 단체를 폐쇄시키고 조선인 신문도 폐간시켰다.

한편 1917년 혁명으로 수립된 소비에트 정권은 피압박민족의 해방을 지원하겠다고 천명하면서 러시아 거주 조선인들이 러시아 국적을 취득할 수 있도록 노력했다. 그러나 소비에트 정권은 일본이 조선인들을 선동하여 러시아에 저항할 수 있다고 판단하고, 러시아 국적을 가진 조선인들을 조·러 국경에서 멀리 떨어진 오지로 이주시키려 했다.

한편 조선인들은 간도로 대거 이주했다. 일제의 토지 약탈과 일본인의 이민에 밀려난 것이었다. 1911년 한해만 해도 약 4천 명이 이주하는 등 간도에 이주한 조선인의 수는 20만 명이 넘었다. 간도 지역에는 신민회의 독립군기지 설치계획에 따라 많은 민족운동가들이 정착했다. 김동삼, 이회영, 이시영, 이동녕, 이상룡, 윤기섭 등은 대표적 인물이었다. 이회영 등은 간도에 신흥무관학교를 설립하고 많은 독립군을 육성했는데, 신흥무관학교 졸업생은 서로군정서의 주역이 되었다. 간도의 대표적인 민족운동단체는 간민회, 경학사 등이 있었다. 일부 민족운동가는 대종교에 입교하여 민족의식을 고취했다. 민족운동가들은 어깨에 담요 한 장을 메고 매일 백여 리 길을 걸어 다니며 동포를 방문했다. 이들은 싸구려 좁쌀떡으로 끼니를 때웠으며, 백두산 깊은 숲 속에서 맹수와 싸우며 밭을 일구고 군사훈련을 했다. 독립군들은 군가로 '동명왕, 을지문덕, 이순신, 이준, 안중근을 본받자'는 내용의 '용진가'를 즐겨 불렀다. 간도 지역에서도 독립전쟁이 활발했는데, 독립군은 조선 북부의 국경지대를 습격하고 일본인과 친일파를 공격했다.

한편 신해혁명을 계기로 일부 민족운동가들은 중국 본토로 이동했고, 1912년 상해에서 동제사를 결성했다. 동제사의 지도자인 박은식은 『한국통사』, 『한국독립운동지혈사』를 간행하여 민족의 독립 정신을 고취했다. 이후 박은식은 신규식, 신채호 등과 함께 '대동단결선언'을 발표하고, 공화주의에 입각한 임시정부를 수립하고자 했다. 1914년 후반 중국에서 결성된 신한혁명당은 일본에 대항하여 독일, 중국과 연합전선을 추구했다. 한편 중국은 조선인이 조선의 침략정책에 이용된 것으로 보아 조선인을 박해했다.

3절 3·1운동의 발발

식민지 시기 전개된 민족운동 중 가장 대규모였던 것은 3·1운동
이었다. 무단통치로 집회 공간이 극도로 좁아진 상태에서 대규모의
민족운동이 폭발한 것은 여러 가지 요인이 있었다. 1918년 일본에
서는 쌀값이 폭등하는 '쌀소동'이 발생했는데, '쌀소동'은 일본 국민
의 1/4이 참가할 정도로 기세가 대단하여 데라우치 수상을 낙마시
킬 정도였다. 일본 정부는 쌀소동이 벌어지자 부랴부랴 조선으로부
터 쌀을 대거 반출시켰다. 그에 따라 조선의 쌀값은 3배 이상 폭등
했고, 조선의 민중은 생존권 수호투쟁을 전개했다.

한편 3·1운동은 조선 민족이 세계사의 조류에 동참한 사건이었
다. 1917년 10월 혁명에 성공한 소비에트 지도자는 피압박민족의
해방을 지원하겠다고 천명했고, 미국의 윌슨 대통령은 1918년 1월
전후 질서 재건의 원칙으로 '민족자결주의'를 제시했다. 민족운동가
들은 러시아 혁명, 미국의 민족자결주의, 독일의 공화주의 등을 통
해 국제 사회가 '개조'되고 있다고 인식했다. 즉 사회진화론에 입각
한 제국주의시대가 퇴조하고 자유·자치의 민족주의시대가 도래한
다고 인식했다. 민족운동가들이 독립선언서에서 '폭력의 시대가 거
하고 새로운 시대가 안전에 전개되고 있다'고 선언한 것은 이 시기

강력히 부상했던 이상주의적 국제정치관을 수용한 것을 보여준다. 그 무렵 일본 도쿄에서는 조선 유학생들이 2·8독립선언을 발표했고, 신한청년당은 파리강화회의에 김규식을 보내 조선의 독립을 호소했다.

불교, 기독교, 천도교 등 종교계는 내외여건에 자극을 받고 독립만세시위를 추진했다. 1919년 3월 1일 민족 대표 33인은 종로 태화관에서 독립선언서를 낭독했다. 이들은 바야흐로 도의의 시대가 도래하고 있으며 세계 만국은 인류 평등을 지향하고 있다고 선언했다. 33인은 독립선언서를 낭독한 뒤에 종로경찰서에 자진출두했다. 33인의 행동에 대해서는 두 가지 시각이 있다. 긍정적으로 보는 입장은 33인이 3·1운동의 이념적 지도자로서의 역할을 수행했다고 평가한다. 반면에 비판적인 입장에서는 미국·파리·일본에 독립청원서를 제출하는 등 대외의존성이 강했다고 평가한다.

33인이 자진출두했음에도 불구하고 3·1운동은 전국적으로 확산됐다. 3·1운동은 서울에서 시작, 북부 지방을 거쳐 남부 지방으로 확산됐다. 3·1운동은 지방이 중심이었고, 지방도 향촌 사회의 역량에 따라 운동의 차이가 컸다. 3·1운동이 전국적으

3·1운동 기념탑(탑골공원 소재)
탑골공원에서는 1919년 3월 1일 처음으로 독립선언서가 낭독됐다. 부근에 있던 5천 명의 학생들이 독립만세시위를 전개했으며 수만 명의 군중이 합세했다.

로 확대된 것은 향촌공동체의 역할이 컸다. 종교인, 교사 등의 지식인층과 학생층도 만세운동의 확산에 크게 기여했다. 이 무렵 전국적으로 109개의 중등학교가 있었는데, 재학생 수는 5,000명 정도로 소수였다. 따라서 만세운동이 성공하려면 노동자, 농민의 참여가 필수적이었다. 이에 학생층은 비밀조직망을 이용, 지하신문과 격문 등을 배포하여 대중을 동원했고, 결국 노동자·농민이 대거 운동에 참여하였다. 그에 따라 3·1운동은 종교인, 학생 중심에서 노동자, 농민 중심으로 변화했고, 농민들은 장시를 이용하여 만세시위를 전개했다. 운동의 방식도 평화적 시위에서 무력적 시위로 변모했으며, 운동의 성격도 조선 독립에 대한 국제여론 환기에서 식민통치기관의 철폐로 변화했다. 그에 따라 시위대는 면사무소, 순사주재소를 공격했다. 3·1운동은 한반도는 물론 일본, 미국, 중국, 러시아, 프랑스, 영국 등에서도 1년여 동안 전개됐다.

3·1운동에 참여한 사람들은 계급과 남녀노소를 초월했다. 유생, 남녀 학생, 상인, 노동자, 거지, 심지어는 술집 여자들도 만세운동에 참여했다. 사람들은 태극기를 흔들며 '대한독립만세'를 외치면서 시위 행진했다. 이들은 '자주', '민족', '단군의 자손'을 외쳤다. 훗날 친일행위를 했다고 비판을 받았던 배재학당 교장 신흥우는 만세 광경을 생생하게 기록했다. '한 손에 책을 들고 다른 한 손에는 모자를 든 학생들, 하얀 옷에 초록색 장옷을 입은 부인들, 소매를 걷어 올리고 연장을 들고 있는 일꾼들, 고운 비단 두루마기를 휘날리는 양반 자제들, 바짝 마른 팔뚝의 순박한 농사꾼들, 이마에 흰 천을 동여맨 달구지꾼들, 귀 뒤에 펜을 꽂은 상인들, 솜바지를 입은 아이들, 나막신, 비단신을 신고 서구식 옷을 입은 청년, 연령과 고하를 막론하고 일체가 되어 흥분의 도가니 속에서 즐겁게 만세 만세 만세 독립 만세를 외쳤다.'

일제 경찰은 시위 가담자 대부분을 체포했고 태극기를 압수했다.

일제 경찰은 종교 단체와 미국 선교사 추종자들이 대중을 선동하는 것으로 판단했다. 그러나 3·1운동에는 나이 많은 양반들도 참여했다. 김윤식, 이용직 등 과거 고위관료들도 일본 정부에 독립청원서를 제출하고, 조선을 노예상태에서 해방시켜 줄 것을 요구했다. 사업자, 공무원들도 조선 병합에 반대하면서 독립선언문 반대 서명을 거부했다. 일본 경찰의 총격으로 7,500여 명의 조선인이 희생됐고, 부상자는 16,000여 명에 달했으며, 피검자는 47,000여 명에 이르렀다.

3·1운동은 몇 가지 한계를 드러냈다. 첫째, 민족대표의 탈락으로 지도 조직이 부재했다는 한계점을 보였다. 그에 따라 만세운동은 전국적으로 확산됐지만 지도조직이 없어 효과적인 투쟁을 전개할 수 없었다. 둘째, '청원주의'라는 운동 방식에 의지한 점이다. 제국주의 국가들은 식민지문제를 내정문제로 취급하여 조선문제에 무관심했으므로 열강에 독립을 청원하는 행위는 효율적인 운동 방식이 될 수 없었다. 그럼에도 불구하고 3·1운동의 의의는 대단히 컸다. 첫째, 3·1운동은 세계적인 흐름에 동참한 것이었다. 1차대전은 자유민주주의가 전제군주제에 승리한 것을 뜻했는데, 조선 민족은 연합국의 자유민주주의 이념에 동조하여 거사했다. 둘째, 조선민족의 결집으로 조선에서는 민족주의가 확립됐다. 셋째, 일제의 식민통치 방식에 변화를 가져오게 했다. 일본이 파견한 총독은 3·1운동은 소수의 선동분자 때문이고, 전국적 현상은 아니라고 강변하기도 했지만 조선 통치의 곤란함을 토로했다. 일본 국회의원도 3·1운동은 무리한 동화 정책과 차별 대우에 기인한다고 인식했다. 그러므로 일제는 유화 정책으로 통치 방식을 바꾸지 않으면 안 되었고, 그래서 등장한 것이 이른바 '문화정치'였다. 넷째, 3·1운동은 민중을 역사적으로 부상시켰고, 그 결과 노동자, 농민 계층을 중심으로 민중운동이 고양됐다. 다섯째, 외교독립론이 약화되고, 무장투쟁론이 확산됐다. 여섯째, 종래 복벽주의와 공화주의로 대립됐던

민족운동노선은 공화주의로 귀결됐으며, 그에 따라 민주공화제에 입각한 임시정부가 수립됐다. 일곱째, 3·1운동은 피압박 민족운동의 선구자적 역할을 했다. 중국의 5·4운동과 인도의 무저항운동은 3·1운동에 자극을 받은 것이라 할 수 있다. 여덟째, 열강은 3·1운동을 계기로 그동안 망각한 조선문제를 상기했다. 비록 조선문제에 개입하지는 않았지만 거족적인 만세운동을 보고 일본의 식민지정책이 도덕적 측면에서 실패했다고 간주했다. 영국 정부는 하원의 질의 과정에서 일본의 조선통치 정책이 가혹하다고 공개적으로 답변했다. 열강은 2차대전 종결시 3·1운동 때 보여준 조선인의 조직력, 독립능력, 희생정신을 상기했다. 그에 따라 연합국 지도자들은 1943년 카이로회담에서 적당한 시기에 조선을 독립시킬 것을 약속했다. 3·1운동이 조선의 독립에 크게 기여한 것을 보여준다.

제2장 민족해방운동의 발전
(1919~1929)

총독부는 친일파를 육성하는 한편 조선의 민족운동을 강력하게 탄압했다. 조선인과 일본인 간의 민족차별은 사회의 모든 분야에서 자행됐다. 3·1운동 이후 매우 제한적이기는 했지만 이른바 '문화정치'로 자유공간이 열렸다. 조선인들은 극도의 통제하에서 탈출하고자 서구 문물에 관심을 보였다. 이 무렵 유행한 서구 문물은 상당 부분 개항기 때 유입된 것들이었다. 일제는 서구 문물 중에서 통치에 지장을 주는 것들은 적극 차단했고, 조선인의 독립의식을 마비시킬 수 있는 것들은 선별 허용했다. 그런 점에서 일제 시기의 근대화는 '식민지적 근대화'였다.

　총독부의 탄압으로 사라져가던 조선의 전통문화를 유지하게 한 것은 3·1운동이었다. 전통문화는 민족의 정체성을 유지시켜 주는 역할을 했다. 민중의 희생이 민족 문화를 지키고, 나아가 민족해방의 기반을 마련해준 것이다.

　조선의 민족해방운동은 한반도는 물론 만주, 중국 본토, 미국, 러시아 등지에서 전개됐다. 민족해방운동을 주도한 것은 민족주의 계열, 사회주의 계열, 아나키스트 계열이었다. 민족해방운동가들은 사상문제로 대립하기도 했지만 지속적으로 민족연합전선운동을 전개했다.

I 절 일제의 지배정책

1. 국제정세의 변동

미국의 국력은 1차대전을 계기로 영국을 추월했다. 미국은 비행기, 전동차, 트랙터 등을 개발하는 등 세계의 과학 · 기술을 선도했다. 그 결과 미국은 고속도로와 고층빌딩이 대거 건축되는 등 번영을 누리기 시작했다. 미국은 워싱턴회의(1921~1922) 등 열강들 사이의 일련의 조약을 중재했고, 그 결과 1920년대 미국이 주도한 '워싱턴체제'가 확립되었다. 워싱턴체제는 열강의 팽창주의를 부정하고 열강 간의 협조를 지향했지만 열강의 기존 이익이 보전되는 등 구속력 없는 안보체제에 불과했다.

한편 러시아는 혁명에 성공하자 일당국가와 중앙집권체제를 수립하는 동시에 전시공산주의 경제를 표방하면서 식량의 공출과 배급을 실시했다. 1921년에는 '신경제정책'을 발표하고 공출을 폐지하는 한편 사적상거래와 사업을 허가했다. 한편 러시아는 세계의 사회주의자들에게 혁명을 고무했고, 그 결과 독일 · 불가리아 · 핀란드에서는 사회주의 혁명이 일어났다. 볼셰비키혁명 지도자들은 1922년 소련을 창설하고, 강력한 사회주의운동을 전개했다. 소련은 1928년 사회주의 계획경제를 채택하고 기간산업의 육성, 집단 농장의 설치를 추진했으며, 스탈린에 대한 개인숭배를 강행하여 반대파에 대한 대대적 숙청을 자행했다.

한편 동아시아 정세는 상대적 안정기로 접어들었다. 1920년대 전반 영국은 영일동맹을 폐기했고, 영일동맹 폐기는 일본의 입지를 약화시켰다. 일본은 워싱턴회의에서 군축을 강요당했지만 영·미와의 협조를 추구했다. 일본 자본주의가 영·미 자본주의에 크게 의존했기 때문이다. 일본은 영·미에 대해서는 자세를 낮추면서도 중국에 대해서는 고압적 자세를 보였다. 일본은 중국에 대해 직접적 내정간섭은 회피하면서도 이권문제가 현안으로 부상할 경우 즉각 개입했다. 일본은 북만주의 중심 도시인 하얼빈까지 이권을 확대했으며 1920년대 후반 대중정책을 수정하여 중국에 대한 팽창을 기도했다. 이 무렵 중국을 통일한 국민당은 열강에 잃은 권익을 회복하겠다고 선언했다. 이에 맞서 일본은 1928년 만주 군벌 장작림을 폭사시키고 만주 지배를 시도했다. 한편 인도, 이집트는 영국의 식민지배에 대항하여 봉기했다. 인도는 1차대전 때 영국의 참전을 지지했지만 전쟁이 끝난 뒤에도 영국이 독립을 외면하자 1922년 불복종운동을 개시했다. 이집트는 1922년 독립에 성공했으며 터키, 이란, 사우디아라비아도 독립을 쟁취했다. 20세기는 민족주의의 시대였고, 민족주의는 가장 강력한 동원수단이었다.

한편 유럽에는 평화가 찾아왔다. 프랑스는 1925년 독일과 로카르노조약을 체결하여 화해를 모색했으며 국제연맹은 1926년 독일을 회원국으로 받아들였다. 그러나 평화는 일시적이었고, 오래가지 않았다. 1929년 10월 24일 뉴욕 증권거래소의 주식 투매로 세계경제 대공황이 발생한 것이다.

2. 일제의 지배정책

3·1운동이 발발하자 영·미는 일제의 무단통치를 비난했다. 일제는 하세가와를 소환하고 해군대신을 지냈던 사이토 마코토(1919. 8~1927)를 조선에 파견했다. 3·1운동 이후 한반도에서는 매우 제한적이기는 했지만 자유공간이 열렸다. 민중의 고귀한 희생 덕분이었다.

한편 일본은 1차대전 때의 호황으로 경제가 발전했고, '대정 데모크라시'로 참정권이 확대됐다. 세계적인 민주주의 사조는 일본에서도 하나의 조류가 되었다. 일본에는 사회주의사상이 유입되고, 노동운동이 활발했다. 이 무렵 일본은 정당내각제가 등장했는데, 정당내각제는 의회에서 다수를 차지한 정당이 내각을 조직하는 것이었다. 하지만 정당들은 대중의 이익을 대변하지 않았다. 정당내각은 독점자본의 이익을 적극 대변했다는 점에서 군벌내각과 차이는 없었다. 정당내각은 군벌내각과 마찬가지로 군비 증강을 추진했으며 중등학교 이상에 현역 장교를 배속시키고 군사 훈련을 실시했다. 정당내각은 군국주의를 추구했던 준전시내각이었다. 일본에서는 1923년 9월 관동대지진이 발생하자 군대, 경찰, 우익단체, 재향군인회, 자경단 등이 조선인 2만 명을 학살했다. 일본 정부는 일본 노동자들의 불만을 조선인들에게 돌리려 했던 것이다.

이 무렵 일본에서는 조선 통치를 둘러싸고 논쟁이 벌어졌다. 하라 수상은 3·1운동을 계기로 식민정책의 변경을 추진했다. 하라는 조선에 '내지연장주의'를 적용할 것을 주장했다. 내지연장주의는 식민지를 일본 제국의 일부라고 보고 일본의 국내법을 식민지에 적용해야 한다는 것이다. 하라는 조선 총독의 경우도 일본 정부의 직접 통제를 받아야 하며 무관 일변도에서 탈피할 것을 주장했다. 그는 서구 국가들과 그 식민지는 인종, 풍속, 역사 등 많은 면에서 달라 다른 법률 적용이 가능하지만, 조선과 일본은 유사하므로 같은 법률을 적용해야 한다고 주장했다. 하라는 조선에 일본의 행정, 사법, 군사, 경제, 재정, 교육제도 등을 시행해야 한다고 주장했다. 이에 대해 군부를 장악하는 죠슈번과 사츠마번은 조선을 일반적인 식민지로 간주할 것을 주장하여 관철시켰다. 그에 따라 조선에는 일본법이 적용되지 않았다. 일본 정부는 1925년 국민의 사상을 통제하고자 '치안유지법'을 실시하고 수많은 이들을 체포했다. 일본 정부는 국민의 반발을 무마하고자 성인 남자들에게 보통선거권을 부여했다. 하지만 일본 정부는 조선, 대만에는 보통선거를 실시하지 않았다. 내선일체는 허울에 불과한 것을 보여준다.

총독 사이토는 이른바 '문화정치'를 실시했다. 사이토의 '온건한' 통치 방식은 3·1운동과 제1차 세계대전 이후 식민지 지역 주민의 정치의식이 높아진 결과였다. 사이토는 조선 문화의 고유성을 인정하는 제스처를 취했으며, 보다 교묘한 정책으로 조선을 통치했다. 사이토는 틈나는 대로 지방순시를 가서 지방의 유지들과 접촉했고, 또 거액의 기밀비를 들여 친일파를 육성했다. 그는 많은 지주를 친일 세력으로 끌어들였으므로 '회유의 명수'로 불렸다. 또 사이토는 전국각지를 순회하면서 조선인들에게 활동사진을 상영했다. 활동사진의 주내용은 일본군의 활약상, 도쿄역의 웅장함, 생산품평회, 스포츠 경기, 조선 춤, 이왕직 아악부 연주 등이었다. 그는 1927년에는 경성방송국을 설립하여 정치선전에 활용했다.

한편 총독부는 일본시찰단을 결성했다. 일본시찰단은 유지, 교원, 군수, 면장, 실업가, 군참사, 군서기, 도평의원, 도참여관, 면협의원, 부협의원, 향교 관계자, 삼림조합 관계자, 학교 관계자, 유림, 금융조합 관계자, 청년, 목사, 보통학교장, 민풍진흥회 관계자, 승려 등으로 구성됐다. 시찰단은 대부분 일본 식민지배에 동조하는 인물이었다. 총독부는 일본시찰단에 보조금을 지급했고, 그에 대한 활동사진을 찍었다. 시찰단의 순방지는 주로 큐우슈우 일대를 도는 코스와 오사카-교토-나라-나고야-도쿄 일대 코스였다. 일본 각료들은 총독의 부탁을 받고 일본시찰단에 연회를 베풀었다. 총독부는 시찰단원에게 감상문 제출, 보고연설회 개최, 시찰기 발간 등을 의무로 부과했고, 시찰 활동을 활동사진으로 촬영하여 조선 각지를 돌며 상영했다. 이는 조선 민중에게 일본 문화와 근대 문물에 대한 경외심을 갖도록 유도하려는 목적이었다. 그러나 시찰단원이 모두 시찰에 긍정적인 것은 아니었다. 이들은 보고와는 달리 불만을 토로했다. 오사카 부근 기차에서는 일본인 신사가 조선인이 탑승한 것을 보고 더럽다며 얼굴을 찡그리는 경우도 있었고, 나라역 부근에서는 중학생이 '조선인 주제에 2등 칸을 타고 다니는가'라고 외쳐 시찰단의 공분을 샀다. 또 조선의 문화재를 아이누족과 같은 장소에 진열해서 조선 문화를 미개, 야만시한 인상을 주었으므로 친일적 인사조차도 불만을 표시했다.

총독부는 일제에 비타협적인 민족주의자를 매우 경계했으므로 비타협적 민족주의자를 타협적 민족주의자와 분리시키려 했다. 사이토는 타협적 민족주의자들이 인도의 자치권 획득을 선망하고 있다는 것을 간파하고, 타협적 민족주의자들을 친일화 시키고자 조선인에 대한 자치권 허용을 검토했다. 하지만 일본정부는 꼭두각시 의회라도 조선 통치에 지장을 줄까봐 자치 허용을 거부했다. 한편 사이토는 조선의 민족운동을 가혹하게 탄압했다. 그 때문에 조선 민족운동가들은 사이토를 사살하려 했고, 서로군정서는 사이토가 북부 국경지방을 순찰할 때 사격을 가했다. 이후 사이토는 북부 지방 순시를 자제했고 중국, 러시아와 협조하여 조선 독립군의 활동을 단속하고자 했다. 총독부는 1925년 동북 군벌과 '미쓰야협정'을 체결했고, 그에 따라 중국 관리들은 일본이 요구하는 조선인을 체포하여 인도했다. 또, 사이토는 1925년 '치안유지법'을 공포하여 국내의 민족운동가를 대거 체포했고, 서대문 감옥에서 고문했다. 사이토는 조·일 간의 민족차별은 없다고 운운했지만 사회의 모든 분야에서 차별은 계속됐다. 사이토는 조선인이 미개하다고 강조하면서 총독부의 고위직을 대부분 일본인들에게 주었다. 도지사 13명 중 5명이 조선인이었지만 이름만 조선인이었고 모두 친일파에 불과했다. 그마저도 총독부는 도지사 회의를 1년에 1번만 개최했다.

사이토는 한반도에 대한 영구 지배를 목적으로 남산에 조선신궁을 설치했다. 그는 동화 정책을 계속했지만 조선인과 일본인 간의 결혼은 극소수였으며, 온건한 정책을 표방했지만 식민 통치의 본질은 변화하지 않았다. 사이토는 언론 자유의 보장을 장담했지만 언론 검열은 철저하고 교묘했다. 총독부는 신문, 잡지 등에 '독립'이라는 용어를 절대로 쓰지 못하게 했고, 일제에 비판적인 기사는 삭제하거나 하얗게 수정했다. 조선에 대한 수탈도 변함이 없었다. 1920년 총독부는 산미증식계획을 수립했는데 관광 명소 '산정호수'는 이때 농업용수를 공급하고자 조성한 것이다. 산미증식계획으로 부농, 소지주층은 몰락했다. 농촌을 떠난 인구는 대도시로, 일본으로 이동했다. 허울 좋은 '문화정치' 기간 대부분의 조선인이 몰락했고, 조선 농촌은 파탄에 빠졌다. 사이토는 1927년 군축 회담에 전권자격으로 참석차 총독 자리에서 물러났다. 조선인들은 사이토가 1929년 재차 부임했을 때 무관심한 반응을 보였다.

사이토의 후임인 야마나시 한조(1927.12~1929.8)는 육군상을 담당했던 인물이었는데, 행정 능력도 미흡했고 조선에 대한 이해도 없었다. 그는 일본 수상과의 개인적 친분으로 파견된 자로서 조선인의 정치 수준을 향상시킬 수 있는 고등교육은 확대하지 않고 초급교육과 기술교육만 강화했다.

3. 서구 문화의 유입

조선 일각에서는 일본이 서구 열강과 어깨를 나란히 할 수 있었던 것은 서구 문명을 적극적으로 수용했기 때문으로 인식했다. 그러므로 일부 조선인에게 서구 문명은 선망의 대상이었다. 여러 경로로 유입된 서구 문화는 조선인의 일상생활에 깊숙이 침투했다. 총독부는 조선에 서구 문물이 여과 없이 전파되게 방치하지 않았다. 총독부는 서구 문물 중에서 자유민주주의, 의회, 참정권 등 일제 통치에 지장을 주는 것들은 적극 차단했다. 일제는 서구 문물 중에서도 조선인의 독립의식을 마비시킬 수 있는 것들을 선별 수용했다. 그런 점에서 일제 시기의 근대화는 '식민지적 근대화'였다. 서구 문화 도입의 통로는 개항기와 마찬가지로 상인들의 수입, 미션스쿨의 교육, 해외 유학생의 소개 등이었다. 대부분의 서구 문물은 사실상 개항기 때 수입된 것이고, 식민지시기에는 일부 문물이 추가된 것이라 할 수 있다.

조선인들을 서구 문화에 쉽게 접근하게 해준 것은 서구 영화였다. 상설 영화관이 최초로 문을 열었던 곳은 1905년 미국의 펜실베이니아주의 피츠버그였다. 조선에서는 1910년대 단성사, 황금관, 우미관 등

단성사
1910년대 개관했으며 영화관 중 유일하게 조선인이 소유주였다. 조선인은 단성사를 즐겨 찾았고, 단성사에서 상영된 프랑스 영화는 큰 반향을 불러 일으켰다. 단성사에서는 감독, 각본, 촬영을 모두 조선인들만으로 구성하여 '장화홍련전'을 제작했는데, 조선 대중으로부터 상당한 호응을 얻었다. 단성사에서는 8도명창대회를 개최하기도 했다.

의 영화관들이 개관됐다. 영화관의 소유주는 대부분 일본인들이었고, 단성사만이 조선인이 소유주였다. 영화관에서는 서구 영화들을 직수입하여 상영했는데, 1910년대 주요 개봉 영화는 '로히드의 야구', '쿼바디스', '나폴레옹 일대기', '엘리자베스 여왕', '쟌다르크', '인톨러런스' 등의 무성영화였다. 프랑스 영화도 단성사에서 상영되어 큰 반향을 일으켰다. 조선인들은 서구 영화를 즐겨 봤다. 1928년 9월 단성사에서 상영한 영화는 조선 영화 한두 편을 제외하고는 거의 서구 영화였고, 일본 영화는 한 편도 없었다. 그 무렵 일본에서는 일본 영화 점유율이 70%를 차지한 것과 비교하면 주목할 일이다. 그 같은 현상은 조선인들이 일본 문명을 서구 문명의 아류로 인식한 결과였다. 조선인들은 서구 영화 관람을 통해 일본을 평가절하하는 경향을 드러냈다. 한편 조선인들은 영화를 통해 서구 사회를 실감할 수 있었다. 이처럼 영화는 조선에서 서구 문화의 전도사 역할을 충실히 수행했으며, 도시의 유행을 선도하는 등 서울 문화의 한 축을 이루었다.

조선인들은 영화에 등장했던 의상, 액세서리 등을 동경했고, 상인들은 서구 물건을 수입하여 이익을 남겼다. 미국에서 T형 포드 자동차는 1909년 대량생산을 시작했는데 1920년경 조선에서는 포드 자동차로 금강산 여행을 가는 사람도 등장했다. 상인들은 서구 물건을 수입, 판매함으로써 서구 문화의 중개자 역할을 수행했다. 여자들에게 인기를 끈 서구 제품은 초미니 치마, 에이프런, 밍크코트, 하이힐, 에프롱, 손목시계, 보석반지, 레인코트, 파자마, 립스틱, 파우다, 화장품 등이었다. 별장, 호수 뱃놀이, 키스, 불꽃놀이, 바자회, 경마장, 자동차 드라이브 등 서구 문화도 선을 보였다. 거리에는 네온사인, 수은등, 빌딩, 아스팔트, 가로등, 자동차, 살수차, 벤치, 포스터 같은 서구 시설이 들어섰다. 찻집에서는 홍차, 레몬차, 코코아를 팔았고, 바에서는 서양 술을 판매했다. 요정에서는 서구 요리를 팔았고, 제과점에서는 과자와 아이스커피를 팔았다. 서울역 2층에는 1925년 '그릴'이라는 서양 식당이 문을 열었다.

한편 영화는 서구 음악을 유행시켰다. 조선의 지식인들은 서구음악을 근대의 또 다른 상징으로 인식했고, 축음기를 설치하고 피아노를 연주하는 것을 모던하다고 인식했다. 지식인들은 '매기의 추억', '라파로마' 같은 노래들을 즐겨 불렀고, 왈츠도 애호했다. 미국 민요 '클레멘타인'도 인기를 끌어 '심청가'로 개사되기도 했다. 이 무렵 조선에서 크게 인기를 모은 서구 음악은 미국 대중음악의 상징인 재즈였다. 재즈는 1916년 미국에서 크게 유행했는데, 조선에서는 1920년대 후반에 선을 보였다.

1920년대 중반부터 보급되기 시작한 유성기(축음기)도 서구 음악을 유행시켰다. 축음기는 처음에는 외부에 큰 나팔을 달았는데 곧 나팔을 본체 속으로 들여놓았다. 그 때문에 축음기는 가방에 휴대할 수 있게 됐고, 결과적으로 대중가요를 보급하는 데 기여했다. 사람들은 1927년 경성방송국 개국 이전까지는 축음기로 음악을 청취했다. 축음기의 보급은 유행가수와 유행가를 탄생시켰고, 서구 댄스의 유행을 가져왔다. 사람들은 카페, 요리집에서 축음기를 틀어놓고, '찰스턴' 같은 스윙재즈, 왈츠, 블루스 등을 췄다. 여학생들은 체육댄스, 사교댄스라는 명목으로 야외에서 '원스텝', '슬로', '퀵', '폭스' 등의 춤을 배웠다. 서구식의 교향악단도 창단됐다. 1926년 창단한 중앙악우회관현악단은 종로 2가의 YMCA에서 연주회를 개최했다. 이 악단은 15명의 단원에 현악기와 목관악기를 포함한 편성이었고, 매주 1회 연습했다. 지휘자는 서양인 여성과 이화여전 음악과 교수가 담당했으며 홍난파 등이 단원으로 활동했다.

커피도 서구 문화의 주요 상징이었다. 커피는 개항기에 수입되어 일부 상류층이 애호했는데, 점차 저변층을 넓힌 결과 1920년대부터 다방이 개점되기 시작했다. 다방을 개점했던 이들은 주로 영화감독,

배우, 극작가, 시인 등 문화예술계 인사들이었고, 다방이 자리한 곳은 종로, 명동, 충무로 등이었다. 지식인들은 다방에서 미국의 모더니즘과 유럽의 살롱문화를 향수하고자 했으므로 다방의 수는 시간이 지날수록 증가했다. 다방 종업원은 새로 등장한 여성 직업이었다.

1920년대 조선에서는 신여성이 등장했다. 신여성은 대부분 서울 등 대도시에 거주했으며, 여학교에서 신식 교육을 이수했거나 해외 유학을 다녀왔다. 전부 다 그런 것은 아니었지만 구여성과 신여성을 외형적으로 구분하는 기준은 헤어스타일이었다. 구여성의 헤어스타일은 처녀는 댕기머리, 부인은 쪽머리가 일반적이었다. 이에 비해 신여성은 단발머리를 선호했는데, 단발머리는 전통적 풍속에 대한 거부를 뜻했다. 1920년대에는 미용실과 헤어디자이너가 등장했고, 단발머리가 유행했다. 신식 교육을 받은 여자들은 자유연애를 주장하는 등 전통적 풍속을 거부했다. 조선 여성 최초로 세계를 일주했던 서양화가 나혜석은 신여성을 대표했다. 1921년에는 신여성을 묘사한 여성지 『신여성』이 창간됐다. 신여성들은 서구 문화 중에서 영화와 연극에 관심을 보였으며 스포츠에도 관심을 보였다. 1920년대 전반에는 최초의 여성 공개 스포츠인 여자 정구대회가 개최됐고, 1920년대 후반에는 여성 수영선수들이 처음으로 등장했다.

신여성은 다양한 유형이 있었다. 신여성 중 일부는 '모던 걸'로 불리면서 사회적인 관심을 받았으며 일부는 사회 참여의식이 강했고, 특히 3·1운동은 신여성의 강인한 사회 참여를 보여줬다. 여자들은 가정에서 남자들에게 하대를 당했지만 3·1운동 때는 남자 못지않게 싸웠다. 일본 경찰은 칼을 빼서 여학생을 협박했지만 여학생들은 긴 머리채를 잡혀서 끌려가면서도 만세를 불렀다. 여학생들은 비밀문서를 전달하기도 하고 지하 조직에 참여했으며 거친 고문에도 굽히지 않았다. 유관순은 대표적인 예이다. 조선 여학생들은 재판과정에서 일본과 일본의 외교에 대하여 소상하게 진술하여 일본인 판사를 경악케 했다.

미국 등지에서 온 선교사와 미션 스쿨은 개항기와 마찬가지로 서구 문화 수입의 통로구실을 했다. 서울에는 승동교회 같은 첨탑식의 교회건물이 많이 들어섰고, 예배는 풍금 반주에 따라 행해졌다. 숙녀들은 성경을 들고 예배당을 갔으며 특히 미녀가 다니는 예배당은 남자들로 만원이었다. 조선 일각에서는 예배당을 청춘 남녀의 공동 집회장이자 연애연습장으로 인식하는 경우도 있었다. 서구, 일본에서 돌아온 유학생들도 서구 문화를 소개했다. 유학생들은 서구나 일본에서 경험했던 서구 문화를 조선에서도 향수하고자 했는데, 유학생들이 선보인 연애와 결혼문화는 서구 문화의 하나였다. 유학생들은 연애같이 영화에서나 보던 서양 풍속을 실행에 옮긴 것이다. 그에 따라 1920년대 조선에서는 자유연애와 이혼이 유행했다. 연애라는 용어는 1912년 『매일신보』에 연재된 소설 『쌍옥루』에서 처음 등장했는데, 이때 연애의 개념은 자유로이 배우자를 선택하는 것을 의미했다. 이혼도 새로운 사회문제로 등장했다. 이혼은 매년 급증했으며, 1928년 이혼 건수는 8,200여 건이었다. 지식층의 경우는 신식 남자가 구식 여자에게 이혼을 요구했고, 하류층은 경제적 문제로 여자가

승동교회 (서울 인사동 소재)
장로교 소속인 승동교회는 식민지 시기 3·1운동을 논의했고, 서구 문화 수입의 통로구실을 했다.

남자에게 이혼을 요구했다. 이혼율은 1910년대는 7%였고, 1920년 대 이후는 4%였다.

노출패션도 서구의 상징이었다. 노출패션은 서구에서 1912~1913년 사이에 유행했는데, 특히 여자의 노출은 전근대와의 단절을 의미했다. 조선에서는 1916년 원산 수영강습회를 통해 근대적 수영이 도입됐고, 더불어 수영복도 등장했다. 해수욕장은 근대적인 여가 문화시설이었다. 조선에서 최초의 공설 해수욕장은 1913년에 개장한 부산의 송도해수욕장이었는데, 송도해수욕장은 주로 부산에 거류하고 있던 일본인들이 이용했다. 이후 변산, 원산, 남해, 인천 등지에도 해수욕장이 개설됐다.

서구 영화, 음악, 춤, 패션, 커피 등이 유행하자 이에 열광한 집단이 등장했다. 이른바 모던 보이, 모던 걸이었다. 그들은 대부분 고등교육 이수자로서 자본가의 자녀였다. 모던 걸은 여기에다가 카페의 웨이트리스 등이 추가됐다. 모던 보이는 중절모, 양복, 버스터 키톤, 뿔테 안경, 넥타이, 구두, 곤세루 바지 등으로 무장했고, 모던 걸은 안경, 양장, 실크 스타킹, 커트 머리, 복사빛 파라솔, 치마, 구두, 양산, 손목시계로 무장했으며, 얼굴에는 가루분을 발랐고, 크림으로 손톱을 닦았다. 모던 보이, 모던 걸의 패션은 대중사이에서 큰 화제였다. 이들은 청계천 이남의 충무로, 명동의 백화점 등지에서 쇼핑했고, 다방, 빙수집, 남산, 창경원, 한강에서 연애했다. 기성세대는 이들을 과소비, 유행을 추종하는 외형적 모더니스트, 불량배라고 비판했다.

한편 총독부는 서울에 서구식 건물을 속속 건설했다. 1914년에는 철도국이 운영하는 서구적인 조선호텔이 건축됐다. 그 무렵 일본에서는 서구인이 도쿄 제국호텔 등 서구식 건물을 설계했다. 총독부는 일본에서 유행하던 건축 양식을 조선에 도입한 것이다. 총독부는 10년의 공사기간, 700여만 원의 공사비를 투입하여 철근 콘크리트로 조선총독부 청사를 건축했다. 1926년 완공된 총독부 건물은 서울 최대의 건물이었다. 1925년에는 경성역(서울역)이 준공됐는데 일본인이 설계했고, 도쿄역사를 그대로 본떴다. 그 밖에 서구식의 조선은행 등이 신축됐다. 서울은 점차 일본의 도쿄나 오사카와 유사해졌다. 조선의 저명한 건축가였던 박길룡은 조선총독부 청사, 조선은행 등에 대해 화려한 장식에 치중한 결과 실용성이 떨어지며, 근대 건축사로 볼 때도 가치가 없다고 혹평했다. 그리고 총독부가 이 같은 건물들을 건축한 이유는 권위를 과시할 목적이라고 비판했다. 총독부는 웅장한 서구식 건축을 통해 도쿄-서울-시골의 위계질서를 확립하고자 했다. 또 근대화된 '선진' 도시와 '후진' 농촌을 대비시킴으로써 조선 농민들에게 일본적 근대질서에 편입할 것을 유도했다.

한편 일본화된 서구 문물로는 화투 등이 있었다. 화투는 포르투갈에서 일본으로 건너간 서구의 트럼프인 48장의 카르타가 그 기원이었다. 일본은 카르타를 화투로 개발하여 조선에 보급한 것이다.

조선은행(한국은행)
총독부는 1912년 유럽식의 조선은행을 신축했다. 조선은행은 대만은행을 모델로 한 식민지 은행이었고, 조선의 태환권 발행과 금융업무를 총괄하는 등 중앙은행의 역할을 담당했다. 조선은행의 총재는 총독의 추천으로 임명됐고, 총독부의 경제정책에 관여했다. 조선은행은 만주에 대한 경제 침투에도 주도적 역할을 넘닝했나.

2절 조선인의 일상생활

1. 의식주 생활

조선인들의 주택은 초가집이 대부분이었는데, 멀리서 보면 버섯
군락의 형상이었다. 1920년대부터는 서울 등 대도시에서 전통 한옥
을 개조한 '도시형 한옥'이 건축됐다. 도시형 한옥은 ㄷ자형, ㅁ자형
으로 마당을 둘러싼 공간구성이다. 도시의 변두리에는 도시 빈민이
땅을 벽으로 삼고 양철, 판자로 지붕을 만든 토막집이 들어섰다.

도시형 한옥(서울 가회동 소재)
1920년대부터 서울에서는 전통 한옥을 개조한 '도시형 한옥'이 건축됐다.

조선인들은 대부분 흰 무명, 비단의 한복을 입었다. 남자들은 긴 두루마기와 넓은 바지를 입고 갓을 썼다. 신발은 시골 사람들이나 도시 빈민들은 짚신을 신었고, 상류층은 가죽신을 신었다. 비오는 날에는 나무로 만든 나막신을 신었으며, 일본의 고무신도 인기를 끌었다. 여자들은 주로 짧은 저고리와 폭이 넓은 치마를 입었다. 색깔은 흰색, 파랑색, 빨강색, 초록색이 주조를 이뤘으며, 옷감은 비단, 무명, 베였다. 여자들은 광목으로 만든 버선을 신었고, 위는 비단, 바닥은 가죽으로 예쁘게 만든 신발을 신었다. 서구 문화의 도입으로 복장도 일정 부분 서구화했다. 남자들은 양복에 넥타이, 와이셔츠를 착용했으며, 에나멜의 검정 가죽도 유행했다. 조선 복장과 서구 복장의 혼합도 흔해 두루마기에 양복, 구두, 양말을 착용하기도 했다. 모자 종류는 개항기와 같이 다양했다. 중심가의 상점은 대부분 일본인이 차지했는데, 상점에는 서구 물건을 진열했다. 조선의 전통 상점은 모자 가게, 돗자리 가게, 놋그릇 가게 등 세 종류만이 남았다.

조선인의 주식은 쌀과 보리 등의 미곡이었다. 조선 쌀은 중국·일본의 쌀보다 우수했다. 호밀, 녹두, 땅콩, 강낭콩, 완두, 피, 옥수수, 팥, 기장, 수수, 메밀 등도 주식에 포함했다. 부식은 무, 배추, 고추, 파, 가지, 오이, 호박, 마늘 등의 야채와 사과, 배, 포도, 수박, 잣, 밤, 바나나, 감, 감귤, 복숭아, 대추 등의 과일이었다. 농민은 나무 땔감을 채취하여 취사를 했다. 각 가정에서는 솥으로 밥을 짓고, 그 연기로 방을 데우는 온돌을 구비했다. 조선인은 대체로 쌀과 맥류의 2종을 주식으로 하거나 쌀, 보리, 잡곡을 주식으로 했고, 부식은 야채, 된장과 함께 계란, 물고기를 섭취했다. 조선인은 큰 솥에서 끓인 국을 즐겼고 놋그릇에 놋숟가락, 젓가락을 썼다. 식사 때는 남녀가 다른 식탁에서 먹었으며, 일부 가정에서는 식탁에 상보를 깔았다. 조선인은 추석, 설날 등 명절 때 꼭 청어를 구입했는데, 러시아산 청어는 살이 많은 반면 미국산 청어는 가시가 많아 러시아 산을 선호했다. 청진항은 청어잡이 철이 되면 전국 상인들이 몰려와 청어를 각지로 수송했고, 청어 가격은 매년 상승했다.

장시는 민중들의 중요한 사회, 경제적 터전이었으므로 장시는 매년 늘어났다. 총독부는 장시를 식민정책을 선전하는 마당으로 삼았으며, 농촌진흥운동 같은 정책을 시행할 경우 장날에 군·면직원, 심지어는 보통학교 학생들까지 동원하여 선전작업을 했다. 성인 남자의 대부분은 월 6회 이상 장시에 갔는데, 장시에 가는 이유는 상거래, 금융, 군청 및 면사무소 방문, 여가, 오락 등이었다. 사람들은 겨울에는 오전 10시, 여름은 8시부터 시장에 가서 해질 무렵 귀가했다. 장시의 개시일은 지역마다 달라 광범위한 정보를 얻을 수 있었다. 장시는 농촌에서 거의 유일하게 새로운 정보를 접할 수 있던 공간이었으며 사교, 오락, 정치공간이기도 했다. 장시에서 거래된 상품은 곡물, 밀가루, 과일, 채소, 직물, 종이, 대나무, 비료, 농기구, 서적·문구류, 과자, 축산물, 생선, 해조류 등이었다. 주막에는 남자 일꾼들이 들어갔고, 주로 국수, 밥, 김치 등을 판매했다.

외국에서 들어온 새로운 요리도 있었다. 서울역에 소재한 '그릴'이라는 서양 식당에서는 햄버거를 판매했는데, 소스는 그래비 소스와 카레 소스 등이 있었다. 그 밖에 신식 요리는 토마토소스, 미트볼, 돈가스, 수프, 케이크, 아이스크림 등이 있었다. 그릴에서는 프랑스 달팽이 요리를 일등 요리로 소개했다. 그릴의 양식 정식 가격은 1인분이 쌀 다섯 말이었다. 그러므로 서울 인구는 50만 명인데 양식을 즐기는 이는 50명 정도에 불과했다. 그 밖에 단팥빵, 별사탕, 카스텔라 등 포르투갈을 통해 일본에 보급된 식품들도 선을 보였다.

총독부는 총독부 청사가 완공되자 청사 주변 음식점들의 이동과 폐업을 지시했다. 1925년경 조선인 음식점들은 1년 만에 14개에서 8개로 줄어들었다. 총독부는 조선인 음식점 중에서도 조선 음식이 아닌 우동, 스끼야끼, 맥주, 정종 등을 판매하는 집은 번화가에서 영업하도록 허가했으며, 일본인 음식점은 번화가에서 영업하도록 허가했다.

2. 청소년 생활

일제는 한반도를 강점한 직후 조선의 교육제도를 개편했다. 그 결과 조선의 학교는 보통학교와 고등보통학교, 실업학교, 사범학교로 구성된 중등학교 그리고 전문학교로 편제됐다. 수학 연한은 보통학교 4년, 고등보통학교 4년, 실업학교 2~3년, 전문학교 4년이었다. 학생 수는 1912년 보통학교 4만 4,600명, 중등학교 2,600명, 전문학교는 67명이었다. 그 무렵 일본의 수학 연한은 소학교(보통학교) 6년, 중학교(고등보통학교) 5년, 전문학교 5년, 대학교 6년이었다.

초등학교에 해당하는 보통학교의 수업시간에는 일본어, 산수, 수공업, 수예, 체조, 조선어 등을 가르쳤다. 총독부는 학교 교육을 이용하여 조선인에게 '국어'인 일본어를 집중 교육시켰다. 보통학교에서는 주당 10시간, 총 교수시간의 2/5에 해당하는 시간을 일본어 교육에 배정했고, 조선어 교육에는 매우 적은 시간을 배정했다.

총독부의 교육 정책의 특징은 교육 연한은 짧게 하고, 교육 수준은 낮추는 것이었다. 또 하급학교와 상급학교와의 연계성을 무시하여 상급학교로의 진학을 차단했으며, 대학 설립을 부정하여 조선인이 고등교육을 이수할 기회를 박탈했다. 개항기 조선의 근대화를 저지한 바 있었던 일제는 이른바 '우민화교육'을 추구한 것이었다. 3·1운동 이후 일제는 '문화정치'를 표방하며 교육정책을 변경했다. 총독부는 1920년 보통학교는 6년, 중등학교는 5년으로 수학 연한을 연장했으며, 또 1면 3교의 원칙에 따라 공립보통학교를 증설했다.

그에 따라 1920년 보통학교의 학생 수는 10만 7,000명, 중등학교는 6,500명, 전문학교는 450여 명이었다. 1929년 보통학교의 학생 수는 47만 명, 중등학교는 3만 명 정도로 증가했다. 보통학교의 수학 연한이 연장됐지만 실제로는 4년제 보통학교가 보통학교의 절반에 육박했다. 대학은 유일하게 경성제국대학 한 곳이었다. 이 무렵 일본에는 도쿄에만 20개가 넘는 대학이 있었지만 조선에는 대학이 한 개에 불과했다. 경성제국대학의 1회 시험 때는 170명이 합격했는데, 조선인 합격생은 45명에 불과하여 30%에도 미치지 못했다. 그러므로 조선인들은 경성제국대학에 입학하는 것은 하늘의 별따기보다 더 어렵다고 푸념했다. 일제의 극심한 민족차별과 우민화정책을 명확히 보여주는 대목이다.

총독부는 시멘트와 콘크리트로 된 학교를 속속 건축했다. 총독부의 철저한 통제를 받는 학교에서 공부한다는 것은 일본인화를 의미했다. 공립학교는 대부분 일본인이 교장이었고, 일본인 교장은 학

이화여자전문학교(이화여자대학교)
식민지시기 대표적인 여성 고등교육기관이었다.

생들을 운동장에 집합시키고 황국신민을 강조하는 훈화를 했다. 교사는 군인처럼 칼을 차고 교단에 섰으며, 운동장에서 학생들에게 행진을 시켰다. 총독부는 교육을 통해 조선인에게 위계질서를 주입하고자 했다. 중등학교 학생들은 일본식 교복에 칼 같은 모자를 썼으며, 여학생은 흰 저고리, 검은 통치마 차림이었다. 총독부는 수업시간에 보통학교, 실업학교 학생들에게 가마니 짜는 법을 가르쳤고, 방학 때는 가마니 짜기를 과제로 부과하여 학생들을 노동력 수탈에 이용했다. 1910년대 전반까지만 하더라도 가마니 수는 일본에서 수입한 것이 조선에서 생산된 것보다 9배나 많았다. 하지만 1920년대 전반 조선에서 생산한 가마니는 2천1백만 장에 이르러 만주에 수출까지 할 정도였다.

총독부는 조선인에게 일본사 교육을 강행했고, 조선사 교육을 하지 않으려 했다. 일본의 교육정책은 조선 민족의 말살이었고, 일제가 설립한 관공립 학교는 동화교육의 선봉에 섰다. 따라서 조선인들에게 민족의식을 고취한 곳은 사립학교와 야학 등 비정규 교육기관이었다. 정규학교에 입학하지 못한 조선인들은 노동야학, 근대서당을 다녔다. 노동야학에서는 조선어, 산술 등의 기본과목과 농업, 양잠, 노동독본 등 실용적인 과목을 가르쳤다. 서당은 2만 3천여 개였고, 학생 수는 23만 명 정도였다. 많은 조선인들은 정규학교보다는 비정규학교에서 수학했던 것이다.

조선인은 자유와 정의를 갈망했고, 총독부의 교육 목적을 의심했다. 조선인들은 일본인들에게 조선인들을 교육시키는 것은 조선을 위하여서인가, 아니면 일본을 위하여서인가라고 따져 물었다. 조선학생들은 총독부의 차별교육에 강력히 반발했다. 1926년 전주고보 학생들은 동맹휴학을 감행하여 일본인 교장을 축출하기도 했다. 또 학생들은 1926년 6 · 10 만세운동을 주도하여 3 · 1운동 때처럼 전국으로 만세 시위를 확산시켰다. 학생들은 자유를 절규하면 자유가

온다는 신념으로 만세운동을 전개했다. 종로에서는 전문학교 학생, 고등보통학교 학생들이 호루라기를 신호로 태극기를 흔들고 격문을 살포하며 일제히 '조선 독립만세'를 외쳤다.

보통학교 학생들에게 일본식 교육은 어떻게 비췄을까. 열 살밖에 되지 않은 어린아이는 외국인에게 일본인 교사에 대해 다음과 같이 대답했다. "일본인 교사는 목이 짧고 얼굴이 납작해요. 이것은 야수가 차차 사람 모습으로 변한 것입니다. 그는 작대기를 우리에게 휘두르지요. 그 사람의 눈은 풀잎 속에서 내다보는 뱀의 눈과 같아요. 마치 사냥꾼에게 몰려 바위틈에 들어간 여우 눈 같기도 해요. 그가 우리를 내려다볼 때 사랑이라고는 하나도 보이지 않고 자만심과 분노만이 이글거려요"라고 소감을 토로했다.

한편 식민지 교육에서도 학생들은 특유의 활기를 보여줬다. 서울의 주요 광장인 안국동에는 많은 학교들이 모여 있었다. 사람들은 학생들의 등하교를 보며 민족의 미래를 기대했다. 학교생활에서 즐거움을 준 것은 소풍과 수학여행이었다. 학생들은 소풍날에 주먹밥과 나물반찬으로 만든 도시락을 소지했다. 주요 수학여행지는 강화도였는데, 남대문에서 영등포-주안 염전-인천행 기차를 타고 증기선으로 갈아탔다. 그 밖에 학생들은 축구, 야구, 럭비, 수영, 탁구, 스케이트 등의 스포츠를 즐겼다.

어린이들은 색동저고리를 입었으며 스스로 장난감을 만들어 놀았고 제기차기, 고무풍선, 껌을 즐겼다. 여자 아이들은 항시 색동저고리를 입었고, 온유하고 겸손한 태도를 보였다. 여자들의 주요 놀이는 그네뛰기와 널뛰기였다. 여자아이들은 열한두 살까지는 마음대로 뛰어놀지만 이후에는 안채로 들어가서 바느질, 자수, 음식 만드는 법을 배웠으며, 전통적인 풍습과 예의범절을 철저하게 교육받았다. 아이들은 서구인을 보면 몰려가서 구경하곤 했다. 어린이에 대한 인권 의식은 희박해서 일부 가정에서는 자식을 매질하는 경우도

전등사(강화도)
민족의 역사가 고스란히 담긴 강화도는 식민지 시기 대표적 수학여행지였다.
학생들은 강화도에서 민족의식을 담아왔다.

있었다. 그런 가운데 방정환은 '천도교 소년회'를 창립하여 소년운동
을 개시했고, 전국 순회강연을 통해 어린이에게도 인권을 주어야 한
다고 강조했다. 총독부는 1911년 『소년』을 폐간하였으므로 어린이
들은 읽을거리가 거의 없었다. 이에 방정환은 1923년 조선 최초의
아동지인 『어린이』를 창간했고, 어린이날을 제정했으며 구연동화를
들려줬다. 『어린이』는 '고향의 봄' 등의 동요, '까치 까치 설날' 등의
동화를 소개했으며 많은 아동 문학가들을 배출했다. 이 무렵 어린
이들은 '반달', '오빠생각' 같은 동요를 즐겨 불렀다.

3. 대중문화

이 무렵 서울에서는 청계천 북쪽에 자리한 북촌에 조선인들이
다수 거주했다. 북촌은 전통 한옥이 많은 종로의 미개발 지역이었

다. 일본인은 청계천 이남의 남촌에 거주했는데, 특히 충무로, 명동에 많이 분포했다.

주요 교통수단은 전차, 기차, 버스, 인력거 등이었다. 시민들은 전차를 주로 이용했으므로 1921년 5개의 전차 노선이 증가했다. 전차는 동대문에서 종로 네거리를 통과했으며, 정류장의 이름은 종로 네거리-보신당 시계포-중앙유치원-종로여학교 식이었다. 서울의 인구는 1920년 25만 명이었다가 1930년에는 35만 명으로 급증했다. 그에 따라 교통수요가 증가하자 1928년 경성부 운영 시내버스가 등장했다. 시내버스는 서울역을 중심으로 안국동, 용산, 서대문, 장충동을 연결하는 4개 노선이 설치됐다. 이후 버스는 지방의 대도시에도 배치됐다. 버스에는 버스걸, 즉 안내양이 배치돼 조선어와 일본어로 안내했다. 버스걸은 대부분 보통학교를 졸업한 15~20세 여성이었다.

경주 안압지
경주는 식민지시기 조선 8경으로 꼽히던 명승지였다.

식민지 시기에도 조선의 경관은 아름다웠고, 조선 문화의 유서 깊은 전통은 풍경을 더욱 정취 있게 했다. 백두산, 금강산, 대동강, 부여, 경주, 명사십리, 촉석루, 해운대는 '조선 8경'으로 꼽히던 명승

지었다. 서울 시내의 주요 유원지는 남산공원, 동물원, 식물원, 창경원, 파고다공원 등이 있었고, 서울 교외의 주요 유원지로는 우이동, 소요산, 뚝섬, 북한산, 도봉산 등이 있었다. 특히 소요산은 계곡, 단풍이 아름다워 '소금강'으로 불리기도 했다. 창경원은 으뜸가는 유원지였으며 창경원 꽃놀이는 대중의 인기를 모았다. 일제는 1911년 창경궁을 창경원으로 개칭했고, 동물원을 개설했다. 조선인들은 봄에는 밤벚꽃놀이 등 꽃구경을 가곤 하였고, 여름에는 전차를 타고 한강 철교 주변, 뚝섬 등지에서 물놀이를 하거나 보트를 탔다. 봉은사 주변, 자하문 세검정, 청량리 임업시험장은 주요 산보 코스였으며, 덕수궁을 중심으로 외국 공관들이 모여 있던 정동 일대도 이국적 정취가 있어 인기 있는 데이트 코스였다.

도봉산
도봉산은 서울 교외의 대표적 유원지였다.

조선인들은 1920년을 전후해 독자적으로 영화를 제작하기 시작했다. 조선의 최초 영화에 대해서는 1919년에 상영한 '의리적 구토'로 보는 견해와 1923년에 상영한 '월하의 맹서'로 보는 견해가 있다. 이 시기 제작됐던 영화는 모두 무성영화였고, 대부분 조선의 고대소설을 소재로 했다. 1927년에는 한 해 동안만 14편의 무성영화들이 제작됐는데, 무성영화시대에 중요한 역할을 담당한 이들은 '변사'였다. 변사는 영화 대사를 실감나게 낭독했으므로 변사의 능력에 따라 영화의 흥행이 좌우될 정도였다. 변사의 영향력이 증대하자 총독부는 변사에게 자격증을 부여할 때 변사의 사상을 검사했다. 총독부는 특히 사회주의의 이념을 담고 있던 카프 계열의 영화에 대해 엄격히 단속했으므로 카프 영화 제작은 침체를 면치 못했다. 이 시기 조선을 대표했던 영화는 나운규가 제작했던 '아리랑'(1926)이었다. '아리랑'은 일본 영화를 모방했던 신파성 영화들과는 달리 민족의 비참한 일상을 사실적으로 묘사하여 조선인들의 폭발적인 반응을 얻었다. 심훈은 1927년 '먼동이 틀 때'라는 단 한 편의 영화를 감독했음에도 불구하고 '진정한 조선의 영화인'이라는 평을 받았다. 그는 조선의 정취가 담겨 있는 '장한몽'에 출연했고, 『탈춤』이라는 소설을 신문에 연재했다.

1920년대 가요는 서구곡과 일본곡을 번안한 것이 주류였고, 점차 조선인들이 제작한 가요가 등장했다. 가요는 민중이 본 사회 현실을 반영하는 한편 민중의 욕망을 표현했다. '봉선화'와 '고향의 봄'은 나라를 잃은 민족의 설움을 노래하였다. 1927년에 발표된 '강남달'은 조선 대중가요의 효시였다. 대중가요 '봄노래 부르자'는 빼앗긴 들에서 조용히 봄을 그린다는 노래였는데 금지곡이 됐다. 라디오는 대중가요를 보급하는 데 기여했지만 라디오는 고가인데다 청취료까지 지불해야 했다. 그러므로 보다 많은 대중이 가요를 청취하려면 라디오와 유성기를 쉽게 접할 수 있어야 했다. 거리의 상점들과 순회악극단들은 라디오와 유성기를 설치하고 대중에게 가요를 들려줬다.

조선인들은 근대적 놀이인 스포츠를 즐겼는데, 이 무렵 유행한 스포츠는 축구, 럭비, 수영, 정구, 탁구, 당구, 산보, 댄스, 권투, 등산, 스케이트, 씨름, 자전거 등이었다. 스포츠를 보급하는 데 앞장섰던 기관은 언론계, 계몽단체, YMCA 등이었으며 방송국의 라디오 중계방송도 스포츠 대중화에 기여했다. 조선인들 사이에서 인기를 모은 축구는 개항기에 이미 보급된 바 있었다. 축구는 별도의 장비 없이 참여할 수 있었으므로 대중의 호응을 받았다. 또 축구는 강인한 체력과 투쟁심을 요구했으므로 억압받던 조선인들에게 환영을 받았다. 특히 경성과 평양 간의 지역 대결이었던 '경평 대항 축구전'은 조선인들에게 큰 인기를 끌었다. 개항기에 도입됐던 탁구도 탁구대회가 개최됨으로써 대중화됐다.

　문학도 시대현실을 반영했다. 1920년대 전반 청춘 남녀들은 연애소설을 애독했는데, 특히 노자영의 『사랑의 불꽃』은 하루 평균 3, 40부가 판매되는 등 최고 판매부수를 자랑했다. 하지만 사회주의 사상이 유입되자 연애소설은 점차 퇴조되기 시작했고, 카프 작가의 소설이 많이 판매됐다. 꾸준히 인기를 모은 것은 역사소설이었다. 홍명희는 1928년 조선의 정취가 물씬 풍기는 소설 『임거정』을 발표했는데, 대중은 야사로 전해져온 임거정을 의인이라 여겨 흥미를 가졌다.

　'이수일과 심순애', '육혈포 강도' 등 신파극이 유행했으며, '토월회'는 신파극에 대항하여 서구 근대극을 도입했다. 잡지로는 『장미촌』, 『백조』, 『동광』, 『개벽』 등이 창간됐다.

3절 민족해방운동의 발전

1. 민족 문화의 보존

1) 일제의 조선 문화 대책

20세기는 서구 세계가 비서구 세계를 경제적 · 기술공학적 · 문화적으로 압도한 시대였다. 서구 문화는 비서구의 전통문화를 파괴했으므로 20세기는 근대화론자와 전통주의자의 대립이 극심했다. 일제는 조선의 고유문화를 존중하지 않았고, 조선 문화를 시기했다. 따라서 총독부는 조선의 전통 건물을 헐어버리고 그 자리에 일본식이나 서구식 건물을 지었다. 근대적 놀이공원을 만든다는 구실로 창경궁을 헐고 공원을 조성했으며, 아울러 창경궁과 종묘 사이에 도로를 뚫어버렸다. 또 대한제국의 상징적 건축이었던 원구단을 헐고 그 자리에 여행객이 묵어가는 철도호텔을 건축했다. 그 때문에 일본 지식인들조차 데라우치가 조선 문화를 말살하고 있다고 비판할 정도였다.

총독부는 1910년대 조선고적조사를 감행했는데, 특히 평양의 낙랑고분, 고령의 가야고분, 고려청자의 개성고분, 경주의 신라고분을 집중 발굴했다. 일제는 고적 조사를 통해 타율성론 등의 식민사관을 조선인에게 주입시키려 획책했다. 한편 발굴한 문화재의 상당수는 일본인 개인 소장가, 일본 대학, 일본 박물관 등이 가져갔고, 일부만이 조선 박물관에 진열됐다.

총독부는 조선의 궁중 음악인 아악도 축소했다. 대한제국시기 황실에서는 '교방사'라는 궁중 음악기구를 설립하고, 772명의 악인을 배치한 바 있었다. 총독부는 교방사를 폐지하고 이왕직 아악부를 설립했는데, 종묘, 문묘의 제례를 대비하여 57명이라는 최소한의 인원만을 남기고 대폭 축소했다. 또 학교 음악교육을 양악 중심으로 개편하고 국악을 배제했다. 그 때문에 해방 뒤 한국에서는 오랫동안 국악이 대중화되지 못했다. 총독부는 조선인이 단결하여 일제에 대항할 것을 경계했으므로 조선인들이 모여 경기하는 것을 기피했다. 그 때문에 석전(돌싸움 놀이), 청도의 소싸움, 횃불놀이, 두레같이 조선인의 단결을 조장하는 행사들은 폐지됐다. 횃불놀이의 경우 남자들이 횃불을 들고 용감하게 싸우는 모습이 장관을 이루곤 했는데 자취를 감췄다. 반면에 식민 통치에 지장을 주지 않는다고 판단한 조선의 민속놀이는 유지시켰으므로 씨름 같은 경우는 '전조선 씨름대회'라는 타이틀로 개최했다.

총독부의 탄압으로 사라져가던 조선의 전통문화를 유지하게 한 원동력은 3·1운동이었다. 3·1운동 이후 조선 총독으로 내정된 사이토는 동료에게 조선 통치에 대해 자문을 구했다. 사이토가 해군대신에 재직할 당시 같은 대신이었던 동료는 조선에 대한 강압적 통치의 문제점을 지적했다. 즉 조선은 5,000년의 유구한 역사를 가진 국가로 2천만 인구, 독자적 문자, 고유의 민속을 가지고 있다고 강조하면서 조선인의 마음을 얻지 못한다면 물질적 개선이 이루어지더라도 조선인은 항시 일본을 적대할 것이라고 충고했다. 사이토는 그 같은 충고를 수용하고 조선의 전통문화를 존중할 것을 천명했다. 그에 따라 총독부는 지방 문화 차원에서 조선 문화를 선별 유지하는 정책을 시행했다. 총독부는 조선 향토색을 조선미술전람회의 심사기준으로 삼았으며, 학교 수업시간에 조선 문화를 일본어로 가르쳤다.

한편 일본 일각에서는 일본의 궁중 무용은 조선 무용을 계승한 것이라고 지적하는 등 일본 문화의 원류가 조선이라는 사실을 인정했다. 1928년 '이왕직 아악의 밤'이 일본 전역에 중계된 것은 그 같은 배경에서 나온 것이었다. 그러나 상당수 일본인들은 조선 문화를 존중하지 않았다. 한 일본 여행사는 기생 관광을 독려하고자 아리랑을 부르며 기타를 치는 기생의 모습이 그려진 엽서를 발행했다. 일본에게 민족의 노래 아리랑은 한갓 오락거리에 불과했던 셈이다. 일제는 '일본식 근대'를 강요했고, 조선인들은 전통을 고수했다.

2) 민족 문화의 유지

조선은 문화 민족답게 수많은 문화유산을 창조했는데 전승된 전통문화는 매우 다양했다. 전통문화 중 무형문화재에 해당하는 것들을 살펴보면 궁중의 전통문화, 민간의 전통문화, 세시 풍속 등으로 구분할 수 있다. 먼저 궁중의 전통문화로는 종묘제례, 사직대제, 석전대제, 대금 정악, 거문고 산조, 가야금 산조, 대금 산조, 피리 정악 및 대취타 등이 있었고, 민간의 전통문화로는 노래, 춤, 민속놀이, 무예, 공예 등이 있었다.

다양한 집단이 조선의 전통문화를 계승했다. 궁중 음악을 계승한 주체는 이왕직 아악부였다. 이왕직 아악부는 아악 교육기구를 설치하고, 1920년 처음으로 교육생을 모집했다. 아악부는 제례, 왕실 행사의 주악을 주관했고, 방송 등을 통해 공개연주회를 개최했다. 또 전통 악곡을 채보하는 등 전통 음악을 정리했고 악서를 간행했다.

이왕직 미술제작소도 자기를 제작할 때 조선 왕조의 상감기법을 사용했다. 명창들도 전통문화를 충실히 계승했다. 명창들은 대중에게 인기 있던 창극을 더욱 세련되게 다듬었다. 창극은 전통적인 판소리의 공연 형태를 탈피하여 무대에서 여러 배역들이 공연하는 것이다. 광대도 생황, 장구, 해금, 피리, 소고, 날나리 등 고유 음악과 악기를 보존했다.

정악이 이왕직 아악부 등을 통해 명맥을 유지한 반면에 민속악은 별다른 교육기구가 없었다. 그런 가운데 기생학교는 노래, 춤, 음악, 의복 등을 집중 교육시켰다. 그 결과 기생들은 조선의 전통문화를 계승하는 데 주요 역할을 담당했다. 특히 평양의 기생학교는 조선식 건물을 짓고 예비 기생들에게 전통문화를 체계적으로 교육시켰다. 평양은 진주와 같이 노래와 춤이 발달했던 지역이었다. 기생학교는 195명이 정원이었으며, 보통학교를 졸업한 13세에서 17세 사이의 처녀들을 대상으로 일반 여학교와 같이 3년 동안 교육했다. 입학생의 출신지는 서울, 평안도, 황해도 등지였으며, 교육생들은 연지, 분, 동백기름을 발랐고, 댕기머리에 치마를 입었다. 1년 차에는 조선어, 산수, 평시조 등의 가곡을 가르쳤고, 2년 차에는 어부사 같은 시조

이동백 동상 (정동극장 소재)
조선의 전통문화 보존에 노력했던 명창 이동백은 〈남도단가〉창 등을 잘 불렀다.

와 피리, 거문고 같은 관현악, 3년 차에는 매·난·국·죽의 사군자를 가르쳤고, 난이도가 높은 조선 춤을 훈련시켰다. 학생들은 고깔을 쓰고 장삼을 입은 뒤 장구, 거문고, 피리 등에 맞춰 승무, 검무 등을 배웠다. 학생들이 배운 부문은 조선의 순수 예술을 지향했고, 조선 왕조의 명기가 배운 것과 유사했다. 기생학교의 교육 수준은 매우 높아서 교육생들이 제작한 사군자는 총독부 주최 미술전람회에서 입선하기도 했다. 기생학교는 1년에 45명 정도를 졸업시켰으며 졸업생중 1/3은 평양에 잔류했고, 2/3는 서울, 대구, 신의주 등 외지로 갔는데, 일등 명기라는 평을 들었다. 스웨덴 황태자도 평양을 방문한 자리에서 승무를 구경하고 칭찬을 아끼지 않았다. 기생학교는 번창하여 학생 수가 250명으로 증가했다. 서도 기생은 춤 솜씨가 더욱 돋보여 '남남북녀'라는 칭송을 들었으며, 오색 옷에 면류관을 쓰고 북을 치며 춤을 췄다. 이같이 기생들은 춤, 노래로 조선 고유의 정조를 지켰지만 일부 기생들은 승무 대신에 댄스를 추기도 했다. 기생학교에서도 신식 댄스를 가르치는 등 현실과 타협하기도 했다.

무엇보다도 조선 문화를 유지하게 한 것은 대중의 관심과 성원이었다. 대중은 '식민지적 근대화'가 전개되는 가운데서도 전통을 고수했다. 조선 최대의 명절인 설날, 조선인들은 제일 좋은 옷으로 갈아입고 나들이를 했으며 연날리기를 했다. 외국인은 조선의 연날리기 시합을 보고 미국의 야구경기 만큼 흥미진진하다고 감탄했다. 사월 초파일과 오월 단오도 주요 명절이었으며 시골의 결혼식도 전통을 보존하고 있었다. 특히 조선 여자들은 완강하게 조선의 풍습을 보존했다.

조선인들은 전통문화를 보존하는 데서 나아가 전통의 계발, 재창조를 추구했다. 학교를 가지 않고도 쉽게 배우고 쓸 수 있는 한글 덕분에 조선인은 아시아에서 가장 언어능력이 우수하다는 평가를 받았다. 국어학자들은 조선의 언어를 더욱 정교화하고자 1921년 조선어연구회를 결성했다. 조선어연구회는 1927년 기관지인 『한글』을 창간했으며 『조선어사전』 편찬을 시작했다. 박은식, 신채호, 정인보 등 국사학자들도 민족정신을 강조하면서 민족주의사학을 정립했다. 미술인들은 서구미술 모방을 시도하면서 전통의 재창조를 추구했다. 서구 문화는 백인 중심의 문화로 백인을 가장 근대적 인간으로 지목했다. 그러므로 서구 문화에 거부감을 느낀다는 것은 자기 정체성을 묻는 행위라 할 수 있었다. 미술인들은 서구 모방에 몰두하는 서구, 일본 유학생들을 얼치기 서구 문화 예찬론자들이라고 비판하면서 조선의 전통과 향토성에 기반한 '조선주의'를 추구했다. 영화인들도 조선의 전통을 계승했다. 조선인이 소유주였던 단성사에서는 감독, 각본, 촬영팀을 조선인들만으로 구성하여 영화를 제작하고자 했다. 단성사는 촬영부를 창립한 뒤 전통적인 야화를 소재로 '장화홍련전'을 제작하여 대중으로부터 큰 호응을 얻었다.

조선의 유적지들은 조선인들의 민족의식을 유지하는 데 기여했다. 특히 조선의 반만년 역사를 고스란히 간직한 강화도에는 단군과 관련된 마니산, 참성단, 삼랑산성 같은 유적들이 소재했다. 또

삼랑산성(강화도)
단군의 세 아들이 쌓은 성이라는 전설이 남아있다.

강화도에는 조선 왕조의 실록을 보관한 사고도 있었고, 노적봉에는 의병의 은신처가 있었다. 조선인들은 참성단을 보고 '조선의 혼'이라며 감격하곤 했다. 조선인들은 강화도 손돌목 등지에서 병인, 신미양요를 상기했으며, 조선을 식민지로 전락시켰다고 인식한 '강화도조약'을 천고의 한으로 지목했다. 강화도에 소풍간 학생들은 민족의식을 가슴에 담았다. 경주도 민족 문화의 자부심을 안겨주었고, 개성의 고려 궁터 만월대도 민족의식을 고취시켰다. 전형필은 일본으로 반출되고 있던 조선의 귀중한 문화재를 거액의 사재를 털어 구입했다. 장인들도 굳은 사명감을 가지고 전통문화들을 존속시켰다.

2. 국내의 민족해방운동

1) 조선 민족의 독립열망

1차대전이 끝나자 식민지였던 이집트, 아프가니스탄, 페르시아 등이 독립했다. 조선에서도 민족 자결의 함성이 강렬했다. 조선에 주재하고 있던 서구 외교관은 조선인들에게 자유스러운 상황에서 일본의 신민으로 남을 것인가, 독립을 원하는가 물으면 조선인들은 만장일치로 독립을 지지할 것이라고 단언했다. 조선의 지도자들은 파리강화회의에 조선의 독립을 기대했다. 파리강화회의 이후 지도자들이 기대한 것은 1921년 미국에서 개최된 워싱턴회의였다. 조선인들은 서구 열강에 대해 일본의 대륙 팽창은 조선을 교두보로 할 때만 가능하므로 조선을 독립시켜 일본의 침략 기반을 제거하라고 요구했다. 그러나 조선의 독립은 미국의 무관심으로 의제에 오르지 못했고, 외교운동은 또 한 번 좌절을 맛봐야 했다.

3 · 1운동 이후 일제는 조선인을 가혹하게 핍박했다. 1920년 9월

원산에 거주하는 15세 소년이 파출소에 돌을 던지자 수많은 조선인이 가담했고, 일제 경찰은 발포하여 1,000명을 체포했다. 조선인들은 일본인과의 인터뷰에서 문화정치에 대한 불만을 토로했다. 즉 "사이토가 문화정치를 한다고 하는데 문화정치는 하지 않고 무단정치를 하고 있다. 경찰 인원을 늘려 오늘만도 체포된 사람이 1만 명 이상이다"라고 비판했다. 또 "경찰의 압박은 대단하여 조선인 모두가 감옥에 들어간 것과 같다. 한 공기 밥도 안심하고 먹을 수 없으며 제집 고치는 것에 대해서조차 경찰이 간섭한다. 보도를 걷는 것도, 내지에 여행을 가는 것도 숱한 제한이 있다. 그저 멸망이 있을 뿐이다"고 개탄했다. 그 때문에 시인 이상화는 "지금은 남의 땅, 빼앗긴 들에도 봄은 오는가"라고 절규했다.

조선인들은 일제에 강력히 저항했으며, 특히 의열단의 활약은 일제에 충격을 주었다. 강우규는 1919년 남대문역서 부임하는 사이토에게 투탄했고, 김상옥은 1923년 종로경찰서에서 수많은 일경과 대치하다가 장렬히 산화했다. 김지섭은 1924년 이중교에 투탄했으며, 나석주는 1926년 조선식산은행과 동양척식회사에 투탄했다. 조선인들은 독립의 희망을 버리지 않았고, 서울과 상해의 민족운동가들은 꾸준히 연락했다. 임시정부의 기관지『독립신문』은 조선에도 배포됐다. 대중은 독립운동가들을 존경했고 독립운동가들의 가족과 독립운동가 재판에 금전을 기증했다. 1923년 5월 한 신문은 가장 인망 있는 조선 인물을 선정한다며 '현대인물투표'를 실시했다. 조선인들은 조사에 뜨거운 반응을 보이며 모였다 하면 선호하는 민족지도자를 화제로 삼았다. 인망 있는 지도자에는 서재필, 이승만, 최린, 안창호, 이상재, 김원봉, 김좌진, 이승훈, 여운형, 이동휘 등이 선정됐다. 하지만 총독부는 치안 방해를 이유로 민족지도자 명단을 삭제했다. 1927년 11월에도 다시 '현대인물투표'가 실시됐지만 총독부의 방해로 무산됐다.

서대문 형무소
식민지시기 독립운동가를 수감하고 고문했던 곳이다.

한편 조선인들은 친일파를 증오했는데, 민중이 지목한 친일파들은 여섯 부류가 있었다. 첫째, 매국노로서 대한제국의 고관들, 사회단체의 지도자들, 둘째, 동포에게 위해를 끼치는 고등경찰, 형사, 밀정, 셋째, 재산의 안전을 위하여 일본과 내통하고 군자금을 모금하는 독립운동가를 고발하는 친일부호, 넷째, 애국자의 퇴직 권고를 3번 이상 받았어도 반성하지 않는 자, 일본의 앞잡이, 다섯째, 배신자, 애국심을 모독하는 자, 애국의연금을 횡령하는 자, 여섯째, 변절자, 독립운동을 파괴하는 자였다. 그 외 조선의 독립에 반대하는 유력 일본인, 조선의 독립운동을 비방하는 정치가, 학자, 기자, 종교가, 조선인을 학살하는 일본 헌병, 경찰이 타도 대상이었다. '신한독립흑경비부'는 1923년 전국의 친일파 7,250명의 명단을 발표했는데, 경찰이 가장 많았고 밀정, 면장, 면서기, 도참사, 군수 순이었다. 독립운동가들은 친일 지방 군수들을 응징했다.

조선의 민중은 조선의 독립을 부인하는 행위에 대해 민감한 반응을 보였다. 한 여관 주인은 인터뷰에서 "조선인은 자치를 지지하지 않는다. 조선은 절대로 독립을 해야 한다"고 주장했다. 그 때문에 국민협회의장 민원식이 1921년 도쿄에서 자치청원운동을 벌이다 저격됐다. 1924년에는 미국 선교사가 샌프란시스코에서 조선인들은 독립의 희망을 버렸다고 발언했다. 국내외에서 강력히 반발하자 선교사는 발언 사실을 부인했다. 독립운동가들은 영·미의 친일에 불만을 가져 미국 총영사 관저에 돌을 던졌으며, 1926년 구세군 대장의 방한시에도 소요가 일어났다. 선교사들은 개항기에는 조선인에게 존경을 받았지만 조선 독립에 무관심하자 배척을 당한 것이다.

중국은 1928년 통일을 완수했다. 조선인은 중국이 통일되자 조선 독립의 희망을 보았다. 일본은 1929년 합방 20주년 박람회를 개최하여 조선의 발전을 선전하려 했다. 조선인들은 이 같은 시도에 냉소적 반응을 보였고, 조선 신문들도 일본인에 의한 산업발전은 일본인을 위한 것이라고 비판했다. 그러므로 총독부가 대대적으로 선전한 박람회는 이전과는 달리 찾는 사람이 적어 썰렁한 분위기를 연출했다. 영국 외교관들은 1920년대 조선의 분위기에 대해 겉으로는 평온한 상태이지만 독립의 희망은 식지 않고 있다고 인식했다. 일본 중의원 의원조차 조선은 표면상 조용한 것에 불과하다고 지적할 정도였다. 조선인은 일본에 의한 사업이나 교육 분야의 발전을 인정하지 않았다. 그러므로 조선인과 일본인 간에는 진정한 우호는 존재하지 않았다.

2) 민족연합전선의 결성

외교운동이 실패하자 일부는 민족 지도자 교육, 산업 등으로 관심을 돌렸다. 조선인들은 산간벽촌에 이르기까지 학교를 설립하려고 노력했다. 민족주의 계열은 1922년 민립대학 설립운동, 1923년 물산장려운동을 전개했다. 민립대학 설립운동은 총독부의 우민화정책에 맞서 민족의 대학을 건립하고자 한 것이었다. 물산장려운동은 토산품 애용을 유도하여 민족자본을 축적하고자 했다. 그러나 두 운동은 총독부의 견제 등으로 모두 실패했다.

민족 지도자 일부는 파리강화회의, 워싱턴회의가 조선 독립에 무관심하자 사회주의로 관심을 돌렸다. 이 무렵 조선에 사회주의 사상이 수용된 것은 여러 배경이 있었다. 첫째, 소련이 볼셰비키혁명을 성공시킨 뒤에 피압박 민족의 해방운동을 지원할 것이라고 천명했기 때문이다. 실제로 소련은 1922년 피압박 민족을 위하여 '극동인민대표대회'를 개최했다. 이는 서구 제국주의 열강이 조선의 독립을 외면하고 있던 것과는 상반된 것이었다. 언론에서도 러시아혁명의 지도자였던 레닌에 대해 빈번히 소개했다. 둘째, 대중운동의 발전에 따라 민족해방운동의 이념이 필요했기 때문이다. 셋째, 문화정치를 표방한 일제의 유화정책을 들 수 있다. 이처럼 일부 지식인들이 사회주의 사상을 수용했던 것은 조선의 민족해방운동과 연관이 있었다. 사회주의 이념이 국내로 유입되는 과정을 살펴보면 1단계로 지식인 · 청년 · 학생 · 선진노동자 등을 중심으로 독서회가 조직됐다. 그 과정에서 많은 노동자, 소작인, 청년들이 사회주의 사상을 수용했다. 2단계로 사회주의 사상을 연구하고 선전하는 사상단체들이 결성됐다. 사상단체의 수는 1926년경 338개에 이르렀고 이 중에서 대표적인 단체는 서울청년회, 화요회, 북풍회였다. 화요회는 1925년 조선공산당을 창립했다. 조공의 강령은 일본 제국주의 박멸, 조선 독립, 인민공화국 수립 등이었고, 8시간 노동제 실시, 언론 · 출판 · 결사 · 집회의 자유, 조선어의 국어화, 소작료 폐지, 대토지 소유의 몰수 및 농민에 대한 토지 분배를 투쟁 구호로 내세웠다. 조공은 1926년 '정우회선언'을 발표하여 계급투쟁에서 민족독립투쟁으로 노선을 전환했다. 조선공산당은 민족주의자와 민족통일전선을 추진하여 6 · 10 만세운동, 신간회 · 근우회에 참여했으며, 노농운동, 청년운동에 관여하는 등 대중운동을 이끌었다. 일제는 치안유지법을 조선에 적용하여 4차에 걸쳐 700명에 달하는 사회주의자들을 검거했다. 그 결과 조선공산당은 1928년 해체됐고, 해방 때까지 당 재건에 실패했다. 조선공산당은 구성층의 대부분이 인텔리, 소부르주아층, 학생층이어서 파벌주의의 한계를 보였다.

한편 3·1운동과 사회주의의 영향으로 대중단체들이 속속 결성됐다. 대표적인 대중단체로는 1924년에 조직된 조선노농총동맹으로서 회원 수가 45,000명에 달했고, 소작쟁의·노동쟁의를 지원했다. 조선노농총동맹은 1927년 조선농민총동맹·조선노동총동맹으로 분리됐다. 조선농민총동맹은 전국의 30개 농민단체가 연합하여 결성했는데 창립한 지 몇 년도 되지 않아 조합원이 22,000명에 달했다. 일제의 토지조사사업·산미증식계획 등으로 소작농이 증가했고, 그에 따라 농민운동이 활기를 띠었다. 소작쟁의는 소작권, 소작지, 소작료 등 소작에 관한 것이었고, 1920년 15건에서 1930년 726건으로 급증했다. 조합원은 소작인, 농업노동자, 자작 겸 소작인으로만 구성됐지만 점차 몰락하던 자작농까지 포함시켰다. 조선노동총동맹은 54개의 노동운동단체로 구성됐고, 조합원은 17,800여 명에 이르렀다. 노동운동이 활기를 띠게 된 배경으로는 열악한 노동조건, 민족 간 차별 대우, 사회주의의 유입을 들 수 있다. 농민운동과 노동운동은 처음에는 경제적 투쟁에서 비롯됐지만 점차 대자본가, 대지주 및 일제에 항거하는 정치적 운동으로 변모했다. 그 결과 노농운동은 민족해방운동의 한 축으로 자리매김하게 됐다.

한편 청년운동도 활발히 전개됐다. 청년총동맹은 125개 청년단체와 35,000여 명의 회원으로 구성됐다. 청년운동의 목표는 교육 진흥, 산업 육성, 도덕 수양, 문맹 퇴치, 농가소득 개선 등이었다. 청년운동은 구체적 활동으로서 토산물 및 소비조합의 이용, 아동구제, 민립대학 설립운동 등을 전개했으며 운동수단으로서 강연회,

토론회, 운동회, 소인극 등을 활용했다. 윤봉길도 충청도 예산에서 청년운동을 한 바 있었다. 농총, 청총, 노총 등 3총은 일제의 극심한 탄압을 받았다. 일제 경찰은 이 단체들의 간부를 검거·투옥하고, 일체 집회 개최를 금지했다. 그러므로 이들 기구의 집행위원회는 간담회 형식으로 운영됐다.

일제는 사회주의 운동이 활기를 띠자 민족분열정책을 강화했고, 그중 하나가 조선에 대한 자치 허용 검토였다. 조선인 대지주, 대자본가는 노농운동의 활성화를 경계하면서 일제와 타협했다. 이광수의 『민족적 경륜』은 자치운동의 도화선이었고, 1920년대부터 1930년대 초반까지 자치논의가 활발했다. 최린을 중심으로 하는 천도교 신파도 자치운동에 동조했다. 자치운동은 총독부와 타협적 민족주

천도교 중앙대교당
1921년 완공된 건물로서 명동성당, 조선총독부 건물과 함께 서울 3대 건물로 지칭됐다.

의 계열의 결탁으로서 독립운동 전선에서의 후퇴를 의미했다.

절대독립론을 고수한 비타협적 민족주의 계열과 사회주의 계열은 자치운동을 강력히 반대했다. 비타협적 민족주의자인 안재홍은 자치운동을 총독부와 공리주의자의 야합이라 비판했으며, 권동진을 중심으로 하는 천도교 구파도 자치운동을 반대했다. 비타협적 민족주의 계열은 자치운동을 무산시키고자 사회주의자 계열과 제휴했다. 사회주의 계열도 코민테른의 통일전선론을 수용하여 비타협적 민족주의 계열

과 제휴를 추진했다. 그 결과 1927년 이상재, 홍명희, 허헌, 김병로, 안재홍 등이 주도하는 민족의 최대 단체 신간회가 출범했다. 신간회는 대중의 폭발적인 호응을 얻어 출범한 지 3, 4년 만에 149개의 지회, 4만 명의 회원을 거느렸다. 회원들의 직업은 농민 50%, 상인 20%, 노동자 20%였고, 기타 교역자, 기자 교사, 변호사, 무직자 등으로 구성됐다. 신간회는 착취기관 철폐, 타협적 정치운동 반대, 조선인 본위의 교육제도 요구를 강령으로 내세웠다. 비슷한 시기 출범한 근우회는 신민회와 성격이 유사한 여성단체였으며, 62개의 지회와 5,000여 명의 회원으로 구성됐다.

3. 국외의 민족해방운동

1) 만주 지역

만주 지역에서는 독립군의 무장활동이 활발했다. 민족운동가들은 국제적 승인을 목표로 무장단체를 조직했다. 주요 무장단체로는 임시정부 직속의 광복군 총영, 대한인국민회 직속의 국민회군, 신흥무관학교 계열의 서로군정서, 대종교 계열의 북로군정서 등이 있었다. 간도에서는 3·1운동 이후 독립군이 창설됐다. 독립군은 기관총과 대포로 무장하고 일본군과 교전했다. 독립군 부대원들은 대한제국의 군대와 러시아 군대에서 근무했던 조선인들이었다. 대표적인 무장투쟁은 1920년의 봉오동 전투·청산리 전투였다. 청산리 전투 때 독립군들은 '배달족의 자유를 침탈한 왜적을 격퇴하자'는 '기전사가'를 불렀다. 일본군은 독립군의 국내진공작전에 대응했고, 이에 맞서 홍범도의 대한독립군과 김좌진의 북로군정서는 일본군을 대파했다. 일본군은 그에 대한 보복으로 간도의 조선인을 무차별 학살한 '간도참변'을 자행했다. 이 사건 이후 독립군은 소련의 항일공동전선 제의를 수용하여 대한독립군단을 결성, 자유시로 이동했다. 그러나 군사주도권 문제로 1921년 자유시사변이 발생했고, 그 와중에서 독립군 일부가 희생됐다.

봉오동 전적지
이 시기 대표적인 무장투쟁은 1920년의 봉오동·청산리 전투였다. 일본군은 독립군의 국내진공작전을 저지하고자 간도를 침공했다. 이 때 홍범도가 지도하는 대한독립군과 김좌진이 지도하는 북로군정서 등의 독립군은 협력하여 일본군을 대파했다.

이후 만주에서는 1920년대 전반 민족주의 계열의 독립단체들이 통합운동을 전개했다. 그 결과 만주의 독립단체는 참의부·정의부·신민부 등의 3부로 통합됐다. 3부는 민주공화정과 삼권분립의 정체를 표방했고, 세금을 징수하는 등 정부의 역할을 수행했다. 그러나 3부는 대중적 지지기반이 미약했으므로 애국심에 호소했다.

한편 만주에서도 사회주의 운동이 대두됐는데, 사회주의 운동을 주도한 기구는 조선공산당 만주총국이었다. 사회주의자들은 소작농을 대상으로 계급의식에 호소했지만 파벌주의로 대중 지도에 실패했다. 한편 사회주의 계열은 코민테른의 일국일당 원칙에 따라 1930년 중국공산당에 입당했다. 조선의 사회주의자는 중국혁명을 완수한 뒤 조선혁명을 완수하자는 주의였다. 한편 1919년 김원봉의 주도로 만주 길림에서 의열단이 조직됐다. 김원봉은 어릴 때부터 병법을 익히는 등 무술 방면에 소질이 많았다. 의열단은 주로 개인적 무장 활동인 의열투쟁을 전개했다. 의열단은 개인적 의열 투쟁의 한계를 인식하고 무장투쟁노선을 채택했다. 그에 따라 김원봉은 중국 국민당 산하의 황포군관학교에 단원들을 입교시켜 체계적인 군사훈련을 받게 했고, 훈련을 이수한 의열단원은 1930년대 후반에 결성된 조선의용대의 군인으로 활동했다.

한편 만주에서도 민족연합전선운동이 전개되어 1928년 3부와 사회주의단체들이 회합했다. 이 자리에서 촉성회파는 개인본위를 주장했고, 정의부 중심의 협의회파는 단체본위를 주장한 결과, 유일당 운동은 실패했다. 1920년대 후반 민족주의계는 3부 통합운동을 전개하여 정의부 중심세력은 국민부를 창설했고, 다른 세력은 혁신의회를 조직했다. 국민부는 조선혁명당을 조직했으며 조선혁명군을 산하 군대로 두었다. 혁신의회는 한국독립당을 조직하고, 한국독립군을 산하 군대로 두었다.

2) 중국 본토

3·1운동이 발발하자 민족 지도자들은 전체 독립운동을 지도하고, 열강과의 외교를 추진할 기관의 필요성을 인식했다. 그에 따라 국내외에서 7개의 임시정부의 수립이 선포됐고, 이 중에서 대표적인 것은 연해주의 대한국민의회, 상해정부, 서울의 한성정부였다. 이후 세 단체 간의 통합운동이 전개된 결과 한성정부를 계승하기로 하고, 위치는 상해, 명칭은 대한민국 임시정부로 한다는 합의가 이뤄졌다. 대한민국 임시정부는 1919년 4월 13일 상해에서 수립됐으며 의정원 의장에는 이동녕, 대통령에는 이승만, 국무총리에는 이동휘가 선출됐다. 앞서 수립된 7개의 임시정부는 모두 민주공화제

를 채택했는데, 대한민국 임시정부도 이를 수용하여 민주공화제를 정치이념으로 채택했다.

임시정부는 교통국을 조직하여 통신업무, 자금 모금을 담당하게 하는 한편, 연통제라는 비밀행정조직을 설치하여 법령 전달, 군인 모집 등을 담당하게 했으며, 기관지로 『독립신문』을 창간했다. 또, 미국에는 구미위원부, 프랑스에는 파리위원부, 영국에는 런던위원부를 설치하여 열강을 상대로 외교활동을 전개했다. 한편 이승만은 미국 정부에 조선에 대한 위임통치를 청원했다. 이같이 임시정부는 지도층이 외교우선주의를 추구했으므로 만주, 러시아령의 무장독립군을 지도하는 데 한계를 보였다. 이에 일부 민족지도자들은 임정의 외교독립론을 비판하고 무장투쟁론을 주장했다. 그에 따라 민족운동노선을 논의하고자 1923년 상해에서 '국민대표회의'가 개최됐다. 이 회의에서 대한국민의회를 중심으로 하는 창조파는 무장투쟁을 주장하면서 임시정부의 해체를 요구했고, 개조파는 임정 존속론을 개진했다. 국민대표회의가 결렬되자 창조파는 임정을 탈퇴했다. 그 결과 임정은 일개 독립운동단체로 전락했고, 민족운동은 개별 분산화했다. 이후 의정원은 1925년 이승만을 외세의존적 외교노선과 공금횡령 등을 이유로 탄핵했다.

한편 중국 본토에서는 사회주의 운동이 전개됐다. 1921년 이동휘는 상해파 고려공산당을 결성했다. 이동휘는 대한제국 시기에 강화진위대장을 지냈고, 애국계몽운동에 참여했으며 신민회에도 관계했던 인물이었다. 그는 해외로 망명한 뒤 민족해방을 지원하겠다고 약속한 소련에 접근했다. 한편 1921년 이르쿠츠크 공산당 한인지부의 주도로 이르쿠츠크파 고려공산당이 결성됐다. 상해파 고려공산당과 이르쿠츠크파 고려공산당은 통일전선의 대상을 둘러싸고 대립했고, 그 연장선상에서 자유시사변이 발생했다. 결국 두 단체는 코민테른의 지시로 1922년 해체됐다. 1928년 코민테른 제6차 대회

는 일국일당 원칙을 채택하여 조선의 사회주의 운동은 중국공산당
의 지도를 받게 했다.

조선의 민족해방운동을 주도한 것은 민족주의 계열, 사회주의 계
열이었지만 그에 못지않게 민족해방운동에 가담한 것은 아나키스
트(무정부주의) 계열이었다. 이들은 반자본주의, 반공산주의, 국가
와 정부의 폐지, 중앙집권 부정 등을 구호로 내세웠다. 아나키스트
들은 '민중직접혁명론'을 채택하여 민중의 봉기, 폭동, 총파업으로
조선 혁명을 달성하고자 했다. 특히 신채호는 「조선혁명선언」을 통
해 민중의 직접 혁명을 민족 해방의 유일한 방안이라고 주장했다.
아나키스트들은 일제 요인, 친일파를 응징하는 방식으로 민족해방
운동에 참여했다. 이들은 민족주의자들의 청원주의 운동을 비판했
고, 사회주의자들의 파벌주의, 공산독재를 비판했다.

한편 중국 본토에서도 1920년대 후반 민족유일당운동이 전개됐
다. 민족유일당운동의 배경에는 통합적 민족운동의 필요성, 제5차
코민테른(1924)의 민족통일전선 전술 채택, 제1차 국공합작(1924)의
영향 등이 있었다. 북경, 광동, 남경, 무한, 상해 지역에서 촉성회
조직으로 민족유일당운동이 개시됐다. 그러나 민족주의자는 임정
강화에 주력했고, 사회주의자는 혁명정당을 지향했다. 민족주의자
와 사회주의자는 자파세력 강화 의도가 강했다. 그런 가운데 중국
의 국공합작이 와해됐고, 코민테른은 12월 테제를 통해 노농계급에
기초한 당 재건과 민족 부르주아의 결별을 지시했다. 그 결과 민족
유일당운동은 실패로 끝났다. 민족유일당운동 실패 이후 중국 본토
에서는 다수의 독립운동정당이 창당됐는데, 독립운동정당은 이념
과 노선의 차이에 따라 정강·정책이 달랐다. 민족주의 계열의 한
국독립당은 삼균주의 이념을 제시했고, 사회주의 계열인 유호한국
독립운동자동맹은 국가소유제를 주장했다. 정당들의 결성은 장차
수립될 민족 국가에 대비하려 했기 때문이다. 중국 본토 민족운동

의 특징은 임시정부가 주도적 역할을 하는 가운데 다양한 이념이 등장했다는 점이다. 또, 각국의 조계가 있어 국제정세 파악이 쉬웠고 민족운동도 중단 없이 계속됐다.

3) 미주 지역

미주 지역에서는 1903년 하와이 이민을 계기로 조선인사회가 형성됐다. 미주 지역의 조선인들은 대부분 노동자로 하와이에 거주했고, 일부는 미국 본토에 거주했는데 그 수는 9,000명 정도였다. 이들은 300만 불 정도의 민족운동의연금을 모금하여 임시정부, 만주 독립군 등에 송금했다. 미주 지역의 민족운동을 지도한 인물은 박용만, 안창호, 이승만이었고, 각기 노선으로 무장투쟁론, 실력양성론, 외교독립론을 내세웠다. 이들은 공통적으로 국민 주권론에 바탕을 둔 민주공화국을 지지했으며 중국, 만주, 러시아 등 타지역과의 연대를 추진했다.

민족운동가들은 파리강화회의가 열리자 활발한 외교활동을 전개했다. 서재필은 구미인을 대상으로 '한국친우회'를 조직하여 독립청원운동을 전개했고, 이승만은 미국 의회를 대상으로 외교 활동을 전개했다. 또 민족운동가들은 워싱턴회의에 대비하여 운동을 개시했다. 이승만, 서재필, 정한경, 현순 등은 미국 국무장관, 백악관, 각국 대표단을 상대로 조선 독립을 청원했다. 이들은 일본이 조선을 지배하는 한 동아시아의 평화, 군축, 문호개방은 없다고 주장했다. 그러나 미국 국무성은 이를 무시했고, 워싱턴회의는 조선 문제에 대해서 토의를 하지 않았다. 영국에서의 외교 활동은 미국에서 파견된 황기환과 영국 의회 내에서 구성된 단체인 '한국의 친구'가 주도했다. 황기환은 임시정부의 대표 자격으로 죠지 영국 수상에게 '일본으로부터의 해방을 위한 한국민의 청원'이라는 장문의 서한을 보냈다. 여기에서 그는 일본의 한반도 침략정책, 경제적 수탈, 3·1 운동과 간도사변 때 학살을 열거하면서 일본의 대륙팽창은 영국에게도 불리하다고 강조했다. 아울러 인종적, 문화적, 도덕적으로 독립성을 유지해온 조선 민족은 당연히 독립돼야 한다고 역설했다. 민족운동가들은 영국 정부의 회답을 받지 못하자 영국의 하원의원들을 통해 영국 정부에 조선 독립을 청원했다.

이 시기 영국은 최대 식민지 보유국이었으므로 조선의 독립은 그들의 국익에 부합하지 않았다. 영국은 조선의 독립을 지지하지 않았지만 인도에서와 같이 조선에 대한 자치 허용은 지지했다. 미국도 조선에 대한 자치 허용을 지지했다. 영국은 일본의 조선 통치는 영국의 인도 통치와는 달리 관용이 없고, 또 원주민 착취를 추구하므로 원주민의 지위 향상을 도모하는 자치의 이념과는 근본적으로 상치된다고 보았다. 한편 미주의 민족운동가 일부는 독립전쟁론을 제기하면서 대조선국민군단을 조직했고, 조선인비행사 양성소, 소년병학교를 창립했다.

4) 소련 지역

소련은 공산당 일당독재를 추구하는 한편 사유재산의 폐지를 주장함으로써 민주주의와 사유재산제도에 기반을 두어 자유경제체제를 발전시켜 온 서구 자본주의 국가와 대립했다. 또 소련은 서구 자본주의 국가들과 식민지 민족의 해방문제로 대립했다. 소련은 제정러시아가 중국을 상대로 획득한 치외법권을 포기하여 중국인들에게 소련이 중국의 유일한 우방이라는 인식을 심어주었다. 또 소련은 중국문제에 개입, 국공합작을 성사시켰다. 한편 소련은 조선문제에 적극 개입했다. 소련 외무성은 1920년 '일본 제국주의자들의 발아래 짓밟히고 있는 조선인'이란 팸플릿을 매달 간행하여 조선에서의 혁명을 고취했으며, 임시정부에 자금을 제공하기도 했다. 조선의 민족운동가 김규식은 조선을 주요 의제로 다룬 '극동인민대표대회'에 참석했고, 임정의 국무총리 이동휘는 북경 주재 소련 대사와 회담했다. 그러나 소련은 1925년 일본과의 협정체결을 계기로 조선인에 대한 지원을 중단했으며, 조선의 독립운동단체가 소련 영내에 주둔하는 것도 금지했다.

한편 1928년 7월의 코민테른 제6차대회는 좌경노선으로 선회하여 사회민주주의 세력을 공격했다. 이 같은 코민테른의 방침은 각국의 정세를 치밀하게 고려하지 않고 소련의 계급투쟁을 세계 각국의 사회주의 혁명에 일반화시킨 것이었다. 코민테른은 1920년대 중반부터 소련의 대외정책의 수단으로 전락했다. 소련은 당을 프롤레타리아계급보다 우위에 두는 모습을 보였다. 그리고 그 같은 당중심의 사고방식은 관료주의적 통제를 정당화했고, 관료체제의 정점에는 스탈린 1인 독재가 자리했다. 소련은 각국의 사정보다는 국제혁명의 기지로 자처한 소련의 사정을 우선시했다. 또 소련은 일관성 없는 지시를 내려 각국의 사회주의자들을 당혹스럽게 했다. 조선의 사회주의자들도 주체적 정세판단에 취약했고, 코민테른의 무원칙한 지시로 파벌주의에 빠졌다.

코민테른은 조선공산당이 소부르주아, 학생들로 구성되어 파벌주의가 극심하다고 비판했다. 코민테른은 12월 테제를 채택하여 노농계급에 기초한 당 재건을 지시하고 민족부르주아와의 결별을 지시했다. 이 같은 코민테른의 방침은 조선의 반일민족통일전선을 파괴했다. 신간회 해체도 코민테른의 지시가 결정적이었다. 신간회가 해체되자 해방까지 조선에서는 전국 단위의 민족연합전선체는 결성되지 못했다. 또 코민테른은 일국일당 원칙을 채택했고, 그에 따라 조선의 사회주의자들은 중국공산당에 입당해야 했다.

제3장 대공황 이후의 민족해방운동
(1929~1945)

세계경제대공황은 경제적으로는 자본주의의 파산을 의미했고, 정치적으로는 파시즘 등장의 계기가 됐다. 일본은 대공황을 탈출하고자 조선에 대한 수탈을 강화했다. 그러므로 '식민지적 근대화'가 궤도에 오르면 오를수록 조선인과 일본인 간의 경제적 격차는 심화됐다.

만주사변을 계기로 파시즘 체제로 전환한 일제는 동화정책을 한층 강화하여 민족말살을 시도했다. 그에 따라 조선의 전통문화는 거의 단절되다시피 했다. 그런 가운데 조선의 전통문화를 계승하고 민족의 정체성을 유지하는 것이 절박한 과제로 부상했다. 그런 분위기에서 조선의 전통문화를 유지하는 데 앞장선 것은 민중이었다.

중일전쟁이 발발하자 국내의 민족주의 계열은 선명하게 분화됐다. 비타협적 민족주의자들은 일본패전론을 신봉하고, 일제에 대한 협조를 거부했다. 반면에 타협적 민족주의자들은 상당수가 친일화하면서 일제에 적극 협조했다. 국내에서는 일제의 패전을 예측하는 분위기가 조성되면서 독서회, 토론회의 형태를 띤 비밀결사가 속속 조직됐다. 비밀결사에 참여한 계층은 학생, 청년, 노동자, 농민, 회사원 등이었고, 민족주의를 표방했다.

일제의 대륙 침략이 강화되자 국외 민족운동은 더욱 활기를 띠었다. 민족운동가들 간에는 민족연합전선운동이 더욱 활기를 띠었고, 그 과정에서 조선민족혁명당이 결성됐다. 한편 대한민국 임시정부는 민족혁명당을 흡수하는 등 민족주의자, 사회주의자, 아나키스트들이 참여한 연립정부로 변모했다. 또 임시정부 산하의 광복군은 영국, 미국 등 연합군과 합동작전을 통해 국제 사회와 연대했다.

1절 일제의 지배정책

1. 국제정세의 변동

대공황으로 자본주의 국가들의 공업 생산은 1/3로 감소했고, 국제 무역도 2/3로 축소됐다. 미국의 실업자 수는 1,700만 명에 이르렀다. 자본가들은 상품 가격을 회복하고 이윤을 보전하기 위하여 상품을 버렸고 곡식을 태우고 가축을 도륙했다. 그 때문에 근로자들은 기아에 허덕였다. 소설『분노의 포도』(1939)는 대공황기 미국인의 몰락을 생생하게 묘사했다. 미국의 민주당 정부는 대공황을 극복하고자 '뉴딜정책'을 실시했다. 미국 정부는 실업자를 구제하고자 도로, 공항, 정부 청사 등 공공사업을 전개하여 고용을 창출했으며 사회안정법을 제정하여 복지국가의 기반을 마련했다. 남미의 국가에서는 경제적 자유주의가 퇴조하고 권위주의 정권의 계획경제가 실시됐다. 독일은 1932년 공업 생산이 공황전에 비해 40.2% 감소했고, 실업자는 600만 명으로 증가했다. 일본은 공황 이후 1931년까지 공업 생산이 32.5%, 농업 생산은 40%, 수출은 50% 이상이 감소했고, 실업자는 300만 명에 이르렀다.

대공황은 자본주의의 파산을 의미했고, 정치적으로 파시즘이 등장하는 계기를 마련했다. 대공황 이후 독일에서는 노동운동이 활발하게 전개됐고, 이에 맞서 자본가들은 파시스트당인 '나치당'을 지지했다. 나치당은 1933년 합법적으로 정권을 장악했으며, 파시스트들은 자유민주주의와 사회주의를 모두 적대시했다. 대공황이 발생한 것은 독점자본주의체제에서 생산과 소비, 공급과 수요가 일치되지 못했기 때문이다. 생산의 무정부상태가 발생한 것이다. 대공황은 유럽의 안정을 격심하게 동요시켰고, 자유민주주의에 대한 신뢰도 약화시켰다. 노동자계급과 일부 지식인들은 사회주의를 자유민주주의의 대안으로 주시했다. 하지만 사회주의 지도국인 소련도 독일과 같이 전체주의 국가였다. 소련은 1934년 대숙청을 시작하여 수많은 사람들을 처형하거나 강제 수용소에 보냈다. 소련은 연해주의 조선인들이 일본과 연계할 것을 경계하여 조선인들을 중앙아시아 방면으로 강제 이주시켰다. 그에 따라 1937년 동아시아 거주의 조선인 36,400여 세대, 171,000여 명은 카자흐스탄과 우즈베키스탄으로 이주를 해야 했는데 준비 없는 상태에서 장거리 이동으로 고통을 겪었다.

일본은 대공황을 계기로 군부가 정치의 전면에 등장하여 정당내각을 타도하고 파시즘 체제를 수립했다. 일본은 조선에 대한 수탈을 더욱 강화하는 한편 중국 침략의 교두보를 확보하고자 만주 침략을 시도했다. 그에 따라 일본은 1931년 만주사변을 도발하였고, 1932년 만주국을 건설했다. 영·미는 만주국을 승인하지 않았고 국제연맹도 리튼 조사단을 파견했지만 일제의 만주 침략을 저지하지 못했다. 일본은 1933년 국제연맹에서 탈퇴했다.

독일과 이탈리아도 대외 침략을 감행했다. 이탈리아는 1933년 아비시니아를 침공했고, 독일은 1936년 라인란트를 침공했다. 스페인에서도 파시스트가 득세하여 1937년 인민정부를 전복했다. 명화 〈게르니카〉는 파시스트 군대가 게르니카의 바스크 시민을 잔인하게 학살한 것을 폭로했다. 국제연맹은 파시즘 국가의 대외 침략에 무력감을 드러냈고, 제2차 세계대전으로 가는 길을 열어줬다.

독·이·일의 파시스트 정권은 소련반대를 표방하면서 1937년 방공협정을 체결했다. 나치 독일은 식민지 확장과 인종 제거를 목표로 침략을 개시했고, 1938년 오스트리아를 침공, 병합했으며 체코슬로바키아에 수데텐 지방을 요구했다. 영국은 9월 뮌헨회의에서 수데텐을 독일에 넘겨줬다. 독일은 이에 만족하지 않고 1939년 3월 체코슬로바키아를 침공, 병합했으며 8월 소련과 독·소 불가침조약을 체결한 뒤 9월 1일 폴란드를 침공했다. 소련도 독일에 보조를 맞춰 폴란드를 침공하여 일부 영토를 병합하고, 발트 연안 3국을 재점령했다. 소련은 독일에게 식량과 석유를 공급하는 등 우호적인 관계를 유지했다. 영국, 프랑스는 9월 3일 독일에 선전포고했다. 제2차 세계대전이 발발한 것이다. 독일은 1940년 4월 노르웨이, 덴마크 등 북유럽을 침공했고, 5, 6월에는 저지대를 병합했다. 독일은 영국 도시에 공습을 개시했으며 프랑스를 패배시키고 비시에 괴뢰정부를 수립했다. 독일의 지배에 들어가지 않은 프랑스 여타 지역에서는 레지스탕스를 중심으로 독일에 저항했다. 1940년 6월에는 이탈리아가 독일 편에 가담했다. 독일은 1941년 1월 동유럽을 침공했으며, 소련의 침입을 예측하고 6월 소련을 침공했다. 독일은 그 해 여름에 전쟁의 승리를 목전에 뒀지만 미국의 참전으로 반전이 시작됐다.

일본은 동남아시아를 침공했지만 미국의 강력한 견제를 받았다. 미국은 미국 내의 일본 재산을 동결하는 한편 일본에 대해 석유 등을 수출 금지시켰다. 이에 일본은 1941년 12월 하와이 진주만을 기습하여 미국과 태평양전쟁을 개시했고, 독일도 미국에 선전포고했다. 그에 따라 전쟁은 유럽과 아시아에서 동시에 전개됐다. 진정한 의미의 세계대전이 발발한 것이다. 소련은 일본이 동남아시아에 군대를 집중하였으므로 유럽 방면에 군사력을 집중할 수 있었다. 그에 따라 소련은 모스크바에서 독일에 반격을 개시했고, 1943년 2월 스탈린그라드전투에서 독일에 승리했다. 미국은 1942년 미드웨이 해전에서 일본에 대승했다. 영·프는 아시아의 식민지들이 일본에 점령되자 아프리카 식민지인들을 전쟁에 동원했다. 미·영은 1943년 독일의 도시들을 공습했으며 같은 해 7월 이탈리아가 항복했다. 연합군은 지중해와 태평양에서 승전하자 북서유럽을 집중 공격했고, 1944년에는 노르망디 상륙작전에 성공했다. 독일과 일본은 각각 1945년 항복했다.

전체주의와 2차 세계대전은 많은 영화와 문학의 소재가 됐다. 채플린은 '위대한 독재자'(1940)를 제작하여 나치 독일을 비판했다. 이 영화는 히틀러를 모델로 하여 독재정치를 묘사했고, 유대인 수용소를 소개하는 등 나치의 만행을 폭로했다. 이 영화는 1940년에 개봉됐지만 나치 독일이 점령한 국가에서는 상영이 금지됐다. 히틀러는 채플린의 열렬한 팬이어서 이 영화를 관람했다고 했다. 이 영화는 독재정치가 행해진 국가에서는 상영되지 못했는데 스페인의 경우에는 독재자가 퇴장한 이후인 1975년에야 상영이 가능했다. 조지 오웰도 『동물농장』을 통해 전체주의의 잔인함을 경고했다. 한편 독일은 전쟁 중에 '홀로코스트'를 자행했다. 나치의 잔인함은 영화 '쉰들러 리스트'에 상세히 묘사됐다. 유태인 소녀 안네 프랑크는 『안네의 일기』를 통해 나치 독일의 잔인함을 고발했다. 영화 '인생유전'은 나치 점령하의 파리에서 3년 3개월의 제작기간을 거쳐 1945년 개봉됐다. 이 영화는 프랑스 국민의 예술 사랑과 나치 독일에 대한 저항을 보여줬고, 프랑스 국민은 박수를 보냈다. 같은 해 이탈리아에서 상영된 '무방비도시'는 독일이 로마를 점령했을 때 발생한 실화를 소재로 했으며, 연인의 밀고로 희생된 레지스탕스 지도자를 소재로 했다. 모로코를 배경으로 한 '카사블랑카', 런던을 배경으로 한

'애수'도 2차 대전을 배경으로 했다. 영화 '금지된 장난'은 2차 대전 때 비행기 폭격으로 가정을 잃은 소녀, 소년의 곤궁한 일상을 묘사했다.

유럽이 전쟁 상황에 돌입할 무렵, 아시아도 대규모 전쟁에 휘말렸다. 일본은 1937년 7월 중국의 화북 지방을 침공하여 중일전쟁을 개시했다. 그에 맞서 중국은 1937년 2차 국공합작에 합의함으로써 일본에 대한 연합전선을 결성했다. 일본은 상해, 남경 등 국민당의 근거지와 광주, 양자강 중류 지방을 침공했고, 그 과정에서 40여만 명 이상의 중국인들을 총살하는 '남경대학살'을 자행했다. 중국 국민당은 중경으로 수도를 옮겨 강력히 항거했고, 공산당도 연안을 중심으로 유격전을 전개했다. 그에 따라 일본은 8년간의 전투에도 중국에 결정적 승리를 거두지 못했고, 미국에 휴전을 의뢰하는 형편으로 전락했다. 일본은 중국 전선이 교착 상태에 빠지자 남쪽으로 침략의 방향을 선회했다. 일본은 아시아 국가들에게 '대동아공영권'을 내세우며 서구에 대항하여 일본에 협조할 것을 요구했다. 하지만 일본에 동조한 아시아 국가는 하나도 없었다. 영·프 등 유럽 열강은 대독전쟁으로 아시아에 군사적 여유가 없었으므로 일본은 손쉽게 동남아시아를 침공했으며 1940년 6월 인도차이나반도를 시작으로 1941년 필리핀, 미얀마, 인도를 침공하여 1942년 동남아시아 지배를 완성했다. 한편 일본의 중국 침공은 중국에 이권이 있던 열강과 충돌을 야기했다. 일본은 한반도, 만주, 몽고 등지에서 국경을 맞댄 소련과 수차례 교전했다. 열강의 이해관계는 동아시아를 둘러싸고 날카롭게 대립했다. 열강은 일본과 충돌하면서 한반도가 일본의 팽창정책에서 차지하는 비중을 새로이 인식하게 됐다. 그 결과 조선 독립의 필요성을 인정하게 되었다.

2. 일제의 지배정책

1) 대공황 이후 시기

1930년대 나치 독일의 등장으로 기존 국제 질서가 무너지자 동아시아의 정세도 급격히 불안정해졌고, 일본은 공세적으로 팽창정책을 전개해 나갔다. 일본은 소련이 1930년대 군사력을 증강하자 이에 대항한다는 명목으로 만주, 몽고를 지배하려 했다. 일제는 조선인의 토지를 헐값에 수용하여 만주로 이주하게 했고, 만주의 조선인을 일본 세력 확장의 도구로 만들고자 했다. 일본의 의도를 간파한 중국 당국은 조선인들의 토지 구입, 토지 임대를 막는 방식으로 조선인의 이민을 저지했다. 중국 민중도 조선인을 박대했으므로 조선인은 고난의 생활을 해야 했다. 그 과정에서 1931년 7월 만보산 사건이 발생했다. 만보산은 중국 길림성 장춘에서 서북쪽으로 30km 지점에 있는 곳이었다. 중국인의 공격으로 수명의 조선인이 희생됐고, 일본 경찰의 발포로 수명의 중국인이 희생됐다. 만주에서는 테러가 자행되는 등 조선인 박해가 극심했고, 조선에서도 반화교운동이 전개됐다. 만보산사건은 표면상으로는 조·중인 간의 충돌이었지만 실제로는 일본이 조종한 것이었다. 총독부와 관동군은 이 사건을 만주 침략에 이용했고, 만주사변의 서막을 열었다.

한편 만주는 조선과 가까운 곳에 위치했으므로 조선의 민족운동에 유리한 환경을 제공했다. 조선의 민족운동가들은 만주에서 일제에 강력하게 저항했다. 따라서 일제는 조선 지배를 확고히 하려면 만주 전역에 대한 장악이 필요함을 인식했다. 결국 일제는 조선 지배의 안정화, 중국 침략의 교두보 확보를 목표로 만주를 침공했다. 만주는 거대한 자원의 보고로 식량, 비료, 철광, 석탄 등의 원자재를 일본에 공급했고 제조품을 수입하였다. 일본은 '대동아공영권'이라는 이데올로기로 만주 지배를 정당화했다.

세계 역사상 지배 민족의 동화정책이 성공한 사례는 없었음에도 불구하고 일본은 조선에 대한 동화정책을 강행했다. 조선 민족의 강력한 저항이 계속되자 일본 일각에서는 조선자치 허용론이 제기됐다. 그에 따라 재부임한 사이토는 1930년 지방자치법을 공포했지만 지방자치법은 허울뿐인 자치제도에 불과했다. 총독부가 임명한 지사, 군수는 의회의 의결을 거부할 수 있었고, 도의회도 도지사가 거부권을 행사하는 자문기관에 불과했다. 그마저도 자치제도는 1930년대 중반 이후 유명무실해졌다. 일제는 조선인을 동화시키려 했지만 일본인과 같은 정치적 권리를 부여하지 않았고, 조선인에게 징병의 의무를 부과했지만 참정권을 허용하지는 않았다. 일제는 자치를 지지하는 조선인이 요구한 정치, 경제적 평등을 부정했다.

만주사변 후 일본은 정당내각이 사실상 종료하고 군부가 내각을 장악했다. 조선 총독을 지냈던 사이토는 일본의 수상에 취임한 뒤에 '5상회의'를 창설했다. 5상회의는 수상, 외무상, 내무상, 대장상, 육군상, 해군상이 주요 국정을 결정한 것으로써 군부의 내각 장악을 의미했다. 일본의 군사비는 1934년 총예산의 45%에 육박했고, 농촌 구제비는 대폭 삭감됐다. 그에 따라 일본 국민의 경제 상황이 악화됐지만 일제는 국민의 궁핍을 강요하면서 1935년부터 전쟁 준비를 가속화했다. 일본은 육군을 50개 사단으로 증설하고, 해군에는 항공모함을 도입했다. 육군 증강은 소련과의 전쟁에 대비한 것이었고, 해군 증강은 미국과의 전쟁을 겨냥한 것이었다. 조선의 북부 지대에는 군수 공장이 속속 설립됐다. 전쟁 준비과정에서 많은 이익을 거둔 것은 군부와 결탁한 재벌이었다.

1936년 발생한 일본 청년 장교들의 '2·26쿠데타사건'은 실패로 끝났지만 군부의 영향력을 더욱 강화시켰다. 일제는 전쟁준비를 강화하면서 파시즘 체제를 구축했고, 국민의 사상을 철저하게 통제했다. 이 무렵 일본에서는 천황이 최고기관이라는 것을 인정하지만 천황의 절대권은 부정하는 '천황기관설'이 제기됐다. 일본 정부는 '천황기관설'을 주장하는 이들을 탄압했고, '국체명징', 즉 일본은 천황이 주권을 갖는 국가라는 것을 명문화했다. 일제는 치안유지법을 개정하여 사상범에게 최고 사형선고까지 가능하게 했다. 그 때문에 사회주의자들의 전향이 속출했다. 일제는 학교에서 교과서를 통제하고 교원을 단속하는 등 군국주의 교육을 강화했다. 만주사변 이후 일본 사회는 파시즘체제로 접어들었고, 조선은 일본보다 더 혹독한 통제와 억압을 받게 됐다.

조선 총독은 일본 군부의 대륙정책을 대변했다. 사이토 후임인 우가키 가즈시게(1931.7~1936.7)는 육군상 재직시 한반도에 1개 사단 증파를 주장했던 인물이다. 그는 항공기, 방공포 구입차 국가방위라는 명목으로 보통학교 학생을 포함, 조선인들에게 애국성금을 강제 모금했다. 총독부는 만주국이 궤도에 오르자 일본 열도, 한반도, 만주를 연결하는 작업을 추진했다. 우가키는 1932년 길림－회령선의 종착역으로 나진을 결정하고 그 개발에 박차를 가했다. 일본은 1920년대 미숙련 노동자의 필요로 40만 명의 조선인을 도일하게 했다. 그러나 일제는 조선인들이 사회주의운동에 가담하고, 주택·노동 문제가 심각해지자 이주를 봉쇄했다. 반면에 조선인의 만주 이민과 일본인의 조선 이민은 계속 증가했다. 총독부는 만주를 낙원의 땅으로 선전하면서, 1936년 서울과 신경에 각각 '선만척식회사'를 설립하고 100만 명의 조선인을 만주에 이주시키는 업무를 지원하게 했다. 이는 조선인을 만주에 보내 쌀 재배 기술을 전수하게 하여 만주를 식량기지화하려 한 것이었다. 일제는 1937년 조선과 만주의 단일화를 추구하여 금융 제도, 철도 규격 등을 정비했고 라디오 방송국에 조선과 만주 교환 방송을 실시하게 했다.

1933년 서울과 도쿄를 잇는 직통전화가 개시됐다. 같은 해 서울의 전화 가입자는 일본인이 8,700명, 조선인은 1,400명이었다. 일제가 항시 운운했던 '조선근대화'는 일본인을 위한 것이 명백했다. 조선의 개발(근대화)이 궤도에 오르면 오를수록 조선인과 일본인 간의 경제적 격차는 더욱 커졌고, 식민지 조선의 빈곤도 강화됐다. 경제대공황은 농산물 가격을 폭락시켜 조선의 농촌경제를 동요시켰다. 대부분의 조선 농민, 상인들은 집, 전토를 저당 잡히고 금융조합에 채무를 진 결과 1930년도 채무총액은 1억 원을 돌파했다. 농가 부채는 급증했으므로 농민들은 보릿고개를 넘어야 했다. 경상북도의 경우 기아에 허덕이는 농가는 15만 호에 육박했고, 다른 도도 사정은 비슷했다. 아이들은 결식으로 영양실조에 시달렸다. 몰락한 농민은 소작쟁의를 감행했고, 일부는 혁명적 농민조합운동에 가담했다.

총독부는 식민지배의 안정이 시급했다. 종래의 조선 총독들은 조선의 인텔리 대응에 전력을 기울였으므로 농민에 대한 대책이 부재했다. 우가키는 농민층에 대한 관심을 표명하면서 1932년 7월부터 '농촌진흥운동'을 전개했다. 그는 금융조합을 통해 낮은 이자로 자금을 빌려주어 부채를 청산하게 하고, 소작농으로 하여금 토지를 매입하여 자작농으로 승격하도록 유도했다. 농촌진흥운동은 농가의 생활개선, 농민의 의식계몽에 주력하였으므로 농촌의 구조적 문제를 해결하기는 불가능했다. 총독부는 1933년 3월 '농가갱생계획'을 시행했지만 재정 부족으로 농민들에게 실질적인 도움은 되지 않았다. 총독부는 농민들에게 열심히 일하고 절약하면 잘살 수 있다고 선전했으며 라디오와 영화를 이용하여 농민을 무마했다. 총독부는 라디오 프로그램에 남한 4개도에서 '농촌 릴레이', '농촌 특별강좌'를 신설하여 농민들의 경험담을 듣고 농부가를 틀었으며, 또 전국 각지를 순회하면서 조선인들을 대상으로 활동사진을 상영했다. 농촌진흥운동은 1940년 12월 국민총력운동으로 대체됐다. 총독부는 농촌진흥운동을 통해 면을 넘어 촌락까지 농민의 일상을 철저히 통제했다. 그 결과 총독부는 전시체제기 농민을 동원하는 데 상당한 성과를 거두었다. 한편 총독부는 전시동원을 위한 황국신민화작업을 추진했고, '심전개발운동'은 그 사업의 하나였다. 총독부는 1935년부터 심전개발운동을 강행하여 일본식 국가의식을 고취하려 했다.

우가키의 후임인 미나미 지로(1936.7~1942.5)는 우가키의 정책을 완수했다. 미나미는 조선인 100만 명을 만주로 이민시킨다는 목표를 천명하는 등 민족대이동을 연상시키는 계획을 추진했다. 미나미는 부임 이전 육군대신, 관동주 지사, 관동군 사령관, 만주국 대사를 역임했고, 1931년 육군대신 재직시에는 군비 축소를 반대하면서 만주, 몽고 침략을 강조한 바 있었다. 미나미는 일본 제국의 팽창을 위한 군사적 도구로 이용하고자 한반도의 산업화를 추진했다. 그에 따라 한반도의 병참기지화가 본격화됐다. 그는 산업화의 중심지를 함경도, 평안도로 설정하고, 나진항의 항만시설 확충, 장진·부전호의 수력 발전, 흥남의 비료공장 건설, 압록강의 수풍 발전소 건설을 추진했으며 금, 은, 텅스텐 등 광물의 개발과 금속, 화학공장 설치를 추진했다. 총독부는 1937년 사상 최고의 예산을 편성했고, 대부분의 예산을 국방에 필요한 전선, 전화 시설, 철도 건설에 사용했고, 감시를 위한 고등경찰 증강에도 거액을 투입했다. 미나미가 도착할 무렵 손기정 선수의 베를린 올림픽 마라톤 금메달 수상과 관련하여 일장기 말소사건이 발생했다. 미나미는 조선인의 민족의식을 말살하고자, 무단통치를 한층 강화하여 조선인을 극심하게 탄압했다. 미나미는 항시 군복을 착용했고, 관동군 참모장으로서 만주사변에 개입했던 인물을 조선군사령관으로 불러들였다. 그는 만주총독같이 군대에 절대 권력을 부여했고, 조선사회를 군대화하고자 했다. 그에 따라 개인의 자유와 언론을 탄압했고, 모든 신문을 정부기관에 종속시켰다. 한편 내선일체를 강조하면서 조선에서 동화정책을 강력히 추진했다. 동화정책은 일왕 숭배, 신사참배, 군인 환송, 애국 성금 기부, 조선인 징집 등이었다. 일제는 조선 사회를 강력히 통제하고자 뉴스를 이용했다. 총독부는 일본 정부의 강연을 24시간 이내로 번역하여 방송하도록 지시했고, 도쿄 방송국의 '전국뉴스'를 중계하도록 했다. 일제는 1936년 독일과 방공협정을 체결한 것을 계기로 사회주의자를 강력히 탄압했다. 일제는 '사상범보호관찰법'을 제정하고 일본에서는 1936년 11월부터, 조선에서는 12월부터 각각 시행했다. 총독부는 '조선사상범보호관찰령'을 공고한 뒤 학무국에 사상계를 설치했다. 사상범이 가장 많은 곳은 서울이었다. 총독부는 사상범에 대해 경중에 따라 등급을 매겼으며, 5년 이상의 징역을 치르고 출소한 이들을 수용소에 강제로 가뒀고, 기타 사상범들은 거주지를 제한하거나 교류 인사를 제한하는 조치를 취했다.

2) 중일전쟁 발발시기

중일전쟁이 발발하자 총독부는 전시체제에 돌입하면서 서울 전역에 등화관제를 실시했다. 또 내선일체를 강조하면서 신사 참배, 궁성 요배, 황국신민의 서사를 강요했는데, 신사 참배는 일본보다 더 강력히 시행했다. 총독부는 1937년 '국민정신총동원조선연맹'을 조직하고, 10호를 1개의 '애국반'으로 편성했다. '애국반'은 근로동원, 배급, 공출, 저축, 주민실태조사 등을 통해 조선인의 일상생활을 통제했다. 총독부는 '국민정신진작운동'에 따라 수시로 특별 강연을 방송하도록 지시했으며, 1938년에는 '조선사상보도연맹'을 조직하여 사상운동 전력자를 감시했다. 총독부는 1937년부터 조선에 전시체제를 가동함으로써 1938년부터 전시체제를 본격 가동한 본국 일본보다 발 빠른 조치를 취했다. 일본의 경우는 1938년 '국가총

동원법'을 공포하고 자본, 물자, 노동력, 금융, 생산, 언론, 노동, 교육을 통제했다. 이같이 조선이 일본보다 먼저 국민총동원체제에 들어간 것은 조선 총독이 일본 정부에 대해 일정 부분 자율성이 있었기 때문이다. 한편 일본에서는 대륙 침략의 선봉이었던 관동군 사령관이 내각의 수상에 취임했다. 그 결과 군부는 내각을 장악했고, 일본 사회는 파시즘적 지배가 강화됐다. 일제는 도시에서는 정내회, 지방에서는 부락회를 조직하여 국민을 감시했고, 이들 조직을 통해 물자를 수집, 배급했고 인력을 동원했다. 여성단체도 애국부인회, 국방부인회 등으로 전환시켜 전쟁에 동원했다. 일제는 독일을 본떠 소학교도 국민학교로 개명했다.

경성제국대학 이공대(서울 과학기술대학교 소재)
총독부는 중일전쟁 도발 후에 경성제국대학 이공학부를 기존의 동숭동 캠퍼스에서 멀리 떨어진 태릉 지역에 설립했다. 총독부는 군사 기술을 실전에 배치할 수 있는 실험장이 필요했으므로 넓은 대지를 확보했다. 이처럼 일제는 조선의 유일한 대학을 전쟁전략의 수단으로 운영했다.

전반적으로 총독부의 조선 통치는 일본과 연동하여 전개됐다. 1938년 일본 정부는 전쟁에 대비하여 동경제국대학의 공학부를 확대하여 인근 도시인 서치바에 제2공학부를 설립했고, 제2공학부에는 군사시설을 설치했다. 제2공학부의 설립목적은 전쟁에 대비한 군사기술 개발에 있었다. 조선총독부도 전쟁에 대비하여 경성제국대학 이공학부를 기존의 동숭동 캠퍼스에서 멀리 떨어진 태릉 지역에 설립했다. 총독부는 군사 기술을 실전에 배치할 수 있는 실험장이 필요했으므로 넓은 대지를 확보했다. 이처럼 일제는 조선의 유일한 대학을 전쟁 목적에 동원했다.

총독부는 중일전쟁 이후 조선인을 전쟁에 동원하고자 했다. 조선인의 협조를 이끌어내려면 조선인의 일본인화가 필수적이었다. 총독부는 1937년 일본어를 철저히 사용하게 할 것을 각 관서에 지시하는 한편 각도에 1,000여 개소의 일본어 강습소를 설치하여 모든 조선인에게 일본어를 강습할 것을 지시했다. 총독부가 일본어 보급을 강제한 것은 조선인들이 일본의 군사훈련을 쉽게 이수하게 하여 징병제 실시의 기반을 마련하려는 것이었다. 총독부는 일본어 이해 기준을 보통학교 졸업자에 두었지만 조선인들 중에는 보통학교를 졸업하지 못한 경우가 많았다. 따라서 조선인들을 통제, 동원해야 했던 총독부는 부득이 조선어를 실용적 커뮤니케이션 수단으로 인정했다. 그러므로 총독부는 조선어를 전면 금지하지는 않았다.

일본 정부는 영·미를 적국으로 간주하고 영어를 적국 언어로 규정했다. 그에 따라 총독부는 영어 사용을 금지했다. 그 결과 영어 교육이 중단됐고, 조선에서 상영 비중이 62%를 차지했던 미국 영화의 상영도 30%로 줄어들었다. 또 '뉴스'를 '보도'로, '아나운서'를 '방송원'으로 개칭하게 했으며 다방, 카페, 바 등 외국어 명칭도 일본식으로 수정할 것을 지시했다. 그리고 일본인과 동등한 권리를 준다는 구실하에 매년 400명 정도의 조선인을 자원병 형식으로 징집했다. 조선인 징집 대상은 2,100만 인구 중 825,000명이었다. 영·미는 일본이 조선인에게 일본 국민과 같이 참정권을 허용하지 않고 징집하는 것을 비판했다. 서구 국가들은 조선인 징집이 서구에 위협이 될 것을 우려했다. 한편 총독부는 국가총동원법에 따라 1939년

'노예사냥'인 징용제를 실시했다.

총독부는 조선인의 전쟁동원을 용이하게 하고자 영화, 방송을 이용했다. 그에 따라 1940년 '조선영화령'을 공포하여 조선 영화의 제작, 배급을 통제했다. 총독부는 조선 영화를 단속하는 한편 침략전쟁을 미화하는 영화를 제작하게 했다. 침략전쟁을 미화했던 영화는 '군용열차'(1938), '지원병'(1940), '집 없는 천사'(1941), '가미가제의 아들들'(1945), '감격의 일기'(1945) 등이 대표적이다. 총독부는 영화관 동원, 이동 영사 등의 방법으로 조선인들이 영화를 보게 했으므로, 조선인들은 1940년부터 매년 2,000만 명에 달하는 인원이 일본과 조선영화를 관람했다. 그리고 영화에는 반드시 전쟁 뉴스를 배치하여 조선인을 전쟁에 동원하려 했다. 총독부는 영화부대, 환등부대, 야담부대, 만담부대, 농촌애국반을 전국적으로 순회하게 했다. 1940년 라디오 방송은 '속성 일본어 강좌', '황국신민의 서사', '일어 상용', '총독부의 시간', '국민 총력 시간'으로 채워졌다. 총독부는 춘천, 마산, 대전, 원산, 신의주, 해주 성진 등지에 방송국을 개국하여 전황 속보를 방송했다.

총독부는 1940년부터 공출제도와 배급제도를 실시하여 농가의 미곡을 공출했고, 각 가정의 금속류를 강제 공출했다. 또 행정력, 경찰력을 총동원하고, 애국반이나 금융조합, 농회 등의 농민단체를 동원하여 생산량보다 과도한 공출을 감행했다. 아울러 명절에 이웃을 불러 밥과 떡을 먹이는 관행을 금지했고 새참을 제공하고 작업 후 농악을 하는 두레와 같은 전통 방식을 금지했다. 조선인은 총독부의 고시보다는 행상, 장돌뱅이의 전언, 유언비어를 신뢰했다. 이에 맞서 총독부는 1941년부터 5일장을 7일장, 10일장 등으로 변경하는 등 개시일을 축소시켰다. 또 장시에 가는 것은 부락연맹이사장의 허가를 받도록 했고, 필요한 상품은 대표가 구매하도록 했다.

일본은 1941년 12월 미국의 진주만을 침공하여 태평양전쟁을 개시했다. 총독부는 1943년 징병제를 실시하여 조선 청년을 전쟁 지역으로 내몰았고, 여자 정신대 근무령을 공포하고 만 12세 여성의 여자를 외국으로 보냈다.

3. '식민지 근대화'의 실상

일제는 한반도를 강점하자마자 회사령을 공포하여 조선인의 자본 축적을 저지하는 한편 기존에 있던 조선인 회사들도 강제 해산시켰다. 또 일제는 근대적 토지소유권을 확립한다며 토지조사사업을 실시했다. 총독부는 토지조사사업을 통해 대부분의 국유지를 총독부의 소유지로 편입하여 식민지 경제의 기반으로 삼았다.

총독부는 조선을 일본의 식량공급기지로 만들고자 1920년대부터 산미증식계획을 실시했다. 총독부는 특히 쌀 증산에 주력하였으므로 수리조합을 대거 설치했다. 그러나 비싼 수리조합비는 조선 농민에게 경제적 부담을 안겨 줬다. 조선의 자작농들은 수리조합비를 부담하고자 토지를 방매하는 과정에서 소작농으로 몰락했다. 일본인 자본가는 조선인의 토지를 대거 매입한 뒤 조선 농민에게 고율의 소작료를 부과했다. 1928년 기간에 쌀 생산량은 1920년보다 36% 증가한 반면, 일본에 수출된 쌀은 4.2배 증가했다. 생산량보다 수출량이 증가한 것이다. 1910~1941년 동안 조선에서 생산된 미곡량은 52.3% 증가했지만 조선인의 미곡 수취량은 30% 감소했다. 증산된 미곡은 대부분 일본인에게 귀속됐고, 그 결과 조선인은 쌀 대신에 만주 좁쌀 등 잡곡을 주식으로 해야 했다.

식민지 시기 농업 투자와 근대 영농법 도입 등으로 농산물이 증산됐다. 그러나 농업 생산의 증대는 일본인 및 조선인 지주들의 성장 과정이기도 했다. 조선에서는 '지주제'가 강화됐고 소작농이 증가했다. 그에 따라 조선의 농촌은 소수의 지주와 다수의 소작농으로 재편됐다. 1910~1935년 동안 일본인 소유의 경작 면적은 6만 9천 정보에서 45만 2천 정보로 증가했고, 특히 논의 면적은 7.3배로 증가했다. 일본인 소유의 논은 경작 면적의 18.3%로 조선 논의 1/5을 차지했다. 일본인의 토지가 비옥한 평야 지대에 집중됐고, 토지 비옥도까지 감안할 경우 일본인이 차지한 논 비중은 54%에 달했다. 1941년 일본인 농업 인구의 1인당 농업 수입은 조선인의 96배였고, 농가 호당 경지 면적은 54배에 달했다. 일본인의 토지 소유가 급증하는 동안 조선 자작농은 소작농, 화전민, 토막민으로 전락했다. 소작농 중 상당수는 이농하여 공장의 저임금 노동력으로 전락했다. 토막민은 도시 빈민으로서 1939년 400호, 2만여 명에 달했다. 화전민은 사실상 원시인에 가까운 생활을 해야 했고, 그마저도 당국의 통제를 받았다. 해외로 흘러간 조선인들도 급증하여 1930년대 만주에는 100만 명, 연해주에는 50만 명이 이주했다.

한편 일본 자본은 1920년 회사령이 철폐되자 본격적으로 조선에 진출하기 시작했다. 일본 자본은 조선의 경공업을 장악했고, 조선 자본을 예속시켰다. 특히 일본 독점자본은 세계경제대공황이 발발하자 풍부한 자원과 저임의 조건을 갖춘 조선으로 대거 진출했다. 조선에는 노동자보호법이 없었고, 총독부는 노동운동을 강력하게 탄압했다. 그 같은 조건에서 일본 독점자본은 상당한 흑자를 기록했다.

일본 독점자본은 1930년대 일제의 대륙 침략정책에 따라 전기, 제철, 방직, 비료, 시멘트, 금속, 화학 등 군수공업 분야에 투자했다. 그 결과 1942년 조선의 근대적 대공업 회사자본 중 일본인의 비중은 74%였다. 조선 광공업의 생산 수단은 일본인 수중에 집중됐고, 조선인은 노동 수입에 의존했다. 조선에서는 중공업이 성장했지만 조선인의 기술발전과 관련이 없었고, 고용자도 소수여서 조선인 생활향상에 기여하지 못했다.

노동자들은 소수의 숙련 노동자와 다수의 미숙련 노동자로 분화됐다. 고숙련 노동자는 대부분 일본인 노동자로서 독점적 지위를 차지했으며, 일부 조선인 숙련 노동자는 생산 라인의 일부만 담당할 뿐이었다. 그러므로 조선인 숙련 노동자도 미숙련 노동자와 큰 차이는 없었다. 다수의 미숙련 노동자는 농촌의 청년을 강제 동원하거나 근로보국대로 동원된 사람들이었다. 노동자 급증이 전시체제하의 동원과 연계된 것을 의미한다. 1930년 조선은 전인구의 8할이 농민이었다. 농촌의 과잉인구는 조선과 일본의 군수공장에 노동력으로 강제 동원됐다. 총독부는 전시체제기인 1938년에서 1945년 사이 조선에서 총 600여만 명의 노무자를 동원했다. 그에 따라 조선의 농업 인구는 1938년 73.6%, 1942년 66.2%로 감소했다.

일제는 '노자협조주의'를 표방하며 생산 공장을 군대식으로 통제하여 조기출근, 개근경쟁, 경례의무 등을 자행했다. 또 민족 차별의 저임금구조, 노동이동 억제 등을 강행했으며, 노동자들에게 강제 저축과 헌금을 요구했다. 1940년대 전반기 임금은 1930년대 전반기와 유사했고, 그 결과 노동 임금이 실질적으로 하락했다. 또 노동시간의 연장, 노동강도의 강화, 작업환경의 악화 등으로 노동조건은 열악했다. 총독부는 황민화 이데올로기를 내세우며 조선인 노동자에 대한 수탈을 정당화했다. 또 총독부는 조선인 노동자들에게 대용식을 강요했으므로, 조선인 노동자들은 피죽, 나무껍질, 도토리 등으로 연명해야 했다. 조선인들은 파업, 탈주로 저항했고, 일제는 노동자를 감시했다.

일제의 식민지 정책으로 1명의 일본인이 조선에 이민을 오면 5명의 조선인이 해외로 이민을 가야 했다. 소수의 일본인이 조선 경제를 장악하여 민족별 경제 격차는 한층 심화됐다. 생산력 부진으로 조선의 지주 계급과 자본가 계급은 경제력 측면에서 외국의 지주,

자본가들과 비교대상이 아니었다. '개발'의 결과 경제적 불평등은 더욱 강화됐고, 1940년대 조선인 1인당 국내 총생산은 1910년대보다 더 하락했다.

'식민지 공업화'는 해방 이후 한국 경제에 별다른 도움을 주지 못했다. 해방 직후 '공업화의 성과'는 신기루처럼 증발하여 한국은 세계 최빈국의 농업국으로 전락했다. 해방 뒤 공장을 가동해야 할 원료, 기술자, 에너지, 부품 등이 모두 부족했고, 노동자의 대부분은 실업자로 전락했다. 대부분의 개발 유산은 분단과 전쟁으로 소실됐다. 대공장의 3/4은 북한에 소재했고, 남한에는 1/4이 소재했다. 남한의 공장들은 한국전쟁 때 황폐화했으므로 고도성장기 역할은 미미했다. 식민지시기 개발의 주체는 일본인으로서 일본인을 위한 개발에 치중했으므로 조선인은 들러리에 불과했다. 조선인은 대학교육을 받을 수 없었고, 참정권도 부여받지 못했다. 조선인은 정치 훈련을 받을 기회가 원천적으로 박탈된 것이다. 그것은 문명의 시대가 아니라 야만의 시대였다. 그 결과 해방 이후 한반도는 극심한 정치혼란에 빠져들었고, 분단을 막지 못했다.

2절 조선인의 일상생활

1. 의식주 생활

이 시기 주택은 초가집이 주류를 이루는 가운데 도시형 한옥, 문화주택, 영단주택이 새로운 주택으로 부상했다. 도시형 한옥은 1920년대 등장했고, 문화주택은 1930년대, 영단주택은 1940년대 본격적으로 건축됐다. 문화주택은 상류층의 주거지 형태였고, 영단주택은 무주택자들의 주거지였다. 세 가지 형태 중에서 문화주택은 해방 이후에 단독주택의 주류로 부상했다.

한편 민중의 식생활은 전쟁으로 인해 극한 상황에 처했다. 총독부는 연합국의 금수조치로 물자가 부족하자 공출제도와 배급제도를 실시했다. 식량을 공출할 때는 죽창을 들고 가택 수색을 하는 등 살벌한 분위기를 연출하여 인심이 흉흉했다. 서울에서는 배급 부족으로 조선인의 1/3은 기아사하고 내란이 발발할 것이라는 유언비어가 유포됐다. 농촌의 대지주, 도시의 부유층은 일제의 통제 방침을 공산주의의 실천인 것으로 의심했다. 총독부는 쌀의 소비를 차단하고 대용식을 강조하면서 만주 좁쌀, 콩깻묵을 대체 식량으로 지급했다. 총독부는 한 달에 1~3회 대용 식일을 정하여 음식점에서는 쌀밥을 못 팔게 하고, 가정집에서도 쌀밥을 짓지 못하게 했다. 농가에서는 곡식을 온돌 구석, 항아리, 선반, 서랍, 옷상자, 취사장, 곳간, 변소, 짚 속, 우사, 헛간, 산속, 굴뚝 밑, 밭 가운데 은닉했다. 농민들은 곡물 은닉이 적발되면 강력히 항거했다.

1930년대 조선인의 의복은 1920년대와 큰 차이는 없었다. 부녀자들의 장옷은 거의 자취를 감췄다. 남녀 모두 한복을 일상복으로 입었고, 직장인들은 양복을 입었다. 일부 남자들은 맥고모자를 썼다. 일반인들은 체육인들의 전유물이었던 반바지를 착용하기 시작했다. 그에 따라 여름철에는 산, 바닷가 등지에서 붉은색의 반바지가 유행했다. 총독부는 전시체제에 돌입하자 사치품 제한령을 공포하고, 조선인들에게 간편복을 강요했다. 그에 따라 남성복은 군복같이 양 가슴에 주머니가 달린 스탠드 컬러의 국민복이 유행했다. 일제는 조선인들에게 흰옷을 입지 못하게 제재했고, 대신 몸뻬를 입도록 했다. 몸뻬는 일본의 작업복으로서 검은 페인트를 흰 옷에 뿌린 것이었다. 몸뻬는 의복분야의 동화정책이라 할 수 있다.

2. 청소년 생활

광주학생운동은 3·1운동 뒤 발생한 최대의 민족운동이었다. 학생들의 봉기는 광주에서 시작하여 전국적으로 확대됐다. 광주학생운동에는 전국 200여 개교, 5만4천 명이 참여했다. 그중 1,600명이 투옥됐고, 13,000여 명은 무기징역을 당했다. 일부 외국인은 광주학생운동을 합방 20주년을 맞아 조선의 민족정신을 부활하려는 의도라고 인식했다. 광주학생운동을 지도한 신간회는 여름 방학을 이용하여 전국을 순회하며 한글을 가르쳤다.

만주사변 이후 총독부는 학교를 증설했다. 그 결과 보통학교 학생 수는 1935년 68만여 명, 1939년에는 100만 명, 1943년 197만 명으로 증가했다. 중등학교 학생 수는 1942년 8만 6천 명으로 증가했는데 '국민총동원체제'를 가동한 1939년부터 매년 1만 명 증가했다. 전문학교, 대학의 학생 수는 1930년 1,700여 명, 1942년 4,500여 명으로 소폭 증가했는데, 인구 1만 명당 2명도 채 되지 않는 비율이었다. 통계에서 드러나듯이 총독부는 조선인을 전쟁에 동원할 목적으로 학교를 증설했다.

총독부는 조선인을 전쟁에 동원하고자 내선일체를 강조했고, 그 연장선상에서 조선에 일본과 같은 교육제도를 적용했다. 총독부는 1938년 '3차 조선교육령'을 공포하여 조선과 일본의 학생들에게 같은 교과서를 사용하게 했다. 또 조선어를 선택과목으로 지정하여 조선어 교육을 사실상 차단하는 한편 수신, 일본어, 일본사 교육을 강화했다. 총독부는 1938년 중학교에서 조선어 교육을 금지했으며, 1941년에는 소학교에서 조선어 사용을 금지했다. 보통학교는 1938년 소학교, 1941년에는 국민학교로 개명했다. 총독부는 내선일체를 운운하면서 각급 학교 학생들에게 신사참배를 강요했다. 총독부는 1939년 창씨개명을 강행했다. 총독부는 대중의 심리를 이용하여 교활한 방법을 썼다. 사람들은 다른 사람들에게 놀림당할까, 무식하다는 소리를 들을까봐, 또는 사상이 불온하다는 의심을 받을 것을 두려워했다. 총독부는 일본식으로 바꾸지 않으면 자녀들이 학교에 가서 출석을 부를 때마다 다른 학생들의 놀림을 받을 것이고, 당신은 무식한 촌놈으로 보일 것이며, 또 사상이 불온한 것으로 찍힐 것이라고 위협했다.

한편 총독부는 조선 학생들에게 황국신민의식을 고취하면서, 일본 국왕을 위하여 사꾸라(벗꽃)처럼 산화하거나 구슬처럼 부서질 것을 요구했다. 총독부는 학생들을 강제 동원하여 '하늘의 소년병'처럼 전쟁을 미화하는 영화를 관람하게 했다. 이 영화는 일본 청소년 사이에서 인기를 끌었는데, 기꺼이 전쟁터에서 희생할 것을 요구한 내용이었다. 일부 조선 학생들은 일본이 만주사변, 중일전쟁 도발에 성공한 것을 보고 일본에 호의적으로 변한 경우도 있었다. 총독부는 고등보통학교에 일본 현역장교를 배속시키고, 군사교육을 실시했다. 총독부는 학교를 준군대화하여 학교 행사 때마다 학생들에게 구호와 거수경례를 강요했다. 또 총독부는 근로보국대, 지원병학교, 학도병제 등을 통해 조선인 학생들을 전쟁에 동원했다.

조선 어린이들은 문화생활에서 소외됐다. 종전에 시중에 나오던 『어린이』,『신소년』,『별나라』는 간행이 중단됐다. 조선 아동물은 극소수였고 대부분 외국 아동물이었다. 그러므로 소년들은 서점에 들어가면 일본 그림책을 뒤졌고, 아동 방송극 '매미와 아이들', '즐거운 일요일', 동요 및 동화 방송에 만족해야 했다. 어린이들은 사방치기(땅따먹기)라는 놀이를 즐겼다. 이 놀이는 외발로 서서 해야 하므로 다리 근육이 발달하고 균형감각과 인내심을 키울 수 있었다. 숨바꼭질(술래잡기)은 여럿이 해서 협동심과 리듬감에 좋았다. 다방구는 조선시대 때 군인들을 훈련시키면서 만든 놀이였는데 일제 때 '다 열렸다'라는 일본어가 굳어져 다방구라고 불렸다. 고무줄 놀이는 일본에서 도입되어 해방 후에도 유행했다.

3. 대중문화

이 무렵 조선인의 문화는 도시와 지방의 차이가 뚜렷했다. 도시는 서구 문화를 집중적으로 수용했고, 지방은 전통문화를 고수하면서 서구 문화를 간헐적으로 접할 뿐이었다. 개항기와 같이 도심지에 도열한 서점들은 서구 문화의 주요 통로였다. 일부 서점들은 외국의 원서를 전문적으로 취급했다. 서점에서 가장 많이 팔린 서구 서적은 영어 원서였고, 그 다음은 독일어 원서였으며, 프랑스 원서는 거의 팔리지 않았다. 가장 많이 판매됐던 분야는 문학 서적이었고 법률, 기술 서적 등도 많이 팔렸다. 가장 많이 팔린 신문은 영국의 『런던타임스』였고, 미국의 『뉴욕타임스』, 독일의 『멜니타이프라트』 등이 그 뒤를 이었으며, 소련의 모스크바에서 발간되던 화보 등도 약간 팔렸다. 그 밖에 잡지는 뉴욕의 『중앙공론』, 베를린의 『보헤』, 연극, 영화, 음악을 소개하던 『아메리칸레뷰』 등이 많이 팔린 편이었다.

미국인이 세운 미션스쿨도 서구 문화의 또 다른 통로였다. 미국의 기독교 교회 수는 4,000여 개에 이르렀다. 미국인이 설립한 학교는 1933년 총 270개교로서 총독부가 설립한 학교 다음으로 많았다. 전문학교도 4개교에 이르렀으며, 청년단체도 전국적으로 175개였다. 이 무렵 미국은 번영을 거듭하여 뉴욕에는 1930년 크라이슬러 빌딩, 1931년 엠파이어스테이트 빌딩이 들어섰다. 일부 조선인들은 미국의 민주주의 문화를 공부하고자 유학했고, 유학생들은 귀국하여 미국 문명을 보급했다. 일부 조선인들은 미국에 대해 호감을 가졌고, 이화전문, 보성전문, 연희전문은 미국 대학의 건물 양식을 모델로 했다. 조선에서 직접 영업한 외국 상인들 중 다수는 미국 상인들이었다. 미국 상인들은 광산업, 석유업, 기계공업에 자본을 투자했다. 미국 다음으로 조선에서 영업을 많이 했던 국가는 소련이었다. 소련은 주로 석유를 수출했고, 기타 어물, 목재도 수출했다. 특히 소련의 석유회사는 품질이 우수했는데, 미국 석유회사와 덤핑 경쟁을 벌였다. 소련에는 조선인들이 다수 거주했고 이동휘 등이 활동했다. 그러므로 조선인들은 소련에 대해 적대적이지는 않았다.

조선인들의 관심을 끈 서구 문물은 해수욕장이었다. 이 무렵 충청도의 대천해수욕장, 강원도의 화진포해수욕장, 경포해수욕장, 인천의 송도해수욕장이 개장됐다. 서구인이 주로 이용했던 해수욕장은 화진포해수욕장이었다. 화진포해수욕장은 1930년대에서 1940년대 전반 조선 최고의 해변 휴양지 중 하나였다. 그 이전에는 원산의 명사십리해수욕장이 최고 해수욕장이었다. 명사십리해수욕장은 프랑스 지중해변의 니스와 유사하다는 평을 받아 백인들이 애용했다. 중일전쟁이 발발하자 명사십리해수욕장은 공군 기지화되는 과정에서 폐쇄됐다. 화진포해수욕장은 명사십리해수욕장을 대체하는 해수욕장이었다. 화진포해수욕장에는 해마다 7, 8월이면 간도, 회령, 함흥, 원산, 서울, 평양, 대구에 거주하는 미국, 캐나다, 독일, 프랑스 인들이 200~300명씩 몰려와서 수영했다. 화진포해수욕장은 앞으로는 푸른 바다가 펼쳐져 있고, 뒤로는 호수와 산이 병풍처럼 둘러쳐져 있어 절경에 속했다. 또 하얀 모래사장에 갈매기가 날고 푸른 물, 푸른 산, 푸른 바다, 푸른 숲에 양옥이 서 있어 한 폭의 그림과 같다는 평을 받았다. 서구인들은 화진포해수욕장을 그리스처럼 고풍스럽고 파리처럼 아름답다고 극찬하면서 지구의 오아시스라 평가했다. 백인들은 해수욕장에서 양장과 반나체로 포옹, 키스하곤 했고, 주변에 거주했던 조선인들은 신기하듯이 '양코'의 행동을 쳐다봤다. 해수욕장이 유행하자 '바다의 교향시' 등 해수욕장을 소재로 한 가요도 등장했다. 이 무렵 수영복은 매우 비쌌다. 1930년대 후반 각기 우동 한 그릇이 5전일 때 일제 수영복은 40전이었다. 그러므로 대중은 비용이 많이 드는 해수욕보다는 전차로 쉽게 갈 수 있는 한강철교 부근에서 피서를 하곤 했다. 특히 1939년은 30년 만의 찜통 더위였으므로 많은 인파가 한강에 몰렸다.

이 무렵 주목을 받은 서구 문화는 서구 문화의 전시장인 백화점이었다. 백화점이 들어선 곳은 명동 일대였는데, 명동은 일본인이 집중 거주하던 남촌의 대표 상권이었다. 그에 따라 명동은 서울의 '작은 도쿄'라 불렸다. 1920년대 후반 명동 입구에는 조선 최초의 백화점인 미스코시백화점이 개장됐다. 르네상스식 건물인 미스코시

백화점 1층에는 다다미를 깔았는데, 손님은 신발을 벗고 입장해야 했으므로 '다다미 백화점'이라 불렸다. 백화점에는 쇼윈도, 마네킹 걸을 배치했고, 숍걸의 미모로 소비자를 유혹했다. 백화점 제품은 일본에서 수입한 것이었다. 미스코시백화점은 주로 일본인이 이용했지만 조선인 부자들도 방문했다. 조선인 자본가는 미스코시백화점에 맞서 1931년 종로에 화신백화점을 개점했다. 화신백화점은 얼마 뒤 화재로 소실되었고, 1937년 지하 1층, 지상 6층으로 재개점했으며, 엘리베이터, 에스컬레이터를 구비하는 등 명동에 소재한 일본 백화점들의 규모를 능가했다.

화신백화점은 개점 즉시 폭발적인 인기를 끌었다. 조선인들은 백화점을 주요 화젯거리로 삼았다. 특히 서울 사람들은 화신백화점을 으뜸가는 화젯거리로 삼았으며 종로 네거리를 걷는 이들은 서구식으로 지어진 화려한 건물을 응시했다. 화신백화점은 오전 9시부터 저녁 10시까지 문을 열었다. 화신백화점의 구조는 1층 포목부와 금은귀금속품부, 2층 식료품부, 화장품부, 수예품부, 문방구부, 3층 양품부, 4층 남녀 양복부, 5층 가구부, 악기부, 완구부, 특매품부로 배치됐다. 상품 진열은 일본 백화점과 유사했다. 개점 첫날 귀부인, 유한마담, 룸펜 등이 물밀듯이 화신백화점에 몰려갔고, 시골 사람들도 다수 방문했다. 엘리베이터 앞에서는 파란 양장 제복을 한 여자 안내원이 인기를 끌었다. '제복의 처녀'들은 20세 전후의 연령대로, 대부분 여자상업학교, 고등보통학교를 졸업한 여성들이었다. 이들은 깔끔한 용모를 자랑하였으므로 1등 신붓감이기도 했다. 시골 아낙네들, 학생들도 안내원의 얼굴을 쳐다보곤 했다.

1층의 포목부는 가정주부들이 많이 찾았지만 금은귀금속품부는 발길이 드물었다. 2층 식료품부는 새로운 물건이 별로 없어 사람들이 거의 없었다. 화장품부는 모던 걸, 여학생들이 많이 몰려 여점원이 분주했다. 수예품부에도 주부, 여학생들이 많이 몰렸고, 옆의 문방구부는 중학생들이 분주했다. 3층 양품부는 새로 유행하던 물건이 진열됐으므로 모던 보이, 모던 걸이 찾았다. 4층 양복부는 사람들이 거의 없었다. 5층 가구부, 악기부, 완구부는 사람들이 별로 없었고, 옆의 특매품부에서는 잡화 상품을 균일가로 싸게 판매했으므로 사람들이 많이 몰렸다. 특매품부는 화신백화점에서 사람들이 가장 많이 몰린 곳이었다. 손님은 물건을 들고 점원을 불러댔고, 점원은 물건을 싼 뭉치를 들고 뛰어다녔다. 전반적으로 손님은 많은데 구매하는 이는 드물었다. 조선인들은 호기심으로 백화점을 방문했다. 손님은 양복을 한 시간씩 만지고 그냥 돌아가는 경우가 많았다. 고객은 대부분 일본인이었고, 조선인은 대부분 도시의 부르주아와 지방의 유지였다. 조선에서도 서구적 취향이 강했던 지주, 자본가 등 상류층이 주소비자였던 것이다. 대부분의 조선인들은 백화점의 소비 대열에서 소외됐으며, 백화점의 점원들도 소비 대열에서 소외되기는 마찬가지였다. 조선인들은 소수의 구매층과 다수의 소외층으로 구분됐고, 그에 따라 백화점은 조선의 빈부격차를 확실히 보여준 곳이기도 했다. 백화점은 고객을 친절히 응대할 것이라고 광고했으며, 호객꾼을 배치하고, 바겐세일을 하여 고객을 끌어모았다. 세모에는 대매출 추첨권을 발행했고, 황소 한 마리를 경품으로 내놓았다. 중소 상인들은 연쇄점을 결성하여 백화점에 맞섰지만 역부족이었다.

　백화점의 수입금은 대부분 일본 자본가에게 들어가거나 조선의 상류층이 차지했다. 서울에서 상류층의 놀이터는 골프구락부, 승마구락부, 귀족회관 등이 있었는데, 특히 경성골프구락부에는 총독부 고관, 서울의 대자본가, 지방의 대부호, 광산가, 영·미인 등이 출입했다. 화신백화점의 소유주 역시 골프구락부 회원이었다. 백화점 주인은 일제에 고가의 비행기를 헌납했고, 해방 후 반민특위에서 조사를 받았다.

총독부는 일본인을 우대하고 조선인들을 차별했는데 거주지도 예외는 아니었다. 대한제국 때 시가지의 중심은 북촌이었다. 그러나 총독부는 일본인들이 다수 거주하는 남촌을 서울의 중심가로 조성했다. 북촌의 주택들이 비좁게 도열했고 하수도 시설도 열악한 데 비하여 남촌은 넓은 도로가 축조됐고 화려한 네온사인이 거리를 밝혔다. 총독부는 불균형 개발을 한 것이었다. 그에 따라 서울의 모습은 조선식과 일본식이 혼재되어 이국적인 색채를 띠었다. 조선의 모습을 간직한 곳은 시골이었다. 포플러 가로수, 황소 모는 아이, 국도 위의 자전거, 귀가하는 농민 등은 시골의 일상적 풍경이었다.

서울의 주요 교통수단은 전차, 버스, 마차였고, 서울 교외나 지방으로 여행할 경우 기차가 주로 이용됐다. 서울의 명소는 보신각 종루, 파고다공원, 덕수궁, 원구단, 독립문 등이었으며, 데이트 코스로는 정동보다는 경성부청(서울시청)에서 조선은행(한국은행)으로 이

보신각 종루
보신각 종루는 식민지 시기 서울의 명소였다.

어지는 지역이 인기를 끌었다. 여기에는 백화점과 다방이 많이 도열했기 때문이다.

서울 사람들은 봄에는 창경원으로 꽃구경을 갔고, 여름에는 뚝섬에서 물놀이를 즐겼으며, 가을에는 북한산, 도봉산 등지에서 단풍을 구경했다. 지방에서는 해수욕을 겸할 수 있는 동래온천, 해운대온천이 인기였고, 신라의 도읍지였던 경주, 고려의 도읍지였던 개성이 주요 관광 명소였다. 서울 교외의 주요 유원지는 망월사, 승가사, 삼막사, 천축사, 대성사, 진관사, 봉은사 등의 사찰이 인기였다. 대중은 야유회 때는 주로 갈비, 약주, 과자 등을 준비했다.

서민층은 저렴한 간이주점인 선술집을 애용했다. 가요 '선술집 풍경'이 '술맛 좋다 좋아 좋아 선술집은 우리의 파라다이스'라고 묘사했듯이, 선술집은 서민들의 휴식처였다. 선술집은 유쾌하고 자유분방한 분위기였고, 서서 음주했다. 서민이 즐기는 주류는 찹쌀막걸리였고, 특히 소리를 많이 지르고 다니는 두부장수가 애용했다. 기타 소주, 맥주, 정종 등이 있었고, 안주는 선짓국, 뼈다귀국, 매운탕 등이었다. 주당들은 선술집에서 '설까', '서자' 하며 5~7차를 전전했으며, 2차는 바나 요리 집을 갔다. 조선인 음식점은 온돌방을 갖추고 조선 요리로 손님을 맞았다.

대중에게 즐거움을 준 것은 가요와 영화 등이었다. 이 무렵 여가 수단으로 부상한 라디오는 대중가요를 유행시켰다. 1937년에는 전국적으로 10만 대 이상의 라디오가 보급됐는데, 방송 프로는 태반이 연예프로였다. 조선의 음반은 포리돌, 빅타, 오케, 컬럼비아, 태평 등 일본 음반회사의 지점이 제작했다. 대중이 연주회보다는 레코드를 선호했으므로 레코드는 많이 팔려 나갔다. 레코드는 오락기관이 거의 없는 조선에서 오락도구의 역할을 했다.

이 무렵 유행한 대중가요는 '유행가', '민요', '신민요'였다. 재즈 음악의 경우 댄스홀, 카바레 등이 성행하는 해외에서는 유행했지만,

조선에서는 크게 유행하지 못했다. 서구 클래식 음반도 대중적 인기를 끌지 못했다. 유행가는 낭만적, 영탄적인 노래가 인기를 모으다가 차차 조선의 현실을 사실적으로 묘사한 노래들이 주류를 이뤘다. 대중은 조선의 고전 예술을 탐구하기를 즐겼고, 향토색이 드러나는 노래를 환영했다. 그에 따라 가요도 조선인의 생활을 노래하고 조선인의 심정을 읊은 것이 유행했다. 신민요는 유행가와 민요의 중간적 형태로써 조선 민요를 서구적 음악 반주에 맞춰 부른 것이었다. 대중은 신민요에서 민요의 냄새를 맡았으므로 조선의 정서가 반영된 신민요는 조선인의 사랑을 받았다. 1936년에는 '조선팔경가'라는 신민요의 고전이 탄생했다. '금강산 일만이천'으로 시작하는 이 노래는 조선 산하의 아름다움을 묘사하고 민족적 긍지를 높였으므로 대중의 사랑을 받았다. '노들강변', '꼴망태목동'도 큰 인기를 모은 신민요였다. 이후 민요와 신민요의 중간격인 속요가 등장했다. 속요는 지방에 숨어있는 노래를 발굴하여 가요화한 것으로서 조선적인 색채가 매우 강했다. '삼각산실안개', '자진타령'은 대표적인 속요였다.

조선의 대중가요는 은유적으로 민족의 정서를 반영했다. 1934년 발표된 '처녀총각'은 '봄이 왔네 봄이 왔어'로 시작하는 구성진 조선의 전통가락이 특징이었는데, 이 노래가 들어간 레코드는 10만 장이 팔리는 등 큰 인기를 끌었다. 또 대중가요는 나라 잃은 조선인의 처지를 반영하여 대중의 공감을 얻었다. 대표적인 가요로는 '황성옛터', '타향살이', '목포의 눈물' 등을 들 수 있다. 일제가 만주국을 수립하자 '북극 오천키로'같이 만주 이민과 연관된 가요도 다수 발표됐으며, 금캐기 열풍을 노래한 '노다지'도 유행했다. 가요가 대중에게 상당한 영향을 미치자 총독부는 조선에서 제작된 레코드를 철저히 검열했다. 총독부는 조선의 정조를 강하게 풍기는 '아리랑', '고국 그리워', '종로 네거리', '방아타령' 등은 '치안방해'를 이유로,

'범벅타령', '신가정생활' 등은 '풍기문란'을 이유로 금지 처분했다. 여기에서 '치안방해'는 독립의식을 고취한다는 의미였다.

영화관에서는 조선 영화, 수입 영화를 상영했다. 조선에서는 1년에 5~10편의 영화가 제작됐다. 조선인이 즐겨 찾은 영화관은 단성사, 우미관이었고, 명치좌 관객은 조선인과 일본인이 반반씩이었다. 서구 영화는 1930년대 중반까지 70%를 점유했고, 그중 미국 영화가 90%를 차지했다. 조선인들에게 서구 영화는 식민지 현실을 도피하는 수단이기도 했다. 이 무렵 인기를 모은 외화는 '모던 타임스', '거리의 등불', '대지' 등이었다. 총독부는 조선에서 제작된 영화, 수입한 영화를 철저히 검열했다. 조선에서 제작된 영화는 '치안방해'로 삭제된 경우가 많았고, 외화는 '풍기문란'으로 삭제되는 경우가 많았다. 특히 유럽 영화는 키스 등의 장면이 집중적으로 삭제됐다. 일본 외무성은 사회주의 사상을 선전하는 소련 영화에 대해 상영불가를 요구했다. 일제는 1932년 국제연맹이 만주사변을 비난하자 서구 영화 수입을 통제하고 상영도 제한했다. 독일과 일본이 동맹을 체결한 이후 서울에서는 독일 영화가 집중적으로 상영됐다.

조선인이 제작한 영화는 은유적으로 민족의 정서를 반영했다. 나운규의 대표작이었던 '임자 없는 나룻배'(1932)는 철교 가설로 일자리를 빼앗긴 사공을 주인공으로 설정했다. 조선인들은 1930년대 중반부터 유성영화를 제작하기 시작했다. 조선 최초의 유성영화는 1935년에 제작된 '춘향전'이었다. 세계 최초의 유성영화는 1927년 상영된 미국 영화 '재즈싱어'였는데, 조선에서는 8년 만에 유성영화를 제작한 것이다. '춘향전'은 많은 관중을 끌어들여 대중적 성공을 거두었다. 이후 조선 영화감독들은 '아리랑 3', '심청전', '나그네' 등 많은 유성영화들을 제작했다. 조선 영화에 자주 등장한 직업은 남성은 소작농, 순사였고, 여성은 기생이었는데 이 무렵 순사는 민족을 탄압하는 상징이었다.

총독부는 전시체제를 가동한 뒤에 조선의 대중문화를 철저히 통제했다. 총독부는 조선 청년들을 자발적으로 전쟁터에 가게 하려고 전쟁 홍보영화를 제작했으며, 조선어 영화 상영을 금지했다.

대중가요는 전시체제하에서 '낙화유수', '찔레꽃' 등 자연과 고향을 그리는 것들이 창작됐다. 대중가요는 은유적으로 민족의 참상을 고발했다. '오늘도 걷는다마는 정처 없는 이 발길'로 시작하는 '나그네 설움', '문패도 번지수도 없는 주막에'로 시작하는 '번지 없는 주막' 등이 대표적이었다. 일본인 검열 당국자는 '번지 없는 주막'을 심사하면서 주막에 번지가 없다고 한 속뜻이 무엇인가를 따졌다. '눈물 젖은 두만강'은 두만강 부근에서 일본군에게 남편을 잃은 여인의 심정을 노래했다. 일제는 조선인들이 이 곡을 애호하자 발매금지 처분했다. 중일전쟁 이후 가요 시장은 침체상태에 빠졌다. 전시체제하에서 2할의 세금이 부과되어 레코드 값이 폭등했기 때문이었다. 그 때문에 거리의 스피커에서는 웅장한 군가소리만이 흘러나왔다.

한편 서구 문명을 동경하던 조선인들이 출입했던 곳은 다방, 비밀 사교댄스장, 백화점, 경성역의 티룸, 백화점의 옥외 카페 등이었는데, 대부분 남촌에 자리했다. 북촌의 조선인들이 남촌에서 놀았던 것이다. 1930년대 접어들자 다방은 골목마다 들어섰다. 일각에서는 다방을 '거리의 공원', '인테리', '모던남녀의 휴게실'이라고 지칭했다. 다방의 내부 구조는 모나리자 상을 배치한 포스터 벽, 목조 계단, 융단 의자 장식, 남국의 화초 등이 일반적이었다. 다방에서는 축음기로 재즈, 클래식을 들려줬고, 신곡 연주회, 미술 전시회도 개최했다. 또 숯, 탄을 이용하여 탕기, 냄비로 커피를 끓였고, 아이스커피, 홍차, 칼피스 등도 주 메뉴로 내놓았다. 화가, 음악가, 기자, 은행원, 회사원, 배우, 기생 등은 직업별로 단골 다방을 찾았으며, 젊은 인텔리들 중 일부는 종일 다방에서 소일했다. 유학을 다녀온

인텔리들이 경제 불황으로 고급 룸펜, 다시 말해 실업자로 전락한 결과였다. 모던 보이, 모던 걸 등은 충무로 등지의 비밀 사교댄스장을 자주 찾았으며, 이들은 찰스턴, 재즈 음악에 맞춰 춤을 췄다. 총독부 경찰은 댄스 교습혐의로 무용단체 간부들을 불러 수사했다. 그에 맞서 레코드 회사 간부, 다방 마담, 기생, 여배우 등은 총독부에 댄스홀 허가를 청원했다. 이들은 외국인들이 별 재미가 없어 서울을 떠난다며 도쿄의 댄스홀처럼 60만 서울 시민이 저렴한 가격으로 즐기도록 댄스홀을 허가할 것을 청원했다. 총독부는 '풍기문란'을 이유로 댄스홀 허가를 불허했다. 서구와 일본에서는 댄스홀이 허가됐지만 조선에서는 댄스홀이 허가되지 않았다. 총독부는 비록 흥청망청 노는 장소라 할지라도 조선인이 합법적으로 모이는 것을 원치 않았던 것이다.

스포츠도 변함없이 대중의 사랑을 받았고, 스포츠의 대중화에 기여한 것은 라디오 방송중계였다. 경성방송국은 육상, 올림픽 등 스포츠 경기와 경마대회를 중계했다. 사람들은 축구가 열리는 경성운동장을 찾았고 권투에도 열광했다. 이 무렵 서울의 서점들은 안국동을 중심으로 종로에 집중됐다. 서점은 학교를 상대로 참고서를 출판했다. 조선인들은 1930년대 중반에 들어서 서점을 자주 방문했다. 대중은 『영원의 미소』, 『무정』, 『흙』, 『개척자』, 『여인』, 『달밤』, 『노산시조집』 등의 문학 작품을 많이 애독했다. 특히 심훈은 신문에 『상록수』를 연재하여 선풍적인 인기를 모았다. 『추월색』, 『미인의 도』, 『춘몽』 등 신소설도 다수 판매됐다. 1920년대 후반에는 최고 판매부수는 4,000부에 불과하여 출판사는 손해를 보고 출판했다. 하지만 지방에서도 상당수 서적을 주문했으므로 출판업이 궤도에 올랐다.

3절 민족해방운동의 전개

1. 민족 문화의 수호

이 시기 일제는 파쇼체제로 전환했고 동화정책을 강화하는 등 민족 말살을 시도했다. 따라서 민족의 정체성을 유지하기 위해서는 조선의 전통문화를 계승하는 것이 절박한 과제로 부상했다. 그런 가운데 여러 집단이 조선의 전통문화를 계승했다. 명창들은 단성사 등에서 8도 명창대회를 열었고 연주한 축음기 레코드를 전국에 보급했다. 대중은 명창들에게 재청, 삼청을 요구했고, 명월관 등 유명 요리집에서는 소리를 많이 공연했다. 방송국에서도 국악, 아악, 민요, 창 연주를 들려줬다. 조선인들은 라디오 프로 중 음악프로를 좋아했는데, 특히 장고, 가야금, 단소, 피리 소리를 즐겼다. 일본의 유명 레코드 회사들은 조선 축음기 시장을 공략하고자 조선인들이 좋아하는 민요를 음반으로 제작했다. 기생들도 사라져 가는 조선의 노래와 춤을 유지해 주었다. 서도 기생들은 춤을 잘 췄고, 남도 기생은 소리를 잘했다. 북에 맞춰 부르는 남도 소리는 흥부놀부, 자진 사랑가가 대표적이었고, 서도 소리는 수심가, 앞산타령, 배따라기 등이 대표적이었다.

무엇보다도 조선의 전통문화를 유지하게 한 것은 평범한 서민들이었다. 대중은 조선의 민요, 아리랑, 농악, 춤, 창 등에 열광적인 관심을 보였다. 특히 봉산탈춤은 대중적 인기를 누렸다. 봉산탈춤은 주요 세시풍속인 5월 단오날에 공연했다. 단오는 중부 이북 지방에서는 남부 지방의 추석과 맞먹는 명절이었다. 봉산탈춤 공연이 열릴 때면 7, 8만 관중들이 100~200리에 위치한 공연장을 찾아가서 구경할 정도였다. 한편 대중은 조선의 고전을 탐독했고, 한글 문헌에서 조선의 혼을 발견했다. 대중의 관심을 반영하여 조선의 고서점이 급증했다. 1935년 『조선동화대집』은 초판 5,000부를 찍은 뒤 3판을 준비할 정도였으며, 『문예독본』 상하권도 4,000여 부가 팔렸다. 대중은 조선 역사를 소재로 한 역사소설과 조선사화집에 큰 관심을 보였다. 그에 따라 『마의태자』, 『단종애사』, 『이순신』 등의 역사소설은 최소 판매부수가 4,000부를 기록했고, 『조선사화집』은 3,000여 부 이상이 판매됐으며 『충렬전』, 『춘향전』, 『심청전』 등 고대소설은 3, 4만 부가 판매됐다.

　　조선의 전통문화가 유지될 수 있었던 또 하나의 요인은 일제의 식민지배정책에 기인했다. 일제는 조선 문화를 제국의 하위문화로 인정하고, 일제는 조선 향토색을 제국의 주변부에 자리한 지방색의 일종으로 규정했다. 일부 일본인들도 조선 문화의 우수성을 인정했고 조선적인 것을 장려하기를 희망했다. 총독부는 1930년대 들어서도 조선고적조사를 계속했다. 고적 조사의 목적은 1910년대와 같이 타율성론, 일선동조론, 정체성론 등의 식민사관을 조선인에게 주입시키고자 한 데 있었다. 총독부는 조선의 전통 문화를 장려한다는 제스처를 취했지만 실상은 조선인의 주체성 상실을 획책했다. 조선인의 주체성 상실은 독립의식의 소멸을 의미하는 것이었다. 총독부는 발굴 지역인 평양, 경주, 부여, 개성 등지에 박물관을 건립했다. 일제가 조선박물관을 건축한 것은 식민사관 주입 외에도 관광상품화를 추구했기 때문이다. 총독부는 제국의 통치에 지장을 준다고 판단한 조선 문화는 철저히 탄압했다. 총독부는 전시체제기에 접어들자 동화정책의 차원에서 조선 문화를 강력히 탄압했다. 총독부는 1938년 중학교 조선어 시간을 수학과 실업으로 대체할 것을 각도에 지시했다. 1941년에는 국민학교에서 조선어 학습을 폐지했고, 조선어 사용을 보도연맹으로 하여금 감시케 했다. 또 조선어학회 기관지인『한글』을 폐간시켰고, '조선어학회사건'을 날조하여 한글학자들을 구속했다.

한편 조선의 지식인들은 민족 문화를 체계화하거나 재창조하고자 했다. 비타협적 민족주의자들은 1931년 5월 신간회 해소로 조직의 기반을 상실하자 민족 문화보존운동을 개시했다. 국사학자들은 민족주의사관을 체계적으로 정립했다. 정인보는 '민족의 얼'을 강조했고, 문일평은 '조선심'을 강조했으며 손진태는 조선의 민중생활을 소개했다. 안재홍은 1934년 정약용을 집중적으로 재조명하면서 '조선학운동'을 전개하는 한편, 민족 문화와 세계문화의 교호작용을 강조하는 '민세주의'를 표방했다. 비타협적 민족주의자들의 '조선학운동'은 독자적 민족 국가를 전제한 속에서 민족 문화의 보존을 추구한 '문화민족주의'라 할 수 있다. 그러므로 이들은 일본 문화와는 차별성이 강한 조선 문화를 중시했다.

한편 지식인들은 고대사에서 조선 민족의 우수성을 발견했다. 이윤재는 조선의 찬란한 문명이 쇠퇴한 것은 중세에 사대주의를 수용했기 때문이라고 인식했다. 그는 조선 민족의 시조인 단군은 모든 문화의 기원으로서 세계적인 추앙을 받아야 한다고 지적하면서, 단군릉 개축, 대종교 부흥운동을 격려했다. 홍명희는 조선 역사에서 가장 빛났던 시기는 신라시대라고 주장하면서, 경북지방에서 행해온 '신라제'를 추석에 전국적으로 개최하자고 제안했다. 문일평은 홍명희의 제안을 지지하면서 활쏘기, 석전도 행하자고 제안했다.

비타협적 민족주의자들이 단군, 실학, 조선 역사 연구에 집중한 반면에 백남운 등 사회주의 계열은 실학, 조선역사 연구에 집중했다.

한편 타협적 민족주의자들도 민족 문화를 연구했는데 이들은 독자적인 민족국가를 전제하지 않은 속에서 민족 문화의 보존에 집중했다. 이들이 일제의 지배에 동조했던 것을 볼 때, 이들의 조선학운동은 일본의 지역문화로서의 조선 문화연구라 할 수 있다.

일제의 민족말살정책이 강화되는 가운데 민족의 언어인 한글을 수호하는 것은 매우 중요한 의미를 가진 것이었다. 한용운은 전주 안심사에서 한글 불경판을 발견하고 보존을 모색했으며, 세종을 세계적 위인이라고 추앙했다. 한글애용운동을 활발하게 전개한 기관은 조선어연구회였다. 조선어연구회는 1931년 조선어학회로 개칭하고 한글사전 편찬과 한글철자법개정에 진력했다. 조선어학회는 명월관에서 한글창제 480주년 기념회를 개최했는데 상당한 성황을 이뤘다. 조선어학회는 1933년 한글맞춤법통일안을 발표했고 간이학교를 설립하여 한글을 보급했으며, 최현배는『중등 조선말본』,『우리말본』을 발간했다. 조선의 신문사들도 1931년 조선어 보급운동을 전개했다. 신문사들은 '브나로드운동'을 표방하면서 문맹퇴치운동을 전개했는데, '브나로드'는 러시아 용어로 '민중 속으로'라는 의미였다. '브나로드운동'은 한글보급이 핵심이었으며, '글장님 없애기 운동'이라고도 불렸다. 브나로드 운동은 1935년 총독부의 방해로 중단됐다.

한편 조선 미술가들은 조선학운동에 발맞춰 조선 고유의 미술을 추구했다. 이들은 일본 화풍의 추종을 비판했고, 일부 화가들이 조선미전에서 사군자를 제외하자고 주장하자 격렬히 반대했다. 이들은 민족 미술의 고유한 형식과 내용을 수호하고자 창칼 준법으로 대나무를 그렸고, 조선의 자연, 골동품 등을 소재로 삼았다. 김복진, 윤희순, 김용준, 이태준 등은 조선 향토색의 소재주의를 비판하고, 시대정신을 반영하는 사실주의 양식을 제시했다. 이 무렵 화가들은 일제에 대항하여 사실주의 그림을 그리는 것을 기피했다. 총독부가 현실비판적인 사실주의 그림을 철거하는 등 강력하게 탄압했기 때문이다. 화가들은 조선 고전을 통해 조선인들의 미의식을 추구했다. 6년간의 감옥 생활을 마치고 출옥한 김복진은 김정희의 글씨와 오세창의 전각을 조소원리에 넣었다. 그는 불상을 조각하여 조형 감각의 현대성과 고전성을 조화시키려 했고, 1939년에는 법주사 미륵대불 제작을 시작했다. 윤희순은 『조선미술사연구』를 통해 조선의 미술사를 정리했다. 서구 미술을 적극 수용했던 김환기, 이쾌대, 이중섭 등도 조선적인 것으로 회귀했다. 시인 정지용은 〈향수〉 등을 통해 조선 고유의 정서를 노래했으며, 무용가 최승희는 조선의 전통 무용을 계승해 1938년 승무, 칼춤, 부채춤 등을 미국, 네덜란드, 프랑스, 독일, 남미 등지에서 순회공연을 했다. 민중은 최승희를 조선이 낳은 무용수라며 칭송했다.

2. 국내의 민족해방운동

식민지 내내 악화되던 조선인의 생활난은 공황으로 더욱 악화됐다. 취업율 하락과 산업 부진으로 거대한 실업자군이 거리로 몰려나왔고, 서울사람, 시골사람 모두 곤궁을 호소했다. 그에 따라 격렬한 정치 운동이 전개됐고, 조합회 등의 명목을 가진 단체들이 대거 결성됐다. 일본 경찰은 1930년 서울에 거주하는 항일 인사의 명단을 작성하여 집중 감시했으며, 서울에서만 24,000명을 체포했다. 그에 따라 1930년에는 연일 비밀결사 체포, 피검, 공판 등의 기사가 사회면을 장식했으며, 신문 검열도 더욱 엄격해졌다.

1930년경 조선인은 세 부류였다. 절대독립을 추구하여 일본에 대한 협력을 거부하는 이들, 민족의 이익을 내세우면서 자치를 지지하는 이들, 일본과의 통합을 주장하면서 총독부에 협조하는 이들이었다. 일본인은 조선인을 열등 인종으로 취급했고, 조선인은 일본 문화를 열등시했다. 조선인에 대한 차별도 변함이 없어, 조선인의 일본 의회 진출은 허용되지 않았다. 그러므로 '동화'와 '내선일체'는 허울 좋은 구호에 불과했다. 조선인은 도로, 철도, 학교 건설 등 '외견상의 근대화'에도 불구하고 민족주의적 저항을 계속했다. 조선인은 일본에 대해 조금도 감사해하지 않았고, 기회가 있으면 독립을 열망했다. 시인 심훈은 1930년 세계적 저항시인 '그날이 오면'을 통해 해방이 오면 종로의 인경을 두개골이 깨지더라도 기쁘게 머리로 들이받아 울릴 것이라고 외쳤다.

1930년대 국내의 민족운동은 1920년대에 비해 체계적인 양상을 보였다. 민족운동가들은 문화운동, 학생운동, 청년운동, 노동운동, 농민운동을 조직적으로 전개했다. 신지식층은 학예회, 강연회, 체육회를 통해 청년운동을 전개했다. 학생운동의 구호는 총독정치 반대, 민족차별 철폐, 식민지배 철폐, 노예교육 반대, 조선 해방이었다. 일제는 자본주의 체제에 도전하는 사회주의 계열을 치안유지법 등을 적용하여 강력하게 탄압했다. 그러나 많은 조선의 청년학생들은 사회주의로 경도했다. 1932년 한 고등학교에서 실시한 정치적 태도 조사에서는 사회주의 67%, 공산주의 4%, 자본주의 4%, 중립 25%였다.

그런 가운데 노동운동은 지속적으로 발전하여 1929년에는 최대 규모의 노동쟁의인 원산총파업이 일어났고, 1930년에는 평양고무신 공장에서 노동자들이 파업했다. 일제의 탄압이 강화되자 사회주의 계열은 비합법 투쟁을 표방한 혁명적 노동, 농민운동을 전개했다. 혁명적 노동조합운동은 기존의 공업중심지역과 병참기지화 정책으로 등장한 공업지대를 중심으로 전개됐다. 1931년에서 1935년까지 혁명적 노동조합운동 관련사건은 70건에 1,759명이 연루됐고, 혁명적 농민조합운동은 103건에 4,120여 명이 연루됐다. 혁명적 농민조합운동은 혁명적 노동조합운동보다 더욱 광범위하고 활발하게 전개됐다. 1930년대 전국 220개군 중 80여 개군에서 혁명적 농민조합운동이 전개됐다. 그 기간 동안 검거된 농민은 2만 명에 달했고, 검사국에 송치된 인원은 6,200명, 공판에 회부된 인원은 1,770여 명에 달했다. 혁명적 농민조합운동이 가장 활발하게 전개된 지역은 함경남북도, 전남, 경북, 강원도였다. 혁명적 농민조합운동과 혁명적 노동조합운동을 주도한 인물은 기존의 노농운동 주역들, 지역 운동가, 사회주의운동가, 일반 노동자 및 농민, 학생 등이었다. 일제는 농촌진흥운동으로 촌락까지 통제했다. 그럼에도 불구하고 소작쟁의는 1937년 3만 1,799건, 1939년 1만 645건으로 급증했다.

1934년 일본 당국은 조선인 지도자들을 상대로 일본이 위기에 처했을 때 조선 청년은 일본에 충성할 것인지 여부를 문의했다. 지도자들은 조선인은 일본이 상승세일 때는 협조할 것이지만 패배할 경우에는 즉시 일본을 외면할 것이라며, 경제가 악화돼도 마찬가지라고 응답했다. 실제로 1930년대 전반기 경제가 악화됐을 때 민족주의운동, 사회주의운동이 고조됐다가 1930년대 중반 쌀, 면화 풍작으로 일시 줄어들기도 했다. 그 때문에 1930년대 중반 조선 일각에서는 독립의 희망에 회의적이었지만 1936년 8월 일장기 말소사건이 발발하자 다시금 민족 운동이 고조됐다.

일제는 1937년 중일전쟁을 도발하면서 수양동우회 같이 타협적인 민족단체도 강제 해산시켰다. 조선 지도자들은 1930년대 후반기 총독부가 국가적 위기를 운운하며 전시체제에 들어가자 조선 독립의 희망을 보았다. 중국과 시베리아 등지에서도 무장운동이 상승세였고, 사회주의운동도 활기를 띠었다. 민족운동가들은 미·일, 소·일 전쟁을 예측했다. 1941년의 태평양전쟁은 일본패망론을 제기했고, 절대독립론과 무장항쟁론을 대세로 만들었다. 그에 따라 민족연합전선운동은 활기를 띠었고, 민족운동가들은 민주공화국 건설을 구체적으로 논의하기 시작했다. 그동안 세계의 사회주의자들에게 영향력을 행사했던 코민테른은 서방국가들과의 연대를 위하여 1943년 자진 해산했다.

중일전쟁과 태평양전쟁이 발발하자 국내에서는 '유언비어'가 확산됐다. 유언비어를 작성한 이들은 지식인들이었다. 특히 경성방송국에서 근무하던 조선인들은 미국의 소리(VOA)를 은밀히 청취하는 등 국외의 동향에 촉각을 곤두세웠고, 청취한 내용을 민중에게 소개하고자 선전물을 작성했다. 유언비어의 주내용은 세계대전론, 일본패전론, 조선민중고통론이었다. 유언비어가 확산된 것은 일본의 황민화정책이 성공하지 못했다는 것을 보여준다. 민중은 강제 동원과 생활고에 허덕이자 일제의 전쟁에 심한 불만을 가졌고, 강제 동원된 조선인은 태업을 하거나 도망하는 방법으로 일제에 저항했다. 국내에서는 일제의 패전을 예측하는 분위기가 조성되면서 자생적으로 비밀결사가 조직되기 시작했다. 비밀결사의 수는 전국적으로 200여개였고, 독서회, 토론회의 형태를 띠었다. 비밀결사의 이념적 성향은 민족주의를 표방했으며 비밀결사에 참여한 계층은 학생, 청년, 노동자, 농민, 회사원 등이었다. 비밀결사 구성원들은 대중의 항일의식을 고취하는 등 계몽활동에 주력했고, 민중무장봉기를 준비했다. 이들은 건국을 준비하고 스스로를 조선 독립의 선구자로 자부했다. 한편 여운형 등은 1944년 건국동맹을 결성하여 일제 패망 이후 건국을 준비했다. 건국동맹은 민족주의자와 사회주의자가 참여했고, 지방조직을 결성하여 무장봉기를 준비했다. 또 연안의 독립동맹과 유격대 조직에 합의했고, 중경의 임시정부, 만주의 무장단체와도 연락을 시도했다.

한편 민족주의 계열은 중일전쟁을 계기로 선명하게 분화됐다. 안재홍, 정인보 등 비타협적 민족주의자들은 일본 패전론을 지지하고 일제에 협조를 거부한 반면 타협적 민족주의자들은 일본 승전론을 지지하고, 상당수가 친일화했다. 후자는 독립불능론, 제국신민론을 표방하면서 일본의 국가주의, 전체주의, 내선일체, 황민화정책을 지지했다. 이들은 조선인들에게 일본의 전쟁을 백인의 압제로부터 아시아 민족을 해방하려는 성전이라고 주장하며 협조를 역설했다. 이들은 공산주의자들은 세계를 적화하려 하고, 서구 문명은 개인주의, 공리주의를 추구하고 있다고 주장하면서, 일본정신이야말로 세계를 지도할 원리라고 주장했다.

친일 예술가들은 예술은 국가주의와 전쟁목적에 봉사해야 한다고 주장했다. 친일 문학인들은 1939년 '조선 문인회'를 결성하고 내선일체를 강조하는 '국민문학'을 표방했다. 친일미술인들은 '중일전쟁 종군 전시회'를 개최했으며 국민총력조선연맹이 후원하는 '반도 총후미술전'에 참여했다. 친일음악인들도 황국신민의 노래를 짓는 등 전쟁을 미화했다. 친일 대중 가요계는 '결사대의 아내', '이천오백만 감격', '아들의 혈서', '혈서지원' 등 일본군 지원을 독려하는 노래를 작사, 작곡했다. 친일 인사들은 교육, 학술, 언론, 종교, 문학, 예술분야의 지도층으로서 명망가, 전문가들이었다. 친일파는 시국 좌담회, 신문, 잡지 투고 등으로 전쟁에 적극 협력했고, 해방 이후에도 지도층으로 살아남아 국가주의, 전체주의에 기여했다.

3. 국외의 민족해방운동

1) 중국 본토

만주사변은 조선과 중국이 연대하는 계기를 마련했다. 만주 지역에서 활동하던 민족운동가들은 만주국이 수립되자 대거 중국 본토로 이동했다. 그렇지만 중국 본토는 조선인들이 소수 거주했으므로 민족운동의 대중 기반이 취약하다는 한계가 있었다. 그럼에도 불구하고 민족운동가들은 정당을 결성하고 독립국가의 정체를 제시하는 등 체계적인 운동을 전개했다. 국내의 민족운동이 일제의 엄격한 통제로 정체 구상에 취약성을 드러낸 것과는 대조적이었다.

한편 임시정부는 한동안 침체를 거듭하다가 만주사변 이후 재기했다. 재기의 발판을 마련한 것은 일련의 의열투쟁 때문이었다. 1932년 1월 이봉창이 도쿄에서 일본 국왕을 저격했고, 4월에는 윤봉길이 상해에서 일본군 총사령관 등을 폭사시켰다. 윤봉길은 보통학교를 1년 만에 자퇴하고, 서당에 입학하여 교육을 받았다. 그는 노동자, 농민의 주체성을 강조했고, 계급 차별 없는 평등한 세상을 염원했다. 그는 충청도 예산에서 청년운동을 전개하다가 일제에 타격을 가하고자 한인애국단에 가입했다. 중국 국민당 지도자인 장개석은 윤봉길의 의거에 대해 중국의 100만 대군이 못한 일을 조선인 청년한 명이 해냈다고 격찬했다. 그 때문에 장개석은 1943년 카이로회담서 조선의 독립을 제의했다. 윤봉길 의거는 만보산사건으로 반목하던 조·중인들을 화합하게 했다. 의열투쟁은 조·중 연대의 계기를 마련했고, 일제에 큰 타격을 주었다.

한편 민족주의자와 사회주의자의 민족연합전선운동도 활기를 띠었다. 그에 따라 1932년 독립운동단체들이 남경에 모여 한국대일전선통일동맹을 결성했다. 그러나 한국대일전선통일동맹은 연락 기구에 지나지 않았으므로 유일당의 필요성이 제기했다. 이 무렵 코민테른 제7차 대회는 반제통일전선론을 채택했고, 중국은 제2차 국공합작을 추진했다. 민족주의 계열과 의열단은 적극적으로 제휴를 모색했다. 그 결과 1935년 남경에서 조소앙의 한국독립당, 최동오의 조선혁명당, 이청천의 신한독립당, 김규식의 대한독립당, 김원봉의 의열단이 통합하여 조선민족혁명당을 결성했다. 조선민족혁명당에는 임시정부의 국무위원 7명 중 5명이 가담했다. 조선민족혁명당의 노선은 제국주의 반대, 토지 및 대기업의 국유화, 일본인 재산 몰수 등이었다. 이는 일제가 대부분의 토지·공장을 소유하고, 국내의 지주·자본가가 일제에 타협하고 있는 현실을 반영한 것이었다. 조선민족혁명당은 신국가건설 구상안을 표방하는 등 기존 정당과 차이를 보였다. 김구의 한인애국단은 조선민족혁명당과 코민테른의 연계를 경계하여 불참했다. 한편 임정고수파와 김구계가 연합하여 조선민족혁명당과 경쟁했다. 그 결과 중국 본토의 민족운동은 김구 세력과 김원봉 세력으로 양분됐다.

한편 아나키스트들은 세력을 통합하여 1933년 '남화한인청년연맹'을 결성했다. 아나키스트 운동을 주도한 것은 이강훈, 백정기, 유자명 등이었다. 아나키스트들은 밀정 제거에 앞장섰지만 대중적 기반이 미약했으므로 한인애국단 등 민족주의자와 제휴했다. 아나키스트들은 공산주의사회에서는 민중의 자유가 없다고 인식했고, 프롤레타리아독재를 공산당 간부의 권력 장악 수단이라 간주했으므로 공산주의자와 대립했다.

중일전쟁 이후 중국 본토 지역은 민족해방운동의 중심지로서 더욱 활기를 띠었다. 중국 국민당 정부가 중경으로 수도를 이동하자 임시정부도 함께 중경으로 이동했다. 독립운동정당의 통합 운동도 거세 민족주의 계열의 정당은 1937년 '한국광복운동단체연합회'로 통합됐다.

사회주의 계열의 정당도 민족혁명당과 사회주의자 단체들이 통합운동을 전개하여 1937년 '조선민족전선연맹'을 결성했다. 조선민족전선연맹은 산하 군사조직으로서 1938년 조선의용대를 창설했다. 조선의용대는 중국 본토에서 조직된 최초의 조선인 부대로서, 중일전쟁에 참전하여 대적 심리전, 적후 공작, 중국군과 민중에 대한 선전사업을 전개했다. 조선의용대는 중공의 권고로 1941년 80%의 대원이 화북으로 북상했다. 김원봉은 화북의 조선의용대를 임정에 편입하고자 시도했지만 성과를 거두지는 못했다. 김두봉 등 화북 지역의 사회주의자들은 1942년 연안에서 '화북조선독립동맹'을 결성했으며, 조선의용대 화북지대를 바탕으로 조선의용군을 조직했다.

한편 임시정부는 1940년 광복군을 창설했으며, 1941년 12월 미·일 간에 태평양전쟁이 발발하자 즉각 대일선전성명서를 발표했다. 임시정부는 1942년 민족혁명당을 흡수했고, 민족주의자, 사회주의자, 아나키스트들이 참여한 연립정부로 변모했다. 중국 본토의 조선인 무장단체는 광복군, 조선의용군으로 분립됐다. 광복군은 미국의 OSS부대와는 합동 훈련을, 영국군과는 미얀마전선에서 합동작전을 전개했다. 그러나 임시정부는 연합국으로부터 승인을 받지 못했다. 전쟁을 주도하던 미국은 중·소가 임시정부를 장악할 것을 우려하여 대한민국임시정부를 승인하지 않았고, 한국에 대한 신탁통치를 결정했다.

중국 본토의 민족운동은 외교독립론에서 독립전쟁론으로 전환해 갔으며, 그 과정에서 영, 미, 중과 연대했다. 한편으로는 민족연합 전선운동도 강화됐다. 임시정부는 독립동맹과 제휴하고자 했고, 국내의 건국동맹과도 연락했다.

2) 만주 지역

만주사변 이후 일제는 더욱 강력히 민족운동을 탄압했고, 그에 따라 김동삼, 안창호, 신채호 등 수많은 민족운동가들이 체포됐다. 그런 가운데서도 만주 지역의 무장항쟁은 계속됐다. 만주 지역에서 활동한 민족주의 계열의 무장단체는 남만주 지역의 조선혁명군과 북만주 지역의 한국독립군이 있었다. 만주의 독립군들은 군가로 '무거운 쇠줄을 풀어헤치고 사무친 분을 풀자. 삼천만 동포여 모두 뭉치자 승리는 우리를 재촉한다'는 '최후의 결전'을 애창했다.

양세봉이 지도하는 조선혁명군은 중국군과 연합작전을 전개하여

1932년 시가지 전투에서 많은 전과를 올렸다. 그 때문에 일본군은 '군신'으로 불린 양세봉을 대단히 경계했고, 결국 밀정을 보내 저격했다. 조선혁명군은 이후에도 국내진입작전을 전개하는 등 1936년까지 많은 전투를 전개했고, 동북항일연군과 연합을 추진하는 등 민족연합전선운동에도 참여했다. 이청천이 지도하는 한국독립군도 대전자 전투 등에서 일본군과 교전하여 많은 전과를 거뒀다. 이청천은 일본 육사를 졸업하고 일본군 장교로 활동하다가 민족해방운동에 가담했다. 한국독립군은 1933년까지 군사 활동을 전개했다.

한편 만주 지역의 조선인 사회주의자들은 반민생단투쟁(1932~1936)으로 상당한 타격을 받았다. 민생단은 1932년에 조직된 친일 반공단체로서 동만주에서 활동했다. 중국 사회주의자들은 민생단원들을 처단한다는 명목으로 430여 명의 조선인 활동가를 숙청했고, 이 사건으로 중공당 내부의 민족 대립이 격화됐다. 이 사건은 코민테른의 지시로 종결됐지만 중공당과 코민테른이 조선혁명을 경시했다는 것을 보여줬다. 한편 중공은 항일민족통일전선 방침을 표방하고 조·중연대의 군대를 창설하고자 했다. 그에 따라 1934년 동북인민혁명군이 결성됐고, 동북인민혁명군은 1937년 동북항일연군으로 계승됐다. 동북항일연군은 1937년 보천보전투 등 국내진공 전투를 전개했다. 동북항일연군은 일본군의 추격이 극심하자 1940년 소련으로 이동하여 '88 국제여단'에 편입됐다. 한편 조선인들은 만주와 국내의 반일대중을 결집하는 민족통일전선당의 필요성을 인식하고, 1936년 민족통일전선조직체인 '조국광복회'를 결성했다. 조국광복회는 1938년 일제가 공작한 '혜산사건'으로 와해됐다.

3) 미주 지역

1930년대 미주 지역의 민족해방운동은 경제대공황의 영향으로 침체를 계속했다. 미국 시민권을 소지한 이민 2세들은 민족운동에 소극적이었다. 미주 지역의 민족운동은 타 지역과의 연대 부재로 미주에 국한됐고, 민족운동의 침체로 국민회, 동지회 등의 교민 단체는 유명무실해졌다. 침체 상태에 있던 미주의 민족운동이 활기를 띠게 된 것은 태평양전쟁 때문이었다.

태평양전쟁으로 미주 지역에서는 일본패망론이 대두했다. 교민들은 미일전쟁으로 민족 해방이 가능하다고 판단했다. 이에 미국 본토와 하와이 단체들은 단일당 운동을 전개했고, 그 결과 미주 지역의 주요 단체들은 1941년 '재미한족연합위원회'를 결성했다. 재미한족연합위원회는 미주의 민족운동을 주도했다. 이후 재미한족연합위원회는 '대한민국임시정부봉대론'을 표방하면서 임시정부에 의 연금을 송금했고, 또 대미 외교 활동도 전개했다. 또 미국과 연합 작전을 전개하여 중국 전구에서는 OSS작전을, 미국 본토에서는 냅코 작전에 참여했다. 냅코 작전에 참여한 유일한은 소년병학교를 졸업한 바 있었다. 조선인 800여 명도 미군에 입대하는 등 미국의 국방을 지원했다. 한편 이승만은 임시정부의 대통령직에서 면직된 뒤 하와이에서 체류했고, 1933년에는 제네바에 가서 외교 활동을 하기도 했다. 이후 그는 한동안 활동을 중단하다가 1941년 미국외교위원부를 설립하여 임시정부의 승인을 받았다. 이승만은 청원주의를 중시함으로써 1919년과 유사한 활동을 보였고, 교포사회와 갈등을 벌이다가 재미한족연합위원회에서 탈퇴했다. 이승만은 OSS작전을 지원했으며, 미국의 소리 방송에 참여했다. 그는 그 같은 활동으로 해방 정국에서 주도권을 행사할 수 있었다.

제4장 대한민국 수립과
국제 사회 편입(1945~1961)

제2차 세계대전이 끝날 무렵 미국과 소련은 한반도의 38선을 군사분계선으로 획정하고, 각각 38선 이남과 이북에서 강력한 영향력을 행사했다. 한반도는 미·소 간의 냉전에 휘말려들었고, 그 과정에서 남북에는 분단정부가 들어섰다. 냉전의 과정에서 한국전쟁이 발발했다. 전쟁 이후 한국은 반공주의 노선을 더욱 강화했고, 경제적으로는 미국의 원조에 의지했으며, 문화적으로도 미국 문화의 압도적인 영향을 받았다.

한편 국민은 식민지 시기 억눌린 교육열을 발산하기 시작했고, 그 결과 고등교육기관이 폭발적으로 증가했다. 1공화국 때의 의무교육, 문맹퇴치사업은 국민의 정치 의식과 노동력 수준을 제고시켰고, 1960년~1970년대의 고도경제성장과 민주화에 기여했다. 여성들도 의무교육, 고등교육을 통해 사회적 지위를 개선했다.

냉전으로 분단의 위기가 조성되자 남한에서는 통일민족국가 수립운동이 전개됐다. 통일민족국가 수립운동은 식민지 시기의 민족연합전선운동을 계승한 것이었다. 중도파는 분단을 막고자 좌우합작운동을 추진했고, 그 노력은 남북협상운동으로 계승됐다. 한편 학생들은 권위주의 정권하에서 비민주적인 학교생활을 해야 했다. 그 과정에서 학생들은 민주주의를 조국에 실현시켜야 한다는 신념을 굳혔고, 국어, 국사 교육 등을 통해 민족의 소중함을 인식했다. 이 같은 민주, 민족에 대한 신념이 4월 혁명을 성공시키는 원동력으로 작용했다. 4월 혁명은 대중의 민주주의 요구에서 시작됐지만 민족통일운동으로 발전했다.

1절 정권의 지배정책

1. 국제정세의 변동

미국은 1945년부터 1960년대 후반까지 높은 경제성장으로 물질적 풍요를 누렸다. 미국은 기술 혁명이 발달하여 자동차 붐이 이는 등 소비주의가 대세를 이뤘다. 미국은 1947년 세계 최초로 트랜지스터라디오를 개발했고 1951년 TV방송을 시작했다. 또 미국은 1953년 컬러 TV 생산을 시작으로 IBM 컴퓨터, 전자계산기, 전자레인지 등을 개발했다. 미국의 화려한 대형 뮤지컬 영화 '사랑은 비를 타고'(1952)는 물질적 풍요 속에서 제작된 것이다. 미국은 1950년대 후반까지는 보수주의가 우세하여 진보주의는 수세에 몰렸다. 그 같은 분위기에서 1953년 공산주의자를 축출하자는 '매카시 선풍'이 일기도 했다.

한편 유럽은 2차대전 이후 폐허가 됐으며 이 시기의 유럽 영화들은 유럽의 빈곤을 묘사했다. '자전거 도둑'(1948)은 전쟁 이후 실업자가 넘치던 로마에서 포스터를 붙이는 직업을 가진 가장이 생계 때문에 부득이 자전거를 훔쳐야 했던 것을 소재로 했다. '제3의 사나이'(1949)는 연합군의 통치를 받고 있던 오스트리아 빈을 무대로

했는데, 어두운 시대 분위기를 묘사했다. 미국 정부는 전쟁 때 빌려준 달러를 돌려받고, 유럽에서 미국 시장을 확보하고자 유럽의 경제 부흥을 추진했다. 미국 국무장관 조지 마샬은 1947년 6월 하버드대학 졸업식에서 이 같은 구상을 담은 '마샬 플랜'을 발표했다.

제2차 세계대전은 미·소를 초열강으로 등극시킨 반면에 열강의 지위를 누렸던 영국과 프랑스는 국력 고갈로 그 위세가 약화됐다. 프랑스는 1954년 베트남에게 패배하여 동남아에서 철수해야 했다. 1956년 이집트는 영·프가 소유권을 갖고 있던 수에즈 운하를 국유화했는데, 영·프는 수에즈 운하에 대한 침공이 실패하자 세계적 국가에서 지역적 국가로 전락했다. 영국은 1958년 친영노선의 이라크 왕정의 붕괴로 세력이 더욱 약화됐다. 그에 따라 영국은 친미노선을 강화하는 등 미국에의 의존을 강화했다. 유럽 국가들은 식민지를 상실하자 새로운 경제 전략을 모색했고, 그 결과 1957년 로마조약으로 유럽경제공동체를 창설했다.

한편 유럽에서는 보수당과 사민당의 양당구도가 확립됐다. 유럽 각국은 대부분 전후 복구 차원에서 국가 개입의 필요성을 인식했다. 그러므로 보수당과 사민당은 실용주의를 채택하고 '합의정치'를 전개했으며, 보수당이 집권할 경우에도 사민당 정부가 시행한 복지국가 정책을 대폭 수정하지 않았다. 영국의 보수당은 공공서민주택을 개인에게 판매하는 '공공주택 민주주의'를 추구했다. 노동당은 국민건강보험제도를 도입하는 등 사회복지정책을 추구했다. 한편으로는 자본주의적 요소를 도입하고 국유화의 범위를 축소시키는 등 독일의 사민당같이 중산층을 포괄하는 대중정당을 추구했다. 그러므로 영국에서는 체제를 둘러싼 격렬한 이념갈등은 거의 없었다.

유럽은 1970년대까지 30년간 호황을 누렸다. 특히 패전국 독일은 기민당 정부의 주도하에 '라인강의 기적'이라는 경제발전을 성취했다. 그런데 풍요는 상대적 박탈감과 빈곤의식을 야기했고, 그에 따라 '뉴레프트 운동'과 '앵그리 영맨운동'이 등장했다. 영화 '성난 얼굴로 돌아보라'(1958)는 영국에 대한 노동계급의 분노를 대변했다. 한편 근대의 참혹한 전쟁은 근대성에 대한 근본적 회의를 불러왔다. 나치 독일을 비판한 소설 『양철북』은 유럽에서 선풍적인 인기를 모았다. 철학, 정신분석학 등의 학문은 이성만능주의를 비판하고 인간의 욕망, 충동을 중시했다. 『광기어린 역사』는 인간의 광기를 심층적으로 파헤쳐 주목을 받았다.

　2차대전 이후 미국과 소련 간에는 냉전이 개시됐다. 미국은 소련의 공산화 전략을 경계했고, 1947년 3월 '트루먼 독트린'을 발표했다. 트루먼 독트린은 공산주의로부터 그리스, 터키 등 반공 정부를 보호하겠다는 것이었다. 미국 의회는 트루먼 독트린을 승인하여 반공 정부에 대한 대규모의 군사원조를 제공하게 했다. 미국은 1949년 서유럽 국가를 중심으로 북대서양조약기구를 결성했고, '미국의 소리' 방송을 통해 소련을 비난했다. 1950년 6월에 발발한 한국전쟁은 미·소 사이의 냉전체제를 더욱 강화시켰다. 한국전쟁으로 중국은 아시아 공산주의의 맹주로 부상했고, 일본은 재무장을 하게 됐다.

　한편 소련은 공산주의를 비판하는 행위를 용납하지 않았다. 소련은 1958년 공산주의 혁명의 와중에서 개인의 자유를 주장한 『닥터 지바고』가 노벨문학상을 수상하자 작가 보리스 파스테르나크를 국외 추방시켰다. 소련은 북대서양조약기구에 대항하여 1955년 동유럽 국가를 중심으로 바르샤바조약기구를 결성했다. 소련은 1956년 헝가리 봉기를 무력 진압했고, 1961년에는 독일의 베를린에 장벽을 구축했다. 베를린은 서독으로의 탈출 통로로서 동독의 체제를 위협했기 때문이다. 소련의 강경책은 서방권의 공산주의 경계를 강화시켰다. 소련은 1957년 대륙간 탄도미사일을 발사했고, 인공위성 스푸트니크 1호의 우주 비행에 성공했다. 소련은 미국과의 체제 경쟁에서 승리를 낙관했고 그 배경에는 우주 경쟁에서의 우월성이 자리했다. 미국은 1961년 우주인을 배출함으로써 소련과 우주경쟁을 본격적으로 전개했다. 그런 가운데 미국의 사회학자는 『이데올로기의 종언』이라는 책을 통해 다원적 정치제도, 혼합경제, 복지국가 등으로 사회주의 이데올로기는 종말을 고했다고 선언했다.

2차대전 이후 유럽 열강들의 식민지였던 국가의 민족들이 독립을 선언했다. 유럽 열강들은 독립을 강력히 저지했지만 역부족이었다. 그 결과 인도, 실론, 파키스탄, 버마, 필리핀, 인도네시아, 미얀마 등이 속속 독립에 성공했다. 자본주의 진영인 제1세계와 공산주의 진영인 제2세계 간에 냉전이 격화되자 제3세계 국가들이 단결을 모색했다. 식민지에서 독립한 신생국들은 제3세계에 가담했다. 제3세계 국가들은 미국이 베트남전쟁에 개입하자 1955년 인도네시아의 반둥에서 회의를 개최하고 비동맹기구를 결성했다. 신생국들이 국제무대에 처음으로 진출한 것이었다.

중동 지역에서도 식민지에서 해방된 독립국들이 속속 들어섰다. 중동 지역에서는 1948년 이스라엘의 건국을 둘러싸고 중동전쟁이 발발했고, 그 결과 팔레스타인 지역에 이스라엘 국가가 탄생했다. 동아시아에서는 2차 대전이 끝나자 미·소 간의 냉전 구도가 형성됐다. 미국은 일본에 대해 군정을 시행하면서 1946년 평화주의, 군대 보유의 금지, 교전권 부정 등을 골자로 하는 '평화헌법'을 제정하게 했다. 하지만 일본은 과거의 제국주의적 침략을 반성하지도, 청산하지도 않았고 심지어는 전범이 내각의 수상에 취임하기도 했다. 한편 중국공산당은 국민당에 승리하고 1949년 중화인민공화국을 수립했고, 한국전쟁이 발발하자 북한을 지원하며 미국에 대항했다. 중국은 한국전쟁의 와중에서도 1951년 티벳을 침공하여 영토 확장을 추구했다. 또 중국은 한국전쟁 이후 사회주의 체제 구축에 매진하는 한편 미·소 간의 대립에서 중립을 지키고자 비동맹 회의에 참가했다. 그러나 중국은 1956년 소련과 '수정주의 논쟁'으로 갈등을 빚자 '대약진운동'을 전개하여 국력 증강에 나섰다. 한편 일본은 UN군의 군수물자 조달을 담당하는 등 '한국전 특수'를 누렸고, 그 결과 경제회복에 성공했다. 미국은 한국전쟁이 발발하자 일본의 군사재무장을 권고하는 동시에 1951년 일본과 군사동맹인 '미일안전보장조약'을 체결했다. 그 결과 일본은 1954년 사실상의 군대인 '자위대'를 창설하였다. 또 일본은 1955년 보수정당들인 자유당, 민주당이 합당하여 자민당을 결성하여 보수연합을 구축했고, 자민당은 사회당과 대립구도를 형성했다.

2. 대한민국 정부의 수립

1) 해방과 미군정

2차 세계대전의 승전국인 미국과 소련은 38°선을 군사분계선으로 획정하고, 각각 38선 이남과 이북에서 강력한 영향력을 행사했다. 2차대전 이후 미국은 미국 중심의 자본주의 세계체제를 확립하고자 했고, 그에 따라 세계 도처에 사회주의 국가들에 대항할 반공기지를 설치하고자 했다. 미국은 한반도를 동아시아에서 공산주의 세력을 저지하기 위한 완충지대로 설정했다. 이 무렵 미국은 한국에서 경제적 이익보다는 군사적 이익을 추구했고, 미군정의 활동은 이 같은 미국 정부의 대한정책의 목표를 충실히 수행한 것이었다. 미국 정부는 한국에 미국식 생활 양식 및 가치관을 전파하려 했고, 미군정의 공보 및 선전정책, 교육정책, 언론정책, 구호정책 등은 이 같은 목표를 반영했다. 미군정은 한반도에 자본주의 국가를 수립하고자 했으므로 사회주의자의 활동을 강력히 저지했다. 미군정기의 경제 상태는 매우 열악했다. 해방 직전 제조업 부문의 94%는 일본

자본이었고, 기술자의 80%는 일본인이었는데, 일본인이 귀국하자 산업 공동화현상이 발생했기 때문이다. 전인구의 70% 이상을 차지하는 농민들은 반봉건적인 소작제로 인해 비싼 소작료를 물어야 했다. 지주는 경지의 63.4%를 소유하고 농민으로부터 소작료를 징수했다. 이에 맞서 농민들은 1945년 12월 전국농민조합총연맹을 결성했다. 이에 미군정은 3·1제를 실시하여 일제 때의 가혹한 소작료를 인하했다. 한편 분단으로 인한 비료부족으로 생산성이 하락했고, 특히 쌀 생산량의 감소는 농촌은 물론 도시 주민들에 대해서도 식량파동을 가져왔다. 1945년 12월경 초등학교 학생들 대부분은 하루에 한 끼 이상을 굶어야 했다. 농촌에서는 '보릿고개'라고 불린 생활고가 이어졌다.

식량난과 물가고는 각종 생활필수품의 가격을 폭등시켰고, 물자부족을 가져왔다. 이 무렵 주요 생활필수품은 백미, 찹쌀, 보리, 소고기, 돼지고기, 설탕, 광목, 고무신, 김, 미역, 비누 등이었다. 서울시 도매물가는 1945년 8월에 비해 1948년 8월까지 무려 10배 상승했다. 가정주부는 비명을 질렀고 샐러리맨은 우울한 표정을 지었다. 식량난과 물가고로 도시에서는 노동운동이 발생했다.

한편 좌익과 우익은 치열하게 대립했다. 특히 좌익의 조선노동조합 전국평의회(전평)와 우익의 대한노총(노총)은 격렬하게 대립했다. 전평은 1945년 11월 전국 1,194개의 노동조합과 광산노동조합 등 13개 산업별 노동조합의 연합체로 출범했다. 노총은 1945년 11월 불교청년회, 기독교청년회, 국민당청년부 등 우익계 청년단체 연합회로 출범했고, 이후 노동단체로 바뀌었다. 두 단체는 메이데이행사를 따로 개최하는 등 대립했다. 노동자들은 미군정의 반노동자적 억압정책에 반발하여 격렬하게 저항했고, 전평은 전국적인 파업을 주도했다. 미군정은 1947년 8월 전평을 불법화시켰고, 그에 따라 대한노총이 노동운동을 주도했다.

문화예술단체들도 좌우 진영으로 나뉘어 격렬히 대립했으며, 좌우 대립은 학교에서도 재연됐다. 한국 사회는 좌우 대립으로 정치적으로 불안정하고, 물가 폭등으로 경제사정이 열악하자 민심이 흉흉했다. 방송국에서는 민심을 무마하고자 매주 토요일을 '유머의 날'로 지정하고, 유머소설 코너도 신설했다. 또 웃음이 적은 한국 사회를 명랑하게 하고 싶다는 취지로 '웃음'을 소재로 하는 희극 각본을 현상공모 했다.

한편 극우파는 좌파는 물론 중도파나 자유주의자까지도 '빨갱이'라 규정하고 적대시했다. 그에 따라 1947년경 한국 사회에서는 '빨갱이'라는 말이 유행했다. 남한에서 좌우 대립이 극심했던 것은 식민지시기 친일파 경찰과 사회주의자 간의 대립이 해방 후에도 계속됐기 때문이었다. 친일 경찰은 식민지시기 사회주의자 탄압에 앞장선 바 있었고, 해방 이후에는 미군정의 경찰이 되어 사회주의자를 억압했다. 일제 경찰 노덕술이 의열단장이었던 김원봉을 체포하여 고문을 가했던 것은 대표적 사례였다. 김원봉은 사흘을 울다가 의열단원에게 왜놈 밑에서 살기 어렵다며 월북했다. 일제의 앞잡이가 민족해방운동의 거두를 능멸한 장면을 극명하게 보여준 것이다. 극우파는 좌파에 대한 테러를 구사하여 정치적 의사를 표현할 자유를 막았다. 그 결과 결사의 자유, 언론의 자유가 침탈됐지만 미군정은 이를 방치했다. 이 같은 처사는 미국이 주장하는 자유민주주의의 원리와는 모순된 조치였다.

미군정의 경제정책은 자유시장 경제체제의 확립을 지향했지만 실제로는 경제 분야에 대한 통제를 추구했다. 미군정은 미곡 부족을 메우기 위하여 경찰을 동원하여 식량 공출을 강행했다. 공출 가격은 시장 가격의 1/5 내지 1/2에 불과했으므로 식량 공출은 농가 경제를 파산에 이르게 했다. 농민들은 식량 공출을 기피하는 등 미군정에 항의했고, 미군정은 식량 공출을 기피하는 농민들을 구속했다.

농민들은 강력히 반발했는데, 그중에서 가장 규모가 컸던 것은 1946년의 10월 항쟁이었다. 10월 항쟁은 대구 시민 수만 명이 쌀을 공급하라는 집회를 연 것이 발단이 됐다. 이때 경찰의 발포로 한 시민이 희생되자 분노한 노동자들이 폭동을 일으켜서 경찰서를 습격했다. 이후 봉기는 경상도, 전라도, 강원도 지역으로 확대됐다.

이 무렵 북한은 토지개혁을 단행했고, 남한 농민은 토지개혁을 강력하게 요구했다. 미군정은 반공체제를 확립하고자 '농지개혁'을 추진했고, 1948년 8월 15일까지 일본인 소유농지의 85%를 분배했다. 한편 미군정은 귀속재산을 자본주의 국가 구축의 물적 기반으로 삼고자 했다. 미국은 귀속재산 매각을 통해 자본가를 육성한 다음 미국에 대한 지지 세력으로 삼고자 했다. 이후 미군정의 귀속재산 불하로 자본가계급이 형성됐고, 자본가계급은 미국의 원조와 산업화과정에서 부를 축적했다. 미군정에서 근무한 관리들은 상당수가 총독부 관리들로서 일제의 권위주의를 답습했다. 이들은 신흥상공업자층과 결탁하여 축재, 과소비, 고급 요정 출입 등을 일삼았다.

2) 대한민국 정부의 수립

미국 국무부는 1947년 3월경 한반도에서 단독정부 수립을 결정하고, 1948년 5월 10일 남한 지역에서 국회의원 선거를 실시했다. 7월 제헌의회는 대한민국 헌법을 제정했고, 8월 15일 대한민국 정부가 수립됐으며 초대 대통령에는 이승만이 취임했다. 북한도 비슷한 시기인 9월 9일 단독 정부를 수립했다. 한반도에 분단정권이 수립된 것은 미·소는 물론 남북한 지도층 모두에게 책임이 있었다.

소련은 북한에 대해 형식상 군정을 실시하지는 않았지만 군사령부를 통해 실질적으로 북한의 행정을 통제했다. 소련은 분단 직후 북한 지역에 단독 정부를 수립하여 사회주의체제를 확립하고자 했다. 소련은 1945년 10월 조선공산당 북조선 분국을 창립했고, 반탁 운동을 전개한 조만식 등을 연금했다. 그해 12월 조선공산당 북조선 분국은 북조선공산당으로 개칭하고 김일성을 책임비서로 선출했다. 김일성은 1946년 2월 '북조선 정당, 사회단체 5도 행정국 및 각도 인민위원회 확대회의'를 개최하여 '북조선 임시인민위원회'를 조직했다. 김일성은 인민위원회 위원장에 선출됨으로써 명실공히 북한의 최고 권력자가 됐다. 북조선 임시인민위원회는 최고 집행권을 행사하고, 임시법령을 제정, 공포하는 권한을 가졌다. 북한은 제1차 미소공위 개최 이전에 행정제도 개편을 완료한 것이다. 북조선 공산당은 8월 김두봉의 신민당과 합당하여 북조선 노동당으로 개칭했다. 북한은 제2차 미소공위 개최 이전인 1947년 2월 북조선인민위원회가 출범했고, 김일성을 중심으로 하는 당-국가 지배체제가 가동되기 시작했다. 사실상의 단독정권이 확립된 것이다. 북한지도층이 불과 2년 만에 사회주의혁명을 완성한 것은 소련의 자문 외에도 식민지시기 사회주의운동 경험도 작용했다.

남북의 단독정부들은 체제경쟁을 개시했으며, 먼저 UN의 승인을 획득한 것은 남한정부였다. UN 총회는 대한민국 정부를 한반도에서 유일한 합법 정부로 승인했고, 영국, 프랑스, 서독, 이탈리아 등이 속속 대한민국을 승인했다. 대한민국은 적십자, UNESCO 등에 가입하는 등 국제무대에 진입했다.

이승만 정부는 먼저 국방체제의 확립을 추구하여 1948년 육군, 해군, 공군, 해병대를 창설하고, 병역법을 모병제에서 징병제로 개정했다. 또 정부는 1949년 경제개발계획을 마련하고, 1950년 한국은행을 창설하여 한국은행권을 발행했다. 1949년 인구조사에 의하면 전국의 총 인구는 2,016만여 명 정도였다.

정부는 왜색 간판과 왜색 가요 일소를 추진하고 민족문화의 보존을 표방했지만 친일 잔재를 청산하는 데 매우 소홀했다. 가장 심각한 문제는 친일청산기구인 반민특위를 해산시킨 것이었다. 친일파는 대한제국의 고관으로서 일제의 작위를 받은자, 식민지 시기 중추원 부의장, 고문, 참의 등을 지낸 인사, 도평의회, 부협의회, 면협의회 등의 의원, 군수, 면장, 면서기, 일제와 만주국 관리, 총독부 관리, 판검사, 경찰, 군인, 헌병보조원 등 독립운동가를 탄압한 인사, 내선일체, 황국신민화, 침략전쟁을 지지한 지도층 인사 등이었다. 친일파는 수적으로는 관리가 가장 많았다. 친일파는 해방 뒤 미군정의 비호로 행정, 사법, 경찰, 군대의 요직을 차지했고, 반탁운동에 가담하여 '애국자'를 자처했다. 친일파가 다수 소속된 한민당은 친일파 청산을 반대했다. 새로 출범한 이승만 정권은 총독부 관리, 판검사, 경찰, 군인 등을 중용했다. 하지만 국민은 정부에 대해 친일파 청산을 요구했다. 그에 따라 국회는 친일파 처벌을 위하여 1948년 9월 7일 반민족행위처벌법을 의결했다. 정부는 국회가 법을 이송해오자 주저하다가 양곡법 처리에 협조를 얻고자 9월 22일 반민법을 공포했다.

반민특위는 1949년 1월 본격적인 활동을 개시했다. 반민특위는 특위, 특별검찰부, 특별재판부 등 세 기구로 구성됐다. 반민특위 구성원 중에는 일제 관리, 친일단체 경력자들이 포함됐고, 이들은 수사를 방해했다. 세 기구도 상호 긴밀하게 협조하지 않았고, 수시로 대립했다. 정부는 반민특위 활동에 협조를 거부했고, 군·경도 반민특위를 해체하고자 획책했다. 그 사이 친일파 거물급은 외국으로 도피했다. 특검은 낮은 기소율을 기록하는 등 친일파 처리에 소극성을 보였고, 특재도 미온적 태도로 일관했다. 특재는 거물급은 재판하지 않고 말단 경찰을 중심으로 재판했다. 특검과 특재는 집행유예 등 가벼운 처벌을 함으로써 친일파에 면죄부를 주었다. 특재가 최종 판결한 대상은 78명이었고, 그중 68명은 석방되어 10명만 수감됐다. 그러므로 여론은 반민특위 활동에 비판적인 반응을 보였다. 그 무렵 김구가 피살되고 친일파 처리에 적극적인 소장파 국회의원들이 '국회프락치사건'으로 체포되자 반민특위는 활력을 상실했다. 정부는 1949년 10월 4일 세 기구를 폐지하는 법률을 공포함으로써 반민특위 활동을 종료하게 했다.

결국 반민특위의 친일파 청산은 좌절됐다. 친일 청산이 좌절된 데는 정부의 반대와 친일파의 저항이 크게 작용했다. 이승만 정권은 지속적으로 친일파 처리를 반대한다는 입장을 천명했고, 친일파도 강력한 방해공작을 벌였다. 친일 지주와 자본가들은 반민법을 반대하고 친일 경찰을 후원했으며, 친일 경찰은 반민특위를 공격했다. 다음으로 특검과 특재의 소극성을 들 수 있다. 친일파 청산의 좌절은 한국 사회에 매우 부정적인 영향을 끼쳤다. 친일파는 식민 지시기 획득한 기득권을 공고히 하고자 반민족, 반민주 행동을 서슴지 않았다. 한국 사회는 친일 청산의 좌절로 인해 사회 정의가 실종됐고, 이기주의, 부정부패 등이 만연했다. 국민은 친일 청산을 거부한 정권에 등을 돌렸다. 그에 따라 1950년 5월 30일의 2대 국회의원 선거에는 이승만을 지지하는 인사는 소수만이 당선됐다. 반대로 5·10선거에 불참했던 중도파가 대거 당선됐다. 국민은 남북협상에 참여한 중도파를 지지했다.

3) 한국전쟁의 발발

1949년경 38선 부근에서는 남북한의 군대가 격심하게 충돌했다. 남한 사회에서는 통일과 반공의 정서가 교차했다. '성벽을 뚫고'처럼 북한 공산주의를 반대하는 영화들이 상영됐고, 한편으로는 '달도 하나 해도 하나', '흘겨본 삼팔선'같이 통일을 염원하는 대중가요도 발표됐다.

한편 중국공산당은 1949년 10월 중화인민공화국을 수립했고 그

결과 동아시아에는 소련, 중국, 북한의 공산주의 삼각동맹이 결성
됐다. 소련과 중국은 북한을 적극적으로 지원했다. 소련은 북한의
군비 증강을 지원했고, 중국은 중공군에 편입되어 있던 조선인 병
사들을 북한에 돌려보냈다.

　이승만은 대한민국 정부 수립 이후 미국 정부에 방위조약을 체결
할 것과 주한 미군의 계속 주둔을 요구했다. 그러나 미국은 1949년
9월 500여 명의 군사고문단과 낙후된 병기만을 남겨둔 채 주한 미
군을 철수시켰다. 미국은 1950년 1월 '애치슨라인'을 발표하여 한국
을 미국의 방위선 밖에 있다고 공표했다. 한편 덜레스 미국 국무장
관은 전쟁 발발 직전인 6월 18일 38선을 방문하여 북한의 동향을
예의 관찰했다. 미국은 대한정책에 있어 모순을 드러낸 것이다.

　한편 김일성은 전쟁을 결정하고 스탈린과 모택동에게 지원을 요
청했다. 1950년 5월 북한, 소련, 중국은 전쟁에 합의했고, 6월 25일
북한군은 남침을 개시했다. 한국전쟁이 발발한 것이다. 북한군은
파죽지세로 남하했지만 춘천 부근에서 남한군의 강력한 저항을 받
아 3일간 서울에 체류했다. 이는 전쟁의 향방에 중요한 영향을 주
었다. 미국이 참전할 기회를 제공했기 때문이었다. 미국은 자유민
주주의를 수호하고 일본의 공산화를 저지하고자 전쟁 개입을 결정
했다. 미국은 유엔 안보리를 소집하여 유엔군을 결성했으므로 한국
전쟁은 내전에서 국제전으로 전환했다. 한국전쟁은 자본주의진영
과 사회주의진영의 대결의 성격을 띠었다.

　이승만이 1950년 7월 유엔군 사령관에게 한국군의 작전권을 이양
했으므로 전쟁은 미국과 유엔군이 주도하게 됐다. 정부는 대전, 대
구를 거쳐 8월 부산에 거처를 정했다. 북한은 낙동강 부근까지 진출
했지만 9월 미국의 인천상륙작전으로 패퇴하기 시작했다. 미국은 상
륙작전 성공 이후 전략을 수정했고, 그에 따라 유엔군은 10월 1일
38선을 돌파하여 압록강까지 북진했다. 중국은 유엔군이 38선을 돌

파하자 10월 북한에 군대를 파병했다. 중국은 북한에 대한 작전통제권을 행사했다. 중국의 참전으로 유엔군은 1951년 1월 '1·4후퇴'를 해야 했다. 1951년 3월 이후 전선은 38선 부근으로 교착됐고, 1953년 7월 종전까지 격렬한 고지 쟁탈전이 계속됐다.

전쟁은 한반도를 철저히 파괴했다. 남한의 제조업은 절반 이상이 파괴됐고, 북한의 공장도 철저히 파괴됐다. 무엇보다도 전쟁은 많은 인명 피해를 남겼다. 많은 사람들이 폭격, 부역 혐의 등으로 희생됐다. 남한에서는 '국민보도연맹사건', '거창양민학살사건' 등으로 수많은 인명이 희생됐다. '노근리 사건'처럼 미군 전폭기의 폭격으로 인한 인명 피해도 있었다. 북한도 반역 혐의를 적용하여 많은 인명을 살상했다. 그러므로 민중은 한국전쟁을 상기할 때에 피난, 점령, 학살, 폭격 등을 떠올렸다. 이 시기 발표된 대중가요들은 전쟁의 참상을 생생하게 묘사하여 대중의 심금을 울렸다. 대표적인 전쟁 가요로는 '가랑잎이 휘날리는 전선의 달밤'으로 시작되는 '전선야곡', '눈보라가 휘날리는 바람 찬 흥남부두에 목을 놓아 불러봤다'의 '굳세어라 금순아', '미아리 눈물 고개, 님이 넘던 이별 고개'의 '단장의 미아리 고개', '님께서 가신 길은 영광의 길이옵기에'의 '아내의 노래' 등이 있었으며, 피난지의 선술집에서는 '꿈에 본 내 고향' 등이 애창됐다. 가곡 '보리밭', '떠나가는 배'도 전쟁으로 갈 수 없는 고향을 노래했다.

유엔군은 1951년 7월부터 공산군과 정전협상을 개시했고, 총 575회의 공식회의가 열렸다. 이승만 정권은 북진통일론을 제기하면서 정전을 반대했다. 이승만은 미국에 방위조약 체결을 요구했고, 1953년 6월 18일 전격적으로 반공포로를 석방했다. 미국은 한반도에서 현상유지를 희구했으므로 '북진통일론'에 부정적인 반응을 보였다. 미국은 한국 정부에 군사적, 경제적, 정치적 지원을 약속하는 한편 이승만을 제거하고자 1952년, 1953년 두 차례 '에버레디작전'을 검토하기도 했다. 미국의 아이젠하워 행정부는 한국에 한미상호방위조약을 약속하여 휴전을 성사시켰고 그 결과 1953년 7월 27일 유엔군과 공산군 사이에 정전협정이 체결됐다.

한국전쟁은 남북한 사회에 심대한 영향을 끼쳤다. 남한의 국방비는 1950년에서 1960년까지 정부 총세출의 31％에서 54.5％로 증가했고, 국군은 63만 명으로 증강됐다. 남한에서는 국가주의가 더욱 강화되었고, 군대, 경찰의 권한이 대폭 강화됐다. 민중은 계속된 피난상황으로 강한 권력에 의지했다. 민중의 의존 심리와 국가 무력기구의 강화는 제1공화국의 독재체제에 기여했다. 또 남한에서는 반공이념이 절대시돼 다양한 사상의 발전이 제약을 받았다. 북한도 남로당계가 전쟁 책임을 지고 숙청된 결과 김일성 유일지도체제가 확립됐다. 북한은 군비 증강에 박차를 가했고, 인민군이 주도세력으로 부상했다. 이같이 전쟁은 남북한의 기존 권력을 더욱 강화시켜 독재체제 공고화에 기여했다. 남북은 서로 괴뢰로 호칭하는 등 상대 실체를 인정하지 않았으며 격렬하게 대립했다. 대외적으로 남한은 친미, 북한은 반미가 강화됐다.

한국전쟁의 발발에 대해서는 많은 학설이 등장했다. 그중에서도 소련의 동아시아 공산화 전략에 따라 전쟁이 발발했다는 '소련주도론'이 주목을 받았다. 그리고 소련주도론 중에서도 '미일조약 견제설'과 '미국의 저항력 실험설'이 유력한 학설로 부상했다. '미일조약 견제설'은 미국이 소련을 배제시킨 채 일본과 단독조약 체결을 시도하자, 소련이 이를 견제하기 위해 한국전쟁을 일으켰다는 해석이다. '미국의 저항력 실험설'은 스탈린이 세계 적화전략을 실천하기에 앞서 미국의 반응을 떠보기 위해 남침을 시도했다는 해석이다. 실제로 이 설은 미국 트루먼 대통령의 대한 참전결정에 가장 크게 작용했다. 트루먼과 국방부의 고위 관리들은 북한의 남침소식을 듣자 일본의 만주사변 도발과 나치 독일의 폴란드 침공을 연상했다.

그리고 일제와 나치의 침략을 저지하지 않은 결과 제2차 세계대전이 발발했듯이, 남침이 저지되지 않는다면 소련의 침략이 다른 곳으로 확대될 것으로 판단했다. 한편 브루스 커밍스는 『한국전쟁의 기원』을 통해 한국전쟁을 남북한 간의 내전으로 해석했다.

4) 제1공화국의 정책

이승만 정부는 1953년 10월 1일 미국과 한미상호방위조약에 조인했다. 한미상호방위조약은 한미동맹의 개시를 뜻했다. 이승만이 한미상호방위조약을 체결한 이유는 북한과 일본의 침략을 저지하고자 했기 때문이었다. 한미상호방위조약은 미일조약과 비교할 때 불평등조약이었고, 한국은 한미상호방위조약으로 더욱 미국에 의존했다. 한편 한국은 한국전쟁 때 군사 지원을 했던 자본주의 진영과 수교를 추진했고, 그 결과 1960년까지 수교한 국가는 16개국이었다.

이승만 정권은 전쟁 이후 아시아의 반공국가들과 외교를 강화했다. 이승만은 대만과 베트남을 방문했고, 서울에서 아시아 민족 반공대회를 개최했다. 정부는 북한동포 궐기촉구대회, 재일동포 북송 반대대회를 개최했고 라디오 방송국도 '어찌 잊으랴', '승공의 길', '통일의 그날까지' 등의 반공프로그램을 방송했다. 한편 정부는 북한의 침입에 대비하여 국방력을 증강했다. 그 결과 여의도 공항은 군전용 비행장으로 변경됐고, 국방 과학진은 유도탄 시험에 성공했으며, 국방부 과학연구소도 한국 최초로 로켓을 발사했다. 주한 미군은 1958년 한국에 대한 핵무장도입을 발표했다.

한편 이승만 정권은 한일국교정상화를 위하여 1951년 한일회담을 시작했다. 이승만은 1953년 일본을 방문하여 일본 총리와 회담하기도 했다. 정부는 일본에 대해 일제 36년 통치 1년당 1억 불씩 36억 불을 요구했다. 한편 일본은 독도영유권을 주장했다. 한국 정부는 독도영유권을 재확인하는 한편, 독도 수비대를 창설했으며 '평화선'을 침범하는 일본 선박을 나포했다.

전쟁 직후 경제 악화로 서민들은 물장수, 지게꾼, 넝마장수, 고물장수, 굴뚝청소부, 뱃사공, 이발사, 구두닦이, 엿장수, 빙수장수, 두부장수, 전차기사, 방물장수로 일했다. 거리에서는 행상, 막노동, 구두닦이, 지게꾼, 넝마주이, 고물상, 옹기장수를 흔히 볼 수 있었다. 소년들은 숯을 구워 팔았고, 깡통을 들고 거리에 나가 손을 벌려 연명했다. 소녀들은 아이를 등에 업었다. 미군은 아이들에게 초콜릿을 주었다. 대중가요 '어린 결심'은 구두닦이 소년의 생활을 묘사했다. 미술가들은 빈궁한 시대상을 사실적으로 묘사했다. 김환기의 '판잣집', 박수근의 '귀로', '빨래터', '기름장수', '노상의 여인들', '마을 풍경' 등은 전후 서민 정서를 묘사했다. 전쟁이 끝나자 정부는 경제 성장에 관심을 기울였다. 정부는 1954년 경제개발계획을 발표하는 한편 증권거래소를 설립하고 증권시장을 개장했다. 정부는 1954년 부터 1958년까지 귀속재산을 불하했는데, 귀속기업체 불하는 정치 권력과 결합한 기업에 유리했다. 정부는 1954년 유엔한국부흥위원단(UNKRA)과 경제원조협정을 체결했고, 1955년에는 국제통화기금(IMF), 국제은행(IBRD)에 가입했다.

1950년대 한국의 경제는 미국의 원조에 크게 의지했다. 미국은 원조를 통해 한국 사회를 통제하고자 했고, 1956년부터 한국에 잉여농산물을 대거 공급했다. 미국 원조의 수혜를 많이 입은 계급은 자본가들이었는데, 자본가들은 관료와 결탁하여 원조 물자를 독점했다. 자본가들은 원료물자인 원당, 원면, 밀 등을 가공하여 소비재를 제조했으므로 제당, 제분, 면방직 등 이른바 '3백산업'이 성장했다. 전반적으로 1950년대 한국은 원료 가공형 소비재공업이 발달했다.

전후 한국의 산업은 조금씩 발전을 거듭했다. 전쟁에 참전한 UN군은 30여 대의 디젤기관차를 운행한 바 있었다. 한국은 UN군으로부터 네 대의 디젤기관차를 인수하여 1955년부터 디젤기관차를 운행하기 시작했다. 디젤기관차는 중유나 경유를 사용했는데 소수였고, 증기기관차가 대부분이었다. 이후 부산에 디젤기관차 공장이 설립되어 국산 객차를 생산했다. 1950년대에는 경춘선, 영월선, 함백선, 충북선 등이 속속 개통됐고, 서울-부산 간에는 특급열차인 통일호와 무궁화 열차 등이 운행을 개시했다. 또, 정부는 전국적으로 전화 선로공사를 추진했다. 서울 중앙전화국은 1951년 전화교환업무를 개시했고 서울-부산 간 전화, 서울-목포 간 직통전화가 개통됐으며, 전국에 공중전화도 설치됐다. 서울 중앙우체국은 1954년 업무를 개시했다. 정부는 1957년 경제개발계획을 발표했고, 충주 비료공장, 문경시멘트 공장, 인천 판유리공장 가동, 나일론 생산, 국산제품 박람회 개최 실적을 거뒀다.

한편 미국의 잉여농산물이 대거 도입되자 쌀을 제외한 밀, 면화, 보리 생산이 대폭 감소했다. 정부는 농촌 지도자 강습회를 개최하고 농업협동조합 중앙회를 창설했으며 2모작 벼를 시험 재배하는 등 농촌 부흥에 관심을 보였다. 하지만 정부의 가격 통제로 쌀은 생산비에 미달했고, 농민은 저곡가정책으로 곤궁했다. 정부는 1957년 10월 농촌 부채가 1,200억 원이라고 발표했다. 몰락한 농민은 도시로 이동했으므로 도시화가 가속화됐다.

1957년부터 미국 원조가 감소하고 불황이 겹쳐 1960년 실업률은 34%에 이르렀다. 당인리 화력발전소가 가동됐지만 전기사정은 악화일로였다. 그에 따라 정부는 1967년까지 거리의 네온사인을 일체 금지했다. 이 무렵 영화, 가요는 사회상을 적나라하게 묘사했다. 영화 '로맨스빠빠', '삼등과장'은 실업문제를 묘사했다. 가요 '유정천리'는 도시에서 일자리를 구하지 못하는 이들이 감자 심고 수수 심는 고향으로 가는 현실을 묘사했다. '고향에 돌아와도'라는 가요는 그리던 고향이 아니라고 탄식했다. 영화 '오발탄'도 빈궁한 현실을 보여줬다. '오발탄'은 청계천 등 서울 시가지 모습과 다양한 직업들, 노동자의 파업 등이 생생하게 묘사됐다. '오발탄'은 5 · 16 군부쿠데타 직후 개봉됐지만 '가자'라는 대사와 사실적인 묘사 등으로 인해 상영이 중단되기도 했다.

5) 제2공화국의 정책

4월 혁명이 성공하자 한국에서는 일인 독재를 방지하고자 헌법의 개정이 논의됐다. 이 무렵 한국에서는 대통령제는 독재를 의미하고, 내각제는 자유를 의미한다는 논리가 득세했다. 그에 따라 새로 제정된 제2공화국의 헌법은 대통령제를 폐지하고 의원내각제를 도입했다. 그 밖에 2공의 헌법은 국민의 기본권을 보장했고, 헌법재판소 설치를 규정했다. 1960년 7월 29일의 총선거 결과 민주당은 219석 중 172석을 차지하여 78.5%의 의석을 획득했고, 혁신계는 5석을 획득하는 데 그쳤다. 민주당은 여당이 되었지만 주요 파벌인 신, 구파의 의석 수는 엇비슷했다. 신익희 중심인 구파는 지주, 자본가 중심의 한민당을 기반으로 했고, 장면 중심인 신파는 관료, 법관, 금융계 등 전문가 집단이 주축을 이루었다. 장면은 8월 총리로 선출됐다.

장면 내각은 민주주의와 경제제일주의를 국정 목표로 채택했다. 정부는 4월 혁명으로 이룬 민주주의를 확립하고자 경제개발을 추진했다. 정부는 남한의 경제는 북한에 3~5년 정도 뒤쳐져 있다고 인정했고 북한과의 체제 경쟁에서 승리하려면 경제개발이 급선무라고 판단했다. 장면은 장기적 목표로 경제개발계획 5개년을 설계했고, 단기적 목표로 국내 경기 활성화를 추진했다. 정부는 5개년계획의 소요 재원을 1961~1965년 기간 동안 4억 2천 100만 달러로 계상했다. 정부는 10월 미국 정부에 '한국 경제에 대한 비망록'을 전달하고 경제 지원을 요청했다. 비망록에 따르면 정부는 전력, 석탄, 비료, 시멘트, 화학섬유, 정유, 철강 등을 중점적으로 육성하고자 했고, 연간 경제 성장률은 6.1%로 설정했으며, 국민의 교육열을 바탕으로 성공을 확신했다. 미국의 아이젠하워 정부는 한국에 호의적 반응을 보였다. 미국 정부는 한국이 경제적으로 자립해야 공산국에 우월성을 입증하여 냉전에서 승리할 수 있다고 인식했다.

장면 정권은 국내 경기 활성화를 위하여 '국토개발사업'을 추진했다. 1960년 노동 가능 인구 940만 명 중 130만 명이 실업 상태였고, 농민의 65%는 가난했으며 무역 적자는 연평균 3,400만 달러였다. 정부는 국토개발사업으로 실업자에게 일자리를 제공하고, 농가를 구제하며, 국토를 보전하여 공업화의 기틀을 마련한다는 계획을 설정했다. 구체적으로 댐, 발전소, 도로의 건설, 농지 개간, 수자원 개발, 조림, 사방 사업 등을 계획했다. 정부는 사업을 통해 대졸 실업, 보릿고개, 식량부족 문제 등을 해결하고자 했다. 미국 정부는 국토개발사업을 '뉴딜'로 인식했다. 장면은 지식인, 학생층에 명망 있는 장준하에게 협조를 요청하여 수락을 받았고, 장준하는 국토개발사업에 앞장섰다. 정부는 국토개발사업을 추진하고자 공무원을 공개 채용했는데, 공채에는 대졸자 1만여 명이 지원했고, 그중 2,000여 명이 선발됐다. 당시 대학교 수는 63개, 대학 정원은 9만 7천 800명이었음을 감안하면 대단한 지원 열기였다. 사업 요원의 선발은 공무원 공채의 계기를 마련했고 또 선발된 공무원은 관료 사회에 활력을 불어넣었다. 정부는 1961년 3월 국토개발사업을 개시했고, 미국의 잉여농산물을 재원으로 하여 참여자에게 일당을 지불했다.

한편 정부는 다양한 요인으로 국정 운영에 어려움을 겪었다. 장면은 민간인을 국장장관으로 임명했는데, 새로 선임한 육군참모총장도 군을 확실하게 장악하지 못하는 등 군 통제에 한계를 드러냈다. 그런 가운데 정부는 국가 예산의 40%를 차지하는 국방비를 줄이고자 국군 10만 명의 감축을 추진했지만 군부의 반대로 무산됐다. 또 정부는 여당의 적극적인 지원을 받지 못했다. 민주당은 국회 의석의 다수를 차지했지만 여러 파벌로 분열됐고, 당내 소장파도 정부를 맹렬하게 공격했다. 각종 시위도 빈번했고, 신문, 혁신계는 강도 높게 정부를 비판했다. 혁신계와 학생층은 통일을 촉구하며 남북대화를 요구했다. 장준하는 급진적인 통일 운동을 반대했고, 정부도 중립화 통일안을 반대하고 유엔 감시하 남북한 총선거를 발표했다.

1961년 4월에 접어들자 시위는 급감했고, 국회도 정부를 지지하는 등 정국이 안정됐다. 정부는 경제 개발을 위하여 미·일과의 회담을 준비했고 장면은 7월 미국을 방문하여 경제 원조 약속을 확인받고자 했다. 그러나 일부 군인들이 학생층의 남북회담 요구를 빌미로 5월 16일 군사쿠데타를 감행했다. 주한 미군사령관 매구르더는 쿠데타 진압을 주장했지만 윤보선 대통령과 장면 총리는 군인들 간의 유혈사태를 우려하여 진압에 반대했다. 군사 정권은 쿠데타를 감행한 지 두 달 만인 7월 경제개발 5개년계획을 발표했는데, 2공화국의 경제개발계획과 거의 유사했다.

3. 서구 문화의 도입

해방 직후 한국에서는 한동안 일본식 풍습이 잔존했다. 시민 학생 할 것 없이 일본어, 일본 노래, 일본식 인사를 많이 행했다. 심지어 일부 남부 도시에서는 주민의 7, 8할이 일본어를 사용하고 있다는 보고도 있었다. 또 일본식으로 말끝마다 머리를 숙이는 버릇, 손님을 대할 때의 습관도 그대로였고, 길거리에서는 다꽝, 사시미, 오뎅 장사도 많았다. 다다미 집도 그대로였으며, 거리의 간판도 일본식이 많이 남아 있었고, 다방에서는 일본 노래를 틀었다.

서구와의 교류가 활발해지자 점차 서구 문화가 일본 문화를 압도해갔다. 해외로 가는 통로인 공항과 항공노선이 개설됐다. KNA와 홍콩 항공은 1954년 서울－대만－홍콩선에 주 1회 취항하기 시작했고, 1956년 여의도 국제공항 청사가 준공됐으며, 1958년에는 김포공항이 국제공항으로 지정됐다.

한국 정부는 1949년부터 국비 유학생들을 파견하기 시작했다. 전후 복구를 위해 선진 기술의 도입이 더욱 필요했다. 유학생들은 인문계보다는 이공계에 집중됐다. 교육부처인 문교부는 선진국 유학을 강조했으며 1954년도 유학생 수는 18개국에 2,000여 명에 이르렀고, 매년 그 수는 급증했다. "박사호 따고 유학을 가야만 남자인가요"라고 노래한 대중가요 '청춘 넘버원'은 이 같은 세태를 묘사했다. 많은 영화들도 유학생들을 소재로 등장시켰다.

한국 정부는 여러 국가와 수교했지만 미국과의 외교에 치중했다. 한국인들도 미국, 영국, 프랑스, 독일 등에 유학을 갔지만 미국행이 압도적이었다. 미국 유학이 본격화한 것은 미국과 소련 간의 우주 경쟁에 기인했다. 1957년 소련은 스푸트니크라는 인공위성을 지구 궤도에 올리는 데 성공했다. 이에 자극을 받은 미국은 이공계에 많은 투자를 했는데, 국내에서 직장을 구하기 어려웠던 한국 청년들이 미국 정부의 장학금을 받고 대거 미국에 유학을 갔다. 식민지시기 한국인의 미국 유학은 많은 편은 아니었다. 미국 유학생은 미국 중심의 세계관으로 기울었다. 미국 문화는 1950년대 급증한 대학을 통해서도 유입됐다. 많은 한국의 대학들이 미국 대학의 제도를 도입했다. 한편 한국의 대학생들은 미국의 민주주의를 수용하여 정부의 독재를 비판했다.

라디오 방송도 미국 문화 유입의 주요 통로였다. 전쟁 이후 한국에 주둔하고 있던 미군은 1957년 AFKN을 개국했다. 그에 따라 팝

종주국인 미국의 대중음악이 일본을 거치지 않고 직수입되기 시작했다. 그 결과 한국의 대중음악은 미국 대중음악의 영향을 받기 시작했다. 미군 무대에서 연주하던 한국 음악인들이 대중음악을 창작했다. 1950년대 후반에는 KBS 라디오에서 팝음악 방송을 개시했다. 또 대중은 인기리에 상영된 미국 영화들을 통해 서구 문화를 접했다. 방송국에서는 미국의 현대 음악, 서양 음악사를 들려주었고, 영어, 독어, 불어 강좌를 개설했다. 또 방송국은 영어 아나운서를 선발하여 영어 회화를 개시했고, 미국식 교육 프로그램을 번역 방송하기도 했으며 성탄절에는 성탄행사를 실황 중계했다.

새롭게 수입된 서구 문물들은 전통문화를 제치고 그 자리를 대체해 갔다. 이같이 서구 문화는 한국인의 일상생활에 중요한 영향을 주었다. 한국인은 서구를 선망했으므로 이 시기 세계화는 곧 서구화였다. 한국인 사이에서는 서구의 문화를 모방하는 것이 하나의 추세를 이뤘다. 로큰롤, 탱고, 맘보, 지르박, 차차차, 포크댄스 등 사교춤이 유행했다. 댄스파티는 사교문화로 자리 잡았다. 1957년에는 제1회 미스코리아 선발대회가 시작됐고, 라디오는 이를 실황 중계했다. 여성들의 헤어스타일과 패션도 서구풍이 유행했다. 급증한 미장원에서는 꼬불꼬불한 노랑머리를 유행시켰고, 날씬한 양장 여인이 거리를 활보했다. 1956년 개봉한 '자유부인'은 1950년대 최고 흥행작이었다. 이 영화의 주인공은 상류층 부인으로서 서구적 가치와 전통적 가치 사이에서 방황했다. 대중가요도 영어를 무차별적으로 사용했다. '샌프란시스코', '아메리카 차이나타운', '아리조나 카우보이', '럭키 모닝', '청춘 아베크' 등의 가요는 대표적 사례라 할 수 있다. 서구의 클래식음악도 본격적으로 상륙하여 KBS교향악단, 서울시립교향악단이 속속 창단됐다. KBS어린이합창단은 1954년 미국 각주를 순회 공연했고, 해군교향악단은 1957년 동남아 순회공연을 개최했다.

한편 김포공항이 국제공항으로 운영을 개시한 것은 1958년에 들어서였다. 외국으로 갈 통로는 매우 좁았다. 그러므로 외국과의 직접 교류는 일부 유학생들에 국한됐다. 대중은 영어를 쓸 일이 없었고 해외 유학을 계획할 경우에야 영어 공부를 했다. 학교에서는 문법 중심의 필기시험을 보았으므로 학생들은 영어 읽기에 그쳤다. 영어 듣기는 영어 테이프보다는 AFKN 청취로 이루어졌다. 기업에 취직한 이들도 필요할 경우 더듬거리며 영어를 사용했다. 영어를 구사할 경우 훌륭한 인재로 평가받았고 좋은 대우를 받았다.

이 무렵 TV가 한국 사회에 선을 보였지만 대중적인 매체는 아니었다. 한국 최초의 TV 방송국인 HLKZ는 1956년 5월 개국했는데, 세계에서는 17번째, 아시아에서는 필리핀, 일본, 태국에 이어 네 번째였다. 세계 최초의 TV 방송국은 1936년에 개국한 영국의 BBC였고, 그 다음이 1939년에 개국한 미국의 NBC였다. TV는 1950년대 세계에 본격적으로 보급됐고, 일본도 1953년에 들어가서야 정규 방송을 개시했을 정도였다. 그러므로 한국의 TV 개막은 늦은 편은 아니었다고 할 수 있다. HLKZ 방송국은 종로 보신각 옆 건물에 소재했다. HLKZ의 방송 기자재는 미국 회사 RCA와 계약하고 도입한 것이었다. 개국식을 안내하는 팜플렛에는 '테레비죤'이라고 기재했다. 개국식 행사는 '만파정식지곡', '수제천' 등의 아악, 민속무용단의 승무, 경음악연주, 대중가요로 구성한 버라이어티 쇼, 영화 등으로 구성됐고, 오후 7시 30분부터 9시 30분까지 2시간 동안 이뤄졌다. HLKZ TV는 상업방송이었고, 한국 최초의 TV 광고는 유니버셜 레코드회사였다. 방송국이 유니버셜 레코드회사 소속의 연예인들의 출연료를 지급하지 못하자 출연료 대체로 광고를 허가했기 때문이다. HLKZ TV의 프로그램은 뉴스, 교양, 퀴즈, 노래자랑, 연예오락, 주부시간, 스포츠 중계 등으로 구성됐다. HLKZ는 AFKN의 프로그램을 참고하기도 했고, 방송 책임자를 미국 보스턴대학에 파견하여 연수하게 했다. HLKZ는 한국 최초의 드라마 '천국의 문'을 방영했고, 한국 최초의 애니메이션 광고도 내보냈다. HLKZ TV는 격일 방송으로 저녁 8시부터 밤 10시까지 2시간 방송했다. HLKZ 방송을 개시할 무렵 한국 내의 TV 수상기는 수백 대에 불과했고, 1957년에는 3,000대, 1958년에는 7,000대에 불과했다. TV 수상기의 1대 값은 쌀 5가마에 해당하는 고가였다. 이후 미군의 PX에서 수상기들이 유출되기도 했지만 수상기의 절대 부족으로 TV는 대중문화를 주도하지는 못했다. HLKZ TV는 1959년 화재로 기자재를 소실하여 방송이 여의치 않았다. HLKZ TV의 기술은 1961년 개국한 KBS로 계승됐다.

2절 한국인의 일상생활

1. 의식주 생활

한국전쟁 당시 폭격으로 많은 주택이 불에 탔다. 그 때문에 피난민과 도시빈민은 군부대에서 나온 판자로 엮어 만든 판잣집에 거주했는데, 판잣집은 주로 청계천 주변에 지어졌다. 한편으로는 '달동네'도 들어섰다. 달동네라는 명칭은 달이 잘 보이는 고지대에 위치했다 하여 붙여진 것이다. 정부는 1950년대 중반 판잣집을 철거하기로 결정하고, 청계천의 복개공사를 시작했다.

판잣집(청계천 문화관 소재)
한국전쟁 당시 많은 주택이 폭격으로 불에 탔다. 그 때문에 피난민들은 판자로 엮어 만든 집에 거주했다. 판자촌은 주로 청계천 주변에 지어졌다. 정부는 1950년대 중반 판잣집을 철거하기로 결정하고 청계천의 복개공사를 시작했다.

한편 정부는 국민부흥주택을 건설하여 국민주택을 공급했다. 국민주택은 내부에 화장실을 설치하고 부엌도 개량하는 등 혁신적인 방식이어서 주부들의 환영을 받았다. 1950년대 후반 주택공급에서 많은 부분을 차지한 것은 소규모의 주택개발이었다. ㄷ자형, ㅁ자형으로 마당을 둘러싼 도시형 한옥도 인기였다.

해방 직후 대부분의 여성들은 한복을 입고 나들이했다. 전시에는 미국이 제공한 미군복을 검은색으로 염색해 입었으며, 일부 멋쟁이들은 밀수한 옷감으로 마카오 신사복을 만들었다. 1950년대 중반에는 나일론이 등장했고, 나일론으로 블라우스를 제작했다. 또 여성들을 대상으로 한 패션산업이 대두했다. 명동에 양장점이 개설됨으로써 양장점 시대가 개막됐고, 원피스, 스커트, 샤넬 슈트가 유행했다. 디자이너의 등장으로 반도호텔에서는 국내 처음으로 패션쇼가 개최됐다. 사람들은 맞춤복 전문점에서 옷을 해 입었다. 또 스타킹 생산 공장이 가동을 개시했으며, 미용실이 대중화됐다. 세계적으로 유행했던 우아한 실루엣의 스커트와 빅코트가 한국에서도 유행했다. 하지만 물자가 귀했으므로 양장 차림은 극소수였다. 여자들은 대부분 머리를 땋았고, 젊은 여성들 사이에서는 파마가 유행했다. 멋을 부리는 여자들은 비로드 치마에 파마머리를 하고 사교장, 댄스홀을 다녔다. 일부 여성들이 사치스런 치장을 하고 다니자 여자 대학교에서는 비로드, 하이힐을 금지했고, 사치와 외제품을 배격했다.

지방에서는 식민지시기 전시체제하에서 기능이 정지됐던 장시가 부활했다. 농민들은 잉여농산물을 장시에 판매하고 생필품을 구입했다. 농촌에서는 아궁이 불을 지필 연료로 나무를 채취하였다. 사람들은 지게를 이용하여 식수를 운반했으며, 겨울에는 한강에서 얼음을 채취했다. 쌀이 부족했으므로 정부에서는 보리쌀 등의 혼식, 분식을 장려했다. 이 무렵 한국인의 입맛을 바꾼 샘표 간장과 미원이라는 조미료가 등장했다. 한편 치약이 대량 생산되자 소금을 쓰던 사람들은 치약을 사용하기 시작했다.

전후 한국에서는 미군부대를 중심으로 양식당이 발달했으며 캐러멜, 화장품 등 미제 물건이 범람했다. 그러나 점차 한국은 비스킷, 캐러멜을 대량 생산하기 시작했고, 그에 따라 국산품 애용운동이 전개됐다.

2. 청소년 생활

1) 학교생활

해방 이후 한국 사회는 교육열이 일었다. 정부는 이를 수용하여 1950년부터 초등학교에 대해 6년제 의무교육을 실시했고, 적령 아동에게 취학 통지서를 발부했다. 또 정부는 학교의 학기 시작을 4월 1일로 결정했다. 1948~1960년 사이에 전국의 초등학교는 3,443개교에서 4,653개교로 증가했고, 학생 수는 1945년 136만 명에서 1960년 361만 명으로 급증했다. 중학교는 380개교에서 1,053개교로, 고등학교는 262개교에서 640개교로 급증했다. 해방 직후 19개에 불과했던 전문학교와 대학교 수는 1952년 41개교, 1960년까지 63개교로 증가했고, 학생 수도 38만 명으로 급증했다. 정부는 여성들도 의무교육을 받게 하여 보통 교육을 이수하게 했다. 1945년 1,000여 명에 불과했던 여대생은 1960년에는 1만 7,000여 명으로 급증했다. 교육은 여성의 사회적 지위를 개선시켰고, 그에 따라 여성들의 사회 참여는 활발해졌다. 학생 수가 급증하자 교육열도 과열됐다. 대도시의 부유층 주부들은 치맛바람을 일으켰고, 초등학교에서도 일류학교가 등장했다. 그 결과 '시험지옥'이 시작됐고, 과외도 개시됐다.

식민지시기 한글은 극심한 탄압을 받았다. 그러므로 해방을 맞이한 한국 사회에서 가장 시급한 과제는 한글의 보급이었다. 해방 직후 군정청 학무국은 성인을 대상으로 문맹퇴치사업을 벌였다. 민간 학술단체인 한글학회에서도 한글 교사를 육성하고 한글 교재를 발간했다. 문맹퇴치사업에 가장 널리 사용된 한글 교재는 『한글 첫걸음』과 『초등국어독본』이었고, 한글교재는 500만 권이 발행됐다. 각 지역에 설립된 공민학교와 공장학교들은 문맹퇴치사업에 크게 기여했고, 전문학교와 대학생들도 문맹퇴치사업을 전국적으로 확산시켰다. 학생들은 방학을 이용하여 농촌 지역으로 가서 농민들을 지도했다. 해방 직후 청년들은 문학, 어학, 사회과학, 경제 등의 서적들을 즐겨 읽었다. 식민지시대 금지됐던 좌익 서적도 많이 읽었다. 미군정하에서 외국어는 독일어를 제치고 영어가 강세를 보였다.

제1공화국 시기 학교 교육에서 중요한 비중을 차지했던 기구는 1957년까지 운영된 '사친회'였다. 사친회는 미국에서 도입한 제도로서 학교장이 운영책임자였다. 학교장은 사친회를 통해 학부모로부터 재정을 조달하여 학교 운영에 이용했다. 사친회비는 학교 재정의 상당 부분을 차지하여 공립학교는 52%, 사립은 56%를 점유했다. 사친회의 지원이 없었다면 학교 운영이 곤란할 정도였다.

한편 경제 사정의 악화로 전국적으로 결식아동이 많았다. 1952년에는 61만 7천여 명의 결식아동에게 빵 배급제를 실시했지만, 1957년에도 서울시 초등학교의 90%가 결식아동이었다. 그런 가운데 정부는 1957년 어린이 헌장을 제정하고 소파상을 시상했다. 해방 이후 교육 개혁의 중요 과제는 전체주의적인 식민지 교육의 청산이었다. 식민지 교육을 반대한 이들은 민주주의 교육을 도입하고자 했다. 이들은 교사 중심의 권위주의적 교수법에 반대하여 아동중심주의, 생활중심주의를 표방하는 '새교육운동'을 전개했다. 새교육운동은 개인주의적인 서구식 민주주의를 추구했다. 방송국에서도 1946년 민주주의 해설 시간을 신설했다. 그런 가운데 서울의 효제국민학교에서는 1946년 10월 한국 최초로 아동 중심 교육법이라는 교수법을 시범 보였다. 그러나 정부 수립 이후 새교육운동은 퇴조했다. 정부는 미국식 민주주의보다는 국가주의를 강조했고, 문교부는 1949년부터 권위주의적인 '일민주의'를 교육에 적용했다. 그 결과 한국의 교육은 자유민주주의적 지향에서 전체주의를 지향하는 방향으로 갔다. 학생들은 대통령 생일을 축하하는 행사에 동원됐고, 라디오 방송국도 '민족의 별', '풍운' 같은 대통령의 생일을 축하하는 특집프로를 방송했다. 그런 가운데 서울대학교 사범대학 부속국민학교에서는 전체주의적 교육 관행을 탈피하고자 교실 정면에 국기를 부착하지 않았다가 문교 당국자의 지적을 받았다.

지방에서는 자제가 초등학교 6학년에 진급하면 각 가정마다 졸업식 때를 준비하여 새끼돼지를 키우고 졸업식 때 사은회를 열어 선생님께 대접하곤 했다. 전쟁 이후 대부분 가정의 생활 형편이 곤궁하였으므로 중학교 진학은 가뭄에 콩 나듯 했다. 졸업식 날 후배들은 '빛나는 졸업장을 타신 언니께'라는 졸업가를 불렀고, 6학년은 '잘 있거라 아우들아 정든 교실아'를 불렀는데, 그때마다 졸업식장은 울음바다가 되곤 했다. 6학년은 중학교에 진학 못한 것이 서러워 울었다. 유명한 '졸업식의 노래'는 1946년 봄 해방 후 처음 맞는 졸업식부터 불리기 시작했다. 1950년대 후반부터 학교에 연탄난로를 보급했다. 전후 경제사정의 악화로 초중고 학생들은 조악한 품질의 갱지 공책을 사용했다. 중고 학생들은 일제시대와 마찬가지로 교복, 교모를 착용했으며 특히 여학생은 흰 칼라에 검정 스커트의 교복을 입었다.

정부는 1949년 중학교 이상의 모든 교육기관에 준군사기관에 해당하는 '학도호국단'을 편성하고 군사훈련을 실시했다. 중학교 이상의 학교는 군대를 방불케 하는 규율을 준수했다. 간부 학생들은 훈련소에서 군사훈련을 받았고, 학생들은 방학과 휴일 동안 학교에 교대로 보초를 서야 했다. 중학교에서는 모자의 모양, 모자 착용법, 복장 입는 법, 책가방 들고 다니는 법 등을 통제했고, 월요일 조회 때는 교장이 학생들의 모자에서 구두까지를 검열했다. 정부는 전쟁 이후에 반공교육을 대폭 강화하여 6월에는 각급 학교마다 대규모의 반공궐기대회를 개최했다. 학생들은 반공 연설을 들었고, 반공 포스터를 그려야 했다. 학생들은 1956년에는 제1회 아시아 반공 청소년 연맹대회에 참가했다. 이 대회는 자유중국(대만), 홍콩, 자유 월남(베트남) 대표가 참석했다.

학생들 사이에서 인기를 끈 직업은 공무원, 은행원, 초중고교 교사, 기자, 소방관, 아나운서, 미군 부대에서 근무하는 타이피스트였다. 그 밖에 화가, 작곡가, 소설가, 시나리오작가 등 문화예술인도 인기 직업에 속했다. 영화 '마부'에 나오는 주인공의 꿈은 자제들이 고등고시에 합격하여 집안의 신분을 수직 상승시키고 가족을 부양하는 것이었다.

1950년대는 고등교육이 팽창한 시기였다. 이 시기 대학의 팽창은 식민지시기 고등교육의 억제에 원인이 있었지만 한국전쟁 직후의 징집령과도 연관이 많았다. 전쟁 중에도 불구하고 부산 등 피난지에서는 전시연합대학이 운영됐다. 정부는 대학교육의 발전을 위한다는 명목으로 1951년 2월 대학생 징집연기조치를 발표했다. 그러므로 병역을 면제받으려고 대학에 진학하는 학생들이 급증했다. 한편 국공립대학의 수는 줄어들고, 사립대학은 증가하는 추세였는데, 고등교육의 급격한 팽창은 대학교육의 부실을 낳았다. 일부 사립대학교에서는 재정수입을 올리고자 정원 외로 자격 미달의 학생들을 입학시켰다. 그동안 대학 입시에 거의 관여하지 않았던 정부는 입시 부정이 계속되자 1954년 연합고사와 본고사제도를 도입했다.

한편 제1공화국도 문맹퇴치사업을 전국적으로 전개했고, 대학생과 교사를 문맹퇴치사업에 동원했다. 5년간 문맹퇴치운동을 전개한 결과 1950년대 후반경 성인의 80%가 문맹을 탈피했다. 문맹퇴치운동은 국민의 정치의식과 노동력 수준을 제고시켜 1960~1970년대의 고도경제성장과 민주화운동에 기여했다.

2) 여가 생활

해방과 더불어 어린이에 대한 관심이 고조됐다. 그에 따라 군정 당국은 1946년 5월 5일을 '어린이날'로 제정했다. 해방 직후 어린이들 사이에서 최고의 인기를 모은 것은 한국 최초의 아동 드라마 '똘똘이의 모험'이었다. 이 드라마는 미국 소설 『톰 소여의 모험』을 참고했고 반공 이념을 가미했다. 미군정은 라디오 연속극에 반공 이념을 배치했다. 아이들은 '똘똘이의 모험'을 애청했다. 라디오에서는 '어린이 여러분! 이렇게 악당의 소굴로 들어간 똘똘이와 복남이는 어떻게 되었을까요?'라는 멘트가 흘러나왔다. 아이들은 라디오가 있는 전파상 앞에 모여서 악당에게 잡혀간 똘똘이의 행적을 조마조마하게 궁금해했고, 두 소년이 악당과 용기 있게 맞설 때는 박수를 치곤했다.

아이들의 놀이는 단순했다. 한국전쟁 직후 물자가 부족했기 때문에 놀이기구는 거의 없었다. 아이들은 창경원에 소풍을 가서 놀이기구를 탔으며, 주판으로 셈 놀이를 했고, 훌라후프를 가지고 놀았다. 그 밖에 남자아이들은 연을 날리거나 뛰어 노는 것을 좋아했고, 여자아이들은 널뛰기, 그네 타기, 고무줄놀이를 좋아했다. 고무줄놀이는 난이도를 두어 고무줄을 차차 허리 이상으로 높였는데, 아이들은 동요를 부르며 고무줄놀이를 했다. 아이들이 부른 동요는 식민지시기와 해방 직후에는 '피었네 피었네 무궁화 꽃이 피었네', '고기를 잡으러 바다로 갈까요', '새야 새야 파랑새야', '아가야 나오

너라 달맞이 가자' 등이었고, 1960년대 중반 이후에는 '금강산 찾아가자 일만이천봉', '새나라의 어린이는 일찍 일어납니다', '나의 살던 고향은 꽃피는 산골' 등이었다. 남자 아이들은 여자아이들의 고무줄을 끊고 도망가곤 했다. 해방이 되자 어린이들을 위한 동요들이 많이 창작됐다. 대표적인 것은 1948년에 작곡된 "오늘은 우리들 세상의" 어린이날 노래였다. 그 밖에 '금강산', '구두 발자국', '나뭇잎 배', '파란 마음 하얀 마음', '어린이 음악대', '노래는 즐겁다', '우산', '초록바다', '구슬비', '시냇물', '기찻길 옆', '얼룩송아지', '학교종', '꽃밭에서', '고향땅', '태극기'가 아이들의 애창곡이었다.

청소년들에게 인기를 끌었던 것은 만화였다. 1940년대 후반부터 만화잡지들이 창간되기 시작했고, 한국전쟁 때 만화는 삐라의 표현 도구였다. 부산 등 피난지에는 1권에 20쪽이 되지 않았던 '떼기 만화'가 등장했다. '떼기 만화' 중에서 『젠의 보물섬』은 서구를 배경으로 한 모험 스토리였는데 어린이들에게 인기를 끌었다. 만화는 『아리랑』 같은 대중오락지에도 수록됐고, 고급 단행본으로도 출판됐다. 1950년대 후반 만화대본소들이 문을 열자 고급 단행본은 자취를 감췄고, 어린이들은 만화대본소에서 만화를 탐독했다. 이 시기 만화의 형태는 사극, 모험극, 전쟁극, 순정극, SF 등이었고, 인기가 많았던 만화는 『라이파이』, 『엄마 찾아 삼만리』 등이었다. 한편 청소년들의 감수성을 자극한 것은 문학이었다. 특히 『쌍무지개 뜨는 언덕』, 『얄개』 같은 소설과 〈목마와 숙녀〉 같은 시가 청소년들 사이에서 인기를 끌었다.

대학생들은 다방, 극장에서 데이트를 했다. 전화는 드물어서 편지가 이성에 대한 통신 수단이었다. 대학생들은 단골 다방을 지정하고 문학예술을 논했다. 음악 감상실은 팝송을 틀어주면서 젊은이들의 휴식처 역할을 수행했으며, 이곳에서 들려준 팝송은 대학가에서 유행했다.

3. 대중문화

1) 해방기

서울의 주요 시설들은 전쟁으로 인해 대다수 파괴됐다. 비오는 날이면 하수도는 범람했고 인도, 차도는 포장이 벗겨져서 진흙탕이 되었다. 해방 직후 서울 인구는 월남민의 유입 등으로 143만 명에 육박했다. 해방 이후에도 한동안 주요 대중교통수단은 전차가 담당했으며 전차는 '시민의 발'이라 불렸다. 그러나 전차 승무원의 파업과 부품 부족으로 전차가 제대로 운행되지 못했다. 전차는 2, 30분을 기다려도 만원이라 타기 어려웠고, 게다가 승무원들이 불친절하고, 교통사고도 많았으므로 승객들은 불만이 많았다. 전차 외의 교통수단으로는 버스와 마차 등이 있었는데, 마차는 마부가 말을 끌어 고객을 운송했다. 농촌에서는 소가 끄는 구루마, 우마차 등이 주요 교통수단이었다.

해방 직후 시민들은 봄이면 창경원에서 밤벚꽃놀이를 즐겼고, 춘당지에서 보트 놀이를 했다. 여름에는 광나루의 뚝섬유원지에서 물놀이를 했고, 도봉산과 우이동 계곡을 찾았다. 가을에는 북한산 단풍 구경이 인기였고, 겨울에는 남산 스키장에서 스키를 타거나 덕수궁의 설경을 구경했다.

해방 직후 명동의 밤거리는 가로등으로 불야성을 이뤘고, 거리에서는 라디오와 축음기 소리가 흘러나왔다. 휘황찬란한 조명이 명멸하는 댄스홀에서는 청년, 신사들이 빨강, 파랑색의 이브닝드레스를 입은 댄서와 춤을 췄다. 손님들은 테이블에 서서 맥주를 들었고, 밴드는 왈츠, 트로트, 탱고 등을 연주했다. 화려한 상데리아로 불을 밝힌 요리집, 카페, 바, 카바레, 댄스홀, 유희장, 요정이 성업했다. 해방 직후 서구에서 들어온 트위스트가 크게 유행했다. 사교댄스가 사회 문제화되자 정부는 1954년 전국의 댄스홀을 폐쇄 조치했다. 공무원은 요정의 기생들을 대동하고 공용차를 타고 단체 야유회를 가서 시민들의 비난을 받기도 했으며, 유원지의 일부 행락객들은 추태를 부리기도 했다. 가짜 대학생이 허영에 들뜬 여학생과 부녀자를 유혹하는 사건, 가짜 물건 판매 등도 성행했다. 부정부패, 퇴폐, 교통 및 입시지옥, 국가권력의 권위주의 등 오늘날 한국 사회와 유사한 풍경이 모습을 드러냈다.

한편 미군정은 방송국을 모두 접수하고 방송을 통제했다. 미군정은 라디오를 한국인에 대한 공보수단으로 이용하려 했지만, 한국인들은 공보, 계몽 프로에 탐탁지 않은 반응을 보였다. 한국인들은 극장에 갈 형편이 못 되었으므로 라디오 프로 중에서 연속극, 가요, 오락 프로를 선호했다. 그러므로 미군정은 한국인이 좋아하는 라디오 연속극을 적극 활용하려 했고, 연속극에 반공 이념을 주입했다. 그중 대표적인 것이 '똘똘이의 모험'이었다. '똘똘이의 모험'은 아이들은 물론 성인들에게도 인기를 끌었다. 드라마가 성공하자 '똘똘이의 모험'은 영화로도 제작되어 흥행에 성공했다.

해방 후에 처음으로 제작된 한국 영화는 '똘똘이의 모험'과 함께 '안중근사기', '자유만세' 등이 있었다. 하지만 국산영화는 채산이 맞지 않아 거의 제작되지 못했다. 남북 분단으로 개봉 극장이 감소돼 투자 자본을 회수하기 어려웠기 때문이다. 이 무렵 인기를 모았던 영화는 1948년 개봉됐던 무성영화 '검사와 여선생'이었다. 1949년에는 한국 최초의 16미리 칼라 영화인 '여성 일기'가 상영됐다. 극장에서 상영되는 영화들은 대부분 수입 외국 영화였다. 정부는 수입영화에 한국어 자막을 의무화했다. 한국인은 외국 영화를 매우 좋아했고, 영화 관람은 여가, 문화생활의 중요한 부분을 차지했다. 무더위에도 외화 상영관은 언제든지 초만원이었다. 일제가 전시체제기 외국 영화 상영을 금지한 탓이었다. 외국 영화 중 '카사블랑카', '나의 길을 가련다', '운명의 맨하탄' 등이 인기를 끌었다.

이 무렵 국립극장 등의 개관으로 공연문화가 시작됐다. 극장에서는 악극단들의 '홍도야 우지마라', '임진왜란' 공연, 교향악단의 연주 등이 행해졌다. 해방 이후 가장 활기를 띤 음악분야는 교향악운동이었다. 1945년 9월 결성된 고려교향악단은 창단연주회를 개최했으며, 1946년 6월 서울관현악단도 창단연주회를 열었다. 단원의 규모는 40여 명 정도였다.

1947년경부터는 국산 음반이 제대로 제작되기 시작했고, 방송국은 전속가수를 선발했다. 대중가요는 격동하는 시대를 생생하게 묘사했다. 가요 중에서도 '조선의 노래', '귀국선', '울어라 은방울' 등은 해방의 감격을 노래했다. 이 무렵 인기를 모았던 대중가요를 살펴보면 이 시기 대중의 정서를 엿볼 수 있다. '서울 야곡', '럭키 서울', '애수의 네온가', '저무는 충무로', '빈대떡 신사' 등은 서울 생활의 애환을 노래했고, '고향초', '고향 만리', '비 내리는 고모령' 등은 고향을 그리워하는 노래였고, '청춘부르스', '애정산맥', '울고 넘는 박달재', '낭랑 십팔세', '베사메무쵸' 등은 남녀의 애정을 노래했다. 한편으로는 분단 조국의 북쪽에 위치한 지역을 노래한 '선죽교', '약산진달래' 등도 창작됐다. 최대의 히트곡인 '신라의 달밤'(1949)은 고달픈 현실에서 화려했던 신라의 영화를 회상했다.

전쟁 기간에도 사람들은 문화생활을 갈망했다. 그 때문에 부산, 대구 등 피난지의 극장은 기마경찰이 경계할 정도로 문전성시를 이뤘다. 극장에서는 전쟁 소식인 '6 · 25사변 전황늬우스'를 추가 상영했는데, 시민들은 전황에 궁금해했으므로 이를 환영했다. 1952년부터는 외국 영화 수입이 재개됐다. 유일한 오락공간인 극장은 창고같이 허름했지만, 손님이 급증했고 외화를 전문적으로 수입하는 회사도 30여 개로 증가했다. 한편 한국어 자막을 넣는 데는 많은 비용이 들었으므로 극장 혹은 모든 수입외화에 한국어 자막을 넣지는 않았다. 극장 측은 흥행에 성공할 가능성이 많은 대작 영화에 한해서만 한국어 자막을 넣었다. 대부분의 영화에는 유성영화 등장 이후 자취를 감췄던 변사들이 투입됐다.

부산 등의 피난지에서는 다방이 문화생활의 중심지였고, 밀다원, 금강 등의 다방에는 문인, 화가 등 예술인들이 모여들었다. 한편 한국전쟁 때에는 비상시에 대비하여 간편하게 제작된 인스턴트커피가 대량 보급됐는데 커피의 대중화를 가져왔다. 스포츠도 시민들의 여가 생활에서 중요한 역할을 차지했다. 해방 후 유행한 스포츠는 축구, 농구, 야구, 정구, 씨름, 경마 등이었다. 인기 종목인 축구는 1948년 처음으로 런던올림픽 본선에 출전하여 8강에 올랐으며, 1949년에는 전국여자축구대회가 열렸다. 육상 선수들은 1947년 보스턴 마라톤대회에서 우승하여 국민의 환영을 받았다.

2) 전후 시기

한국전쟁이 끝난 후에도 교통수단의 주류는 궤도 전차였고, 버스는 보조 수단이었다. 그러던 중 1955년에 국산 제1호 시발택시가 등장했고, 이후 합승택시가 새로운 교통수단으로 각광을 받았다. 한편으로 마부의 말은 점차 자취를 감췄다. 1954년경 서울의 승용차는 5,000여 대, 화물차 7,400여 대, 승합차 2,500여 대였다. 한편 버스, 택시가 증가하자 신호등과 횡단보도가 설치되기 시작했고, 광화문에는 '서시오, 가시오'라는 교통표지가 등장했다.

이 무렵 시민들은 새로 개방된 경복궁, 비원, 종묘를 찾았다. 개축을 마친 한강 인도교도 야경이 아름다웠으므로 서울의 명물로 등장했다. 1955년 서해안의 대천해수욕장 개장을 계기로 시민들은 바다를 찾기 시작하여 새로운 피서문화가 형성됐다. 1954년에는 경주 국립공원이 기공했고, 관광버스가 등장했다.

근정전(경복궁)
제1공화국은 경복궁을 시민에게 개방했다.

한편 시민들의 여가 생활에서 중요한 몫을 차지한 곳은 다방이
었고, 다방의 유행은 커피와 연관이 있었다. 전쟁 이후 인스턴트커
피는 미국 PX를 통해 불법 거래됐는데, 시민들이 커피를 애호함에
따라 거액의 외화가 유출됐다. 이에 정부는 국내 커피업체의 설립
을 허가했고, 국내 커피업체의 설립은 다방의 발달을 야기했다. 다
방은 1958년경 서울에만 900개가 넘었고, 유명한 다방으로는 모나
리자, 올림피아, 돌체 등이 있었다. 다방은 20개 정도의 테이블이
있었으며 내부가 밝고 유리창이 많았다. 다방의 한가운데는 드럼통
스토브가 열기를 뿜고 카운터 앞, 구석에는 상록수가 놓여 있었다.
다방은 전시회, 시낭송회, 단막극이 공연되는 등 문화 중심지였고,
토론장소의 기능도 담당했다.

한편 대중의 여가 생활에서 상당 부분을 차지한 것은 라디오 청
취였다. 라디오는 한국전쟁 이후 본격적으로 보급되기 시작했고,
대중가요를 청취할 수 있는 주요 수단이기도 했다. 이 무렵 한국의
대중가요는 중요한 변화가 있었다. 식민지시기의 주요 양식인 '요
나누키 음계'가 서양의 7음 음계로 대체된 것이다. 새로운 음계를

대표하는 노래는 '나 하나의 사랑', '청실홍실', '과거를 묻지 마세요' 등이 있었다. 가요는 전후 분위기를 반영한 것들이 많았는데, 피난지의 고난을 묘사한 '이별의 부산 정거장'은 대중의 심금을 울렸다. 그리고 '청춘 하이킹', '청포도 사랑', '청춘목장', '검은 장갑', '푸른 날개' 등 청춘을 노래한 가요들이 많이 등장했다. 어두운 시기에 희망을 불어넣자는 의도로 볼 수 있다. 외국 가요는 '될 대로 되라'라고 재밌게 해석된 '케세라세라'가 유행했다. 한편 정부는 1952년 월북 작가가 작사·작곡한 가요를 금지 처분했다.

라디오 프로그램 중 단연 인기를 끈 것은 온 가족이 같이 들었던 연속극이었다. 1956년 12월 KBS는 일요일 밤마다 '청실홍실'이라는 연속극을 방송했는데, 여성들 사이에서 큰 인기를 모았다. '청실홍실'은 미망인이 등장하는 삼각관계 구도였고 멜로드라마의 주요 청중은 3, 40대 여성들이었다. 전쟁과 이산은 한국 사회에 절망을 주었는데, 멜로드라마는 여성들의 상처를 달래주었다. 연속극을 애호하는 청취자들은 매일 연속극이 방송되기를 요청했다. '청실홍실'이 성공하자 1957년부터 일일연속극 제작 붐이 일었다. 그중 큰 인기를 모은 드라마는 '모란이 피기까지는'이었다. 이 무렵 한국에서는 라디오가 생산되기 시작하여 라디오 보급률이 증대됐다. 대중은 연속극을 청취하고자 일찍 귀가하였고, 그 결과 상점의 매출이 떨어질 정도였다. 이 무렵 연속극들의 주제는 대부분 삼각연애로 '청실홍실'과 유사했고, 영화계에서는 인기를 끈 라디오 연속극을 영화로 제작하여 흥행에 성공하곤 했다.

1950년대는 한국 영화가 비약적으로 발전한 시기였다. 1954년 정부가 영화계에 대해 면세조치를 취하자 영화제작이 증가했고, 안양에는 동양 최대 규모의 영화촬영소가 설립됐다. 기존의 피카디리극장과 함께 명보극장, 대한극장 등이 속속 개관했다. 1950년대 후반은 많은 편수가 제작됐고, 다채로운 영화들이 등장했다는 점에서 한국 영화의 황금기였다. 사람들은 영화관에 몰렸고, 인기 영화배우들은 스타로 등극했다. 이 무렵 영화들은 사극, 멜로물, 코미디 등 다양했는데, 특히 화려한 의상을 선보인 사극은 후대 한국 사극 영화의 모델이 됐다. 사극 영화는 야사, 고전 소설을 각색했거나, 궁중 사극이 주류였다. 1955년에 개봉됐던 '피아골'은 전쟁 속의 휴머니즘을 묘사하여 대중의 심금을 울렸다. 한편 정부는 극장에서 뉴스 상영을 의무화했다.

한국의 국제무대 진출에 선두에 섰던 것은 영화였다. 한국 영화는 외국의 유명한 영화제에 속속 진출했다. 한국 영화는 1955년 제2회 아시아영화제에 옵저버로 참가했고, 제4회 아시아 영화제에서는 '시집가는 날'이 특별 희극상을 수상했다. 미국 샌프란시스코영화제에서는 '십대의 반항'이 아역상을 수상했고, 서독의 베를린영화제에서는 '마부'가 그랑프리 다음가는 상인 은곰특별상을 수상했다. '오발탄'은 샌프란시스코영화제에 출품됐고, '사랑방 손님과 어머니'는 베니스영화제, 미국의 아카데미영화제에 출품됐다. 유명한 미국의 영화감독과 영화배우들도 속속 방한했다. 영화의 해외 로케이션이 빈번해져서 '길은 멀어도'가 파리에서 촬영되는 등 이후 한국 영화는 미국, 유럽, 일본, 동남아시아 등지에서 촬영하는 등 국제적 색채를 띠게 됐다.

경제적으로 곤궁한 시기에 국민에게 즐거움을 선사한 것은 스포츠였다. 스포츠는 아시아는 물론 세계 무대에서도 좋은 성적을 거두기 시작했다. 한국의 육상 선수들은 1950년 보스턴 마라톤에서 1, 2, 3위를 휩쓸었고, 아시아 마라톤에서도 우승했다. 역도 선수들은 1954년 제2회 아시안게임에서 세계신기록을 수립했고, 여자 탁구팀은 세계선수권대회에서 2위를 차지했으며, 여자 농구팀은 마닐라 농구대회에서 우승했다. 스포츠 경기장도 확충됐다. 축구 구장인 효창운동장, 야구 구장인 서울운동장 야구장이 속속 개장했다. 한국

축구는 1954년 6~7월 개최된 스위스월드컵대회에 참가했는데, 한국 축구사상 처음으로 월드컵 본선에 진출한 것이었다. 한국 팀은 이 대회에 참가하고자 64시간여의 장거리 비행을 했지만, 시합 전날 도착한 탓에 연습경기도 한번 해보지 못한 채 출전해야 했다. 그 결과 세계 최강인 헝가리 팀에 9:0으로 패배했다. 하지만 아시안컵 에서는 연속 우승했다. 뚝섬 경마장에서는 경마가 개최됐고, 1958년 에는 제1회 전국 골프선수권대회가 개최됐다. 라디오는 스포츠 대 중화에 기여했다. 방송국은 세계축구선수권 대회 극동예선, 아시아 축구선수권 대회 등을 현지에서 중계방송 했다. 대부분 필리핀, 홍 콩, 일본 등 아시아 국가들과의 경기였다. 방송국은 야구, 프로복싱 챔피언 경기도 중계했다. 아나운서들은 '고국에 계시는 청취자 여 러분'이라는 멘트를 시작으로 박진감 넘치는 중계를 하여 국민적 인기를 모았다. 이들은 한국 선수를 일방적으로 편들었고, 한국 선 수가 패배할 경우에는 석연치 않은 심판 판정을 거론하곤 했다. 애 국심이 넘친 결과였다고 볼 수 있다.

한편 전쟁이 끝나자 문화활동이 활기를 띠어 많은 학술지, 소설, 음악, 미술작품이 선을 보였다. 역사연구지인『역사학보』(1952), 지 식인 잡지인『사상계』(1953), 문학지인『현대문학』(1955) 등이 속속 창간됐다. 사람들이 즐겨 읽은 베스트셀러는『사반의 십자가』,『카 인의 후예』,『소나기』,『나무들 비탈에 서다』,『젊은 그들』,『자유 부인』,『청춘극장』,『보리피리』,『잉여인간』,『비극은 없다』,『상록 수』,『백범일지』,『무정』 등이었고, 외국 소설로는『닥터 지바고』 등 이 있었다.

한편 학생 잡지『학생계』는 전쟁에서 상처받은 대중을 달래주고 자 음악계에 가곡을 의뢰했고, 그에 따라 가곡 '사월의 노래' 등이 창작했다. 또 음악계는 1955년 제1회 가곡작곡발표회를 개최했고, 우수한 가곡을 다수 창작하여 대중의 사랑을 받은 가곡들이 대거 등장했다. 또 1956년에는 세종문화회관이 등장하기 전까지 수많은 음악 공연이 열렸던 이화여자대학교 대강당이 개관했다. 1950년에는 제1회 대한민국미술전람회(국전)가 개최됐다. 미술계에서는 덕수궁, 국립박물관, 다방, 백화점 화랑 등지에서 전시회를 전시했고, 미국 등지의 갤러리에서도 한국 미술전을 개최했다.

이화여자대학교 대강당
1956년 개관한 이화여자대학교 대강당은 1978년 세종문화회관이 개관되기 전까지 각종 공연이 개최되는 등 문화예술의 주요 중심지였다.

3절 민족통일과 민주주의의 열망

1. 민족해방운동세력의 동향

1945년 8월 15일 한민족은 벅찬 감격을 안고 해방을 맞았다. 사람들은 해방 후 처음으로 맞이하는 봄에 가족들과 가벼운 발걸음으로 창경원, 덕수궁으로 김밥을 싸들고 꽃구경을 갔다. 1946년 3월 1일에는 종로 보신각에서 3·1절 경축 타종 행사가 열렸다. 새로 개봉된 한국 영화들은 안중근, 유관순, 윤봉길 등 독립운동가들을 전면에 내세웠으며, 새 사회를 건설하자는 국민계몽 영화들도 상영됐다.

해방 직후 민족해방운동세력은 각기 세력을 결집했다. 국내에서 민족운동을 전개했던 여운형, 안재홍 등은 1945년 8월 건국준비위원회를 조직하고 145개의 지부를 설치했다. 타협적 민족주의자들과 지주, 자본가들은 9월 한국민주당을 조직했고, 임시정부를 봉대했다. 사회주의 세력은 9월 조선공산당을 재건하고 조선인민공화국을 선포했다. 인민공화국은 지방인민위원회를 조직하고 치안, 징세, 적산관리 등을 실시했다. 지방인민위원회는 대부분 식민지시기 혁명적 농민조합운동이 활발했던 지역에서 조직됐다. 한편 미군정은 인민공화국을 정부로 인정하지 않았다.

국외 민족해방운동세력도 속속 귀국했다. 이승만은 미국의 후원으로 귀국했고, 미국의 승인을 받지 못한 임시정부의 요인들은 개인 자격으로 귀국했다. 북한 지역에서는 소련에서 귀국한 88여단파가 조선공산당 북조선분국을 조직했고, 연안의 독립동맹파는 88파와 연합하여 북조선노동당을 결성했다.

한편 1945년 12월 소련의 모스크바에서는 미국·영국·소련의 외무장관이 모여 한반도의 장래에 관한 중요한 결정을 내렸다. 모스크바 3상협정은 미소공동위원회를 설치하고 조선임시정부 수립문제와 신탁통치안을 협의하기로 결정했다. 모스크바 3상협정 중 신탁통치안 조항은 찬·반탁 논쟁을 불러일으키며 정치세력의 격렬한 대립을 가져왔다. 임정 계열은 이승만, 한민당과 제휴하여 반탁운동을 전개하여 정국의 주도권을 장악했고 사회주의 세력은 찬탁을 지지했다. 신탁통치에 대한 찬반 논쟁은 친일 청산을 뒷전으로 돌려놓고, 이념 논쟁을 전면에 앞세우는 결과를 초래했다.

덕수궁의 석조전
1945년 12월의 모스크바 3상협정은 미소공동위원회 설치와 조선의 임시정부 수립을 결의했다. 모스크바 3상협정에 따라 1946년 3월 서울의 덕수궁 석조전에서 제1차 미소공동위원회가 개최됐다. 미소공위의 목표는 한반도에서 임시정부 수립을 준비하고 신탁통치 협약을 작성하는 것이었다.

모스크바 3상협정에 따라 1946년 3월 서울에서 제1차 미소공동위원회가 개최됐다. 미소공위의 목표는 한반도에서 임시정부 수립을 준비하고 신탁통치 협약을 작성하는 것이었다. 미소공위는 소련 측이 반탁단체를 제외하자고 요구하여 결렬됐다. 그런 가운데 철저한 반공, 반소주의자였던 이승만은 단정수립론을 제기했다. 이승만은 1946년 12월 민주의원 대표 자격으로 미국을 방문했고, 미국 정부에 단독정부수립론을 강조했다. 이승만은 방미활동이 언론에 부각되어 정치적 기반을 확고히 했다. 우익은 단정론을 둘러싸고 분열했다. 한민당은 이승만의 단정수립노선을 지지한 반면 김구와 한국독립당은 반탁통일국가수립노선을 지지했고, 김규식은 좌우합작노선을 지지했다. 이 무렵 통일을 염원했던 가요 '가거라 삼팔선'은 대중의 인기를 끌었는데 대중은 분단보다는 통일을 염원한 것을 보여준다.

단정론이 급부상하자 김규식과 여운형이 단정 수립에 반대하고 나섰다. 단정을 반대하는 사람들은 식민지시기 민족연합전선을 추진한 바 있었다. 김규식이 부주석으로 있었던 임시정부는 민족연합전선에 입각한 정부였다. 여운형은 건국동맹 때 민족연합전선을 추구했다. 결국 김규식과 여운형은 민족연합전선론에 입각하여 좌우합작운동에 나섰다. 좌우합작운동을 주도한 세력은 극좌와 극우를 모두 반대한 중도파로서 친미·친소 편향을 반대했다. 미국은 중도파를 지지하면서 좌우합작운동을 후원했다. 그 결과 1946년 6월부터 1947년 7월까지 중도파 주도의 좌우합작운동이 전개됐다. 중도파는 좌우합작위원회를 조직했고, 좌우합작위원회는 '좌우합작 7원칙'을 발표했다. 합작 원칙의 핵심은 토지개혁, 중요산업 국유화, 민족반역자 배제 등이었다. 그러나 좌우합작운동은 성과를 거두지 못했다. 그 이유는 첫째, 제2차 미소공위의 결렬로 중도파는 미국의 지원을 받지 못했기 때문이다. 미국은 1947년 '트루먼 독트린'을 계기로 대소봉쇄를 추진하는 등 대한 전략을 수정했다. 그에 따라 1947년 5월 2차 미소공위는 결렬됐다. 둘째, 중도파의 지지기반이 미약했기 때문이다. 중도파는 지지기반이 소시민층, 지식인층에 한정되어 대중운동과 괴리를 보였다. 셋째, 좌우합작운동은 극우파와 극좌파의 반대에 직면했다. 운동은 우익 중 김구의 지지를 받았지만 이승만, 한민당의 반대를 받았다. 좌익 계열인 조선공산당도 미군정을 비판하면서 좌우합작운동을 반대했다.

한편 미국은 한반도 문제를 UN에 이관시켰고, UN은 남북한 총선거를 결의했다. 유엔은 소련이 결의를 거부하자 1948년 남한만의 총선거를 결의했다. 남한에서는 이승만과 한민당을 중심으로 단독정부수립 움직임이 현실화됐다. 이에 단정반대세력은 결집을 추진했다. 단정반대세력의 한 축은 김구, 한독당이었고, 다른 한 축은 김규식의 민족자주연맹이었다. 단정반대세력은 미·소군의 철수 후 남북총선거를 실시할 것을 주장했고, 통일정부 수립을 위한 남북회담 개최를 요구했다. 그에 따라 정치세력은 단정반대세력과 단정지지세력으로 대립했다. 한편 좌익은 1948년 2월 7일부터 남한만의 단독선거에 반대하는 시위를 전개했다. 제주도에서는 4월 3일 단선을 거부하는 민중 항쟁이 발생하여 대규모의 희생자가 발생했다. 남한의 민중은 통일을 염원했으며 1947년 8·15 경축기념식 때는 통일을 염원하는 '우리의 소원'이라는 노래가 불려졌다.

단정반대세력은 남한만의 총선거는 동족상잔을 가져온다고 경고했다. 특히 김구는 '3천만 동포에 읍소한다'라는 성명서를 발표하는 한편 남북협상운동을 추진했다. 김구는 북한의 김두봉에 서한을 보내 식민지시기 임시정부와 독립동맹 사이에 연합전선이 추진됐던 사실을 상기시켰다. 북한은 김구의 제의에 호응하여 대표자연석회의를 제의했다. 그에 따라 1948년 4월 평양에서는 김구, 김규식, 김일성, 김두봉 등이 모여 '남북요인회담'을 개최했다. 이들은 외국군의 즉시 철수, 내전 방지, 통일민주정부 수립, 단정 반대 등을 주요 내용으로 하는 공동성명서를 채택했다. 김구, 김규식 등은 남북요인회담에 비중을 두었으므로 북한이 요구한 연석회의에는 불참했다. 한편 북한은 남한에 대한 송전을 일방적으로 중단하여 남북협상에 찬물을 끼얹었고, 남한에서는 절전을 호소하는 캠페인 방송이 개시됐다. 미·소 군정과 단정지지세력은 남북협상에 냉소적이었고, 결국 남북협상운동은 실패로 끝났다. 남북협상운동은 식민지시기 민족연합전선운동의 연장선으로 통일민족국가를 수립하려는 운동이었다. 남북협상파는 냉전체제에 편승한 분단국가체제 수립을 반대했다. 남북협상파는 UN에 대표단을 파견하여 UN한국위원단과 교섭하는 등 평화통일운동을 계속했다.

2. 민족 문화의 동향

해방 이후 한국에는 미국 문화가 물밀듯이 몰려왔다. 미국 문화의 강력한 공세로 한국문화는 설 자리를 잃기 시작했다. 일제에 맞서 근근이 유지됐던 전통문화는 자취를 감추기 시작했고, 한국 사회 일각에서는 미국 문화에 밀려 민족 문화가 사라지고 있다고 우려했다. 그러므로 민족 국가를 굳건히 유지하기 위해 민족 문화 육성은 시대적 과제였다.

정부는 민족 문화를 유지하고자 일정 부분 노력을 기울였다. 정부는 개천절을 국경일로 제정했고, 단기를 연호로 지정했으며 구왕궁박물관을 개설했다. 라디오 방송국에서는 개천절 특집으로 '강화도 마니산 답사기'를 들려줬고, '원효대사', '구운몽' 등 고대 소설 낭독시간을 신설했다. 일제의 탄압을 받은 민족의 문자도 대중화시킬 필요가 있었다. 이승만 대통령은 국무회의에서 한글 전용을 강조했고, 문교부도 고등교육기관장에게 한글 전용을 지시했으며, 국회도 한글전용법안을 통과시켰다. 조선어학회를 계승한 한글학회는 1957년 10월 9일 한글날에 맞춰 47년 만에 『우리말 큰 사전』을 완간했다.

해방 이후 전통문화 중에서 집중적인 관심을 받은 분야는 국악이었다. 방송국은 1946년 국악 감상시간을 신설했고, 1948년 창립된 한국국악학회는 악보를 간행했다. 이왕직 아악부는 국립국악원으로 계승됐고, 국립국악원은 공연, 악보 간행, 음반 제작, 국악 강습을 실시했다. 1955년 국립국악원 부설로 국악교육기관인 국악양성소가 창립됐으며 국립국악고등학교로 계승됐다. 또 비슷한 시기 개교한 한국국악예술학교는 서울국악예술고등학교로 계승됐다. 국립국악고등학교와 서울국악예술고등학교는 각각 정악과 민속악 교육에 집중하며 수많은 국악 인재를 배출했다. 서울대학교 등 일부 대학도 국악과를 개설하여 국악인을 육성했다. 한편으로는 국악경연대회가 개최됐고, 고전무용연구소도 창립됐다. 방송국은 국악 보급에 더 많은 시간을 할애했다. 방송국은 '국악사'라는 프로그램을 신설하여 국악의 역사를 소개했고, '별들'이라는 연속 국악극을 방송했으며, 국악극 '성왕'을 시공관으로부터 실황 중계 방송했다. HLKZ TV는 개국식 행사에서 '만파정식지곡', '수제천' 등의 아악과 승무를 방영했다.

민간의 전통문화도 속속 발굴됐다. 해방 이후 월남한 실향민들은 북청사자놀음을 전승시켰고 봉산탈춤은 꾸준히 대중의 사랑을 받았다. 봉산탈춤을 체계적으로 전승하려는 노력도 개시했다. 1958년 한국 봉산 가면극연구회가 결성되어 봉산탈춤을 전수하기 시작했고, 문공부도 봉산탈춤 기록영화를 촬영했다. 1958년 장충체육관에서 개최된 제1회 전국민속예술경연대회는 잊혀졌던 민속 문화를 속속 발굴하게 했다. 민속예술경연대회는 1967년부터는 지방에서도 개최됐고, 1999년에는 한국민속예술축제로 변경됐는데 이 대회를 통해 수많은 민속놀이들이 발굴됐다.

불교계도 전통 계율의 회복을 추구했다. 식민지시기 총독부는 선방을 폐쇄했으므로 승려들의 수행공간이 절대 부족했다. 해방 이후 가야총림은 한국 불교의 중흥을 위하여 진력했고, 중앙 총무원은 각 선원에서 수행연한 3년, 20세 이상, 일정 이상의 학력을 갖춘 자를 추천받아 불교의 엘리트를 육성했다.

한편 예술계는 무분별한 서구 문화 수용을 비판했다. 미술인들은 민족적인 것이 세계적인 것이라고 인식하고, 전통에서 정체성을 추구했다. 영화인들도 전통을 재창조하고자 노력했는데, 1955년에 상영된 '춘향전'은 서구적 가치의 무분별한 유입상황에서 보수적 윤리를 강조했다. '춘향전'은 한국적인 정취를 강하게 표출하는 등 한국인의 정서를 반영하였으므로 관중의 공감을 이끌어냈다. '춘향전'은 '국민영화'로 불리면서 10여 편이 제작됐는데 한국 영화가 어려울 때마다 구원 투수 역할을 수행했다. '춘향전'이 흥행에 성공하자 '단종애사', '사도세자', '무영탑' 등 다수의 사극 영화들이 제작됐다. 서울오페라단도 1954년 '왕자 호동'을 공연했다.

3. 4월 혁명의 발발

제1공화국은 1949년 7월 지방자치법안을 공포하고 지방자치선거를 실시하는 등 형식상 민주주의를 추구했다. 한편 단정수립에 반대했던 정치인들은 한국전쟁 때 다수 북한에 납치됐다. 그럼에도 불구하고 이승만은 국회의 견제로 재집권이 어려웠다. 이승만 정권은 1950년 선거에서 패배한 바 있었다. 국회는 대통령의 선출권을 가졌으며 의석분포는 이승만에 불리했다. 이에 정부는 1951년 11월 30일 국회에 양원제와 대통령직선제를 핵심으로 하는 개헌안을 제출했다. 정부가 제출한 개헌안은 1952년 1월 18일의 표결에서 찬성 19, 반대 143으로 부결됐다. 그동안 정당에 부정적이었던 이승만은 자유당을 창당했다. 야당에 대항할 수단이 필요했기 때문이다. 정부는 1952년 5월 14일 재차 국회에 대통령 직선제 개헌안을 제출하는 동시에 무장공비를 소탕한다는 명목으로 부산 지역에 계엄령을 선포하고 일부 국회의원을 구속했다. 7월 경찰이 국회를 포위하는 가운데 대통령 직선제에 내각제적 요소를 혼합한 발췌개헌안이 찬성 163, 반대 0, 기권 3으로 통과됐다. 이 사태로 민주주의는 심각하게 유린됐다. 이승만은 8월 2일 대통령 선거에서 재선에 성공했다.

자유당은 1954년 5월 20일의 민의원 선거에서 재적 203명 중 114명을 당선시켰다. 그러나 헌법은 대통령의 임기를 중임으로 제한하고 있었다. 자유당은 무소속 의원을 회유하여 136명의 서명을 받아 초대 대통령에 한하여 중임 제한을 철폐하며, 중대 사안에 대해 국민투표를 실시한다는 내용의 개헌안을 9월 6일 제출했다. 국회는 11월 27일 표결에 들어갔고, 표결 결과 재적 203명 중 찬성 135표로 개헌 정족수인 136표에 한 표 차이로 부결됐다. 하지만 자유당은 수학교수까지 동원하여 재적 의원 203명의 2/3는 135.333인데 사람을 소수점 이하까지 나눌 수 없으므로 이를 사사오입하면 135라고 강변했다. 그리고 국회는 이틀 뒤 개헌안의 가결을 선포했는데, 유명한 '사사오입 개헌'이었다. 야당인 민주당은 민주주의 실천을 요구하며 1956년의 대통령 선거에 나섰다. 민주당 대통령후보 신익희는 한강 백사장 선거유세에서 '못살겠다 갈아보자'를 구호로 내세우며 여당을 맹렬하게 공격했다. 하지만 신후보는 열차에서 급서했고, 이승만은 재선에 성공했다. 그때 시국과 유사한 내용을 담은 대중가요 '비 내리는 호남선'이 유행했다.

한편 UN 총회는 1957년 유엔 감시하의 남북한 총선거를 결의했다. 야당인 진보당은 평화통일과 남북총선거를 주장했고, 북한은 평화통일방안을 제시했다. 이에 대해 이승만 정권은 북진통일론을 주장하는 한편 유엔 감시에 의한 북한만의 총선거를 주장했다. 이승만 정권은 평화통일을 내세우는 진보당을 해산시키는 한편 국가보안법의 개정을 시도했다. 1958년 2월 4일 국회에서 국가보안법이 변칙 통과되자 전국적으로 국가보안법개정반대 시위가 발생했다. 그 와중에서 이승만 정권은 필화사건과 국가보안법 오보를 이유로 경향신문을 폐간했다. 그런 가운데 국제신문인협회(IPI)는 한국의 가입을 공식 거부했다. 독재와 부정부패가 만연하자 사회비판적인 가요가 등장했다. '물방아도는 내력'은 벼슬, 명예를 구걸하는 세태를 비판하면서 귀향하자고 노래했다. 경찰은 노래가 자유당을 비판했다고 주장하며 가요 작사자에게 모진 고문을 가했다.

정부는 학교현장에서 반공주의를 강조하면서 권위주의적 교육을 실시했다. 한편 학교에서는 반공교육을 강화하는 한편 공산주의보다 우월한 이념으로서 자유민주주의를 강조했다. 학생들은 학교 현장에서 비민주주의적인 생활을 하면서 민주주의를 조국에 실현시켜야 한다는 신념을 굳힐 수 있었고, 국어, 국사 교육 등을 통해 민족의 소중함을 인식했다. 바로 이 같은 민주, 민족에 대한 신념이 4월 혁명에 참여하는 원동력이 됐다. 그러므로 4월 혁명은 우발적으로 발생한 것은 아니었다. 4·19는 해방 이후 등장한 '한글세대'가 주도했다. 한편 반민특위가 와해된 뒤에 친일파는 민족주의와 민주주의를 탄압했다. 1공화국의 장관의 상당수는 친일파라는 평을 얻고 있었다. 대중은 정권의 친일파 등용과 독립운동세력 탄압에 분노했다. 그 과정에서 민주주의와 민족주의에 대한 열망이 커져만 갔다. 대중은 부정선거 등 계속되는 반민주 행위에 저항하기 시작했다.

3·1운동이 중앙에서 지방으로 확산된 것과는 반대로 4월 혁명은 지방에서 중앙으로 파급됐다. 4월 혁명의 시발점은 대구 고교생들

의 2·29시위였다. 학생들은 부정선거에 강력히 항의했고, '3·1정신 계승하여 민주주의 수호하자'는 전단지를 살포했다. 이후 부정선거에 항의한 3·15마산시위, 김주열 학생의 희생에 항의한 4·11시위, 고려대학교의 4·18시위를 거쳐 대학생, 시민이 주도한 4·19시위가 발발했다. 4·19시위는 '피의 화요일'로 불릴 정도로 다수의 희생자가 발생했다. 경찰의 발포로 200명에 달하는 시민이 희생됐다. 희생자는 대부분 노동자, 고등학생, 대학생, 중학생, 회사원, 무직자였다. 수송초등학교 여학생은 학교에서 귀가하는 길에 많은 희생자를 목격하고 '오빠와 언니는 왜 총에 맞았나요'라는 시를 썼다. 이승만은 국민의 요구와 미국의 권고를 수용하여 4월 27일 정권에서 물러났다. 4월 혁명이 끝나자 '4월의 깃발'이라는 노래가 인기를 끌었다. 이후 학교 현장에서는 민주화가 진행됐다. 1960년 5월 국무회의는 학도호국단 해체를 결의했다. 교사들은 7월 한국교원노동조합연합회라는 전국 규모의 교원단체를 결성했다. 교사들이 노조를 결성한 이유는 그동안 독재 권력의 하수인 노릇을 해왔다는 반성에 토대를 뒀다. 교사들은 학생들의 희생에 보답해야 한다고 결의했다. 교원노조 가입자는 전체교사 10만 명 중 4만 명에 달했다. 2공화국은 교원노조운동을 적극 제지하지 않았다. 그러나 5·16군사정권은 '반공'을 명시한 교원노조를 '용공분자'로 몰아 1,500여 명의 교사를 강제 해직시켰다.

4월 혁명은 민주주의 요구로 시작됐고 민족통일운동으로 이어졌다. 학생들은 혁명 성공 후 어용교수퇴진, 대학민주화, 공명선거, 농촌계몽운동을 전개했다. 한편 제2공화국은 유엔 감시에 의한 남북한 총선거를 제의했고, 북한은 남북연방제를 제의했다. 그런 가운데 일부 국회의원들은 남북간 경제교류를 주장했고, 학생들은 적극적으로 통일운동을 추진했다. 고려대학교 학생들은 1961년 4월 이산가족 상봉, 남북서신교환 등을 제이했고, 서울대학교 학생들은

5월 남북학생회담을 제의했다. 이때 구호는 '가자 북으로, 오라 남으로'였다. 혁신 계열도 1961년 '민족자주통일협의회'를 결성하여 통일운동을 추진했다. 민족자주통일협의회는 회원수 5만여 명으로서 한국전쟁 뒤에 출범한 사회운동조직 중에서 최대 규모였다. 이 단체는 민족경제의 연결을 위하여 남의 쌀과 북의 전기 교환을 주장했다. 또 통일방안으로서 남북협상론(자주통일론)과 중립화통일론을 내세웠는데 전자가 우세했다. 통일운동은 반공을 기치로 내세운 5·16 군부쿠데타로 무산됐다.

4월 혁명은 한국 사회에 심대한 영향을 줬다. 1964년의 '6·3시위'는 4·19를 계승했고, 이후 대학교의 각종 대자보는 '미완의 혁명'을 완수하자며 4·19정신의 계승을 다짐했다. 4·19는 1980년 '서울의 봄', 광주민주화운동, 1987년 6월 항쟁으로 계승됐으며, 문민정부 때 공식적 국가행사로 지정됐다.

제5장 경제 성장과 세계 속의 한국(1961~1979)

미·소 간의 냉전이 계속되는 가운데 1961년 남한에서는 반공주의 노선을 표방한 군부 정권이 등장했다. 군부 정권은 미국과 연계하여 한일협정 체결, 베트남 파병을 단행했고, 경제면에서 성과를 거뒀다. 경제성장으로 한국 사회는 대중사회로 접어들었다. 경제 성장은 대외적으로 한국을 개발도상국으로 부상시켰고, 대내적으로는 서구 문화를 바탕으로 한 대중문화의 발달을 가져왔다. 군부 정권은 영화, TV 등의 대중문화를 장기집권에 활용했다.

　한편으로 경제성장은 노동자계급의 팽창을 가져왔고, 빈부차를 심화시켰다. 그에 따라 노동운동이 활성화됐다. 군부 정권은 권위주의적 통치를 강화하여 4월 혁명으로 이룩한 민주주의를 철저히 유린했다. 그 결정판이 유신헌법 제정이었다. 학생층을 중심으로 민주화운동이 줄기차게 전개되어 군부 정권을 붕괴시켰다.

1절 정권의 지배정책

1. 국제정세의 변동

미국과 소련은 치열하게 냉전을 전개했다. 미·소 간에는 1962년 소련의 쿠바 미사일 배치문제로 긴장이 고조됐다. 미국과 소련의 대립은 베트남전쟁으로 극에 달했다. 베트남전쟁은 3단계로 전개됐다. 제1차 베트남전쟁은 베트남과 프랑스와의 전쟁이었다. 구식민지 모국인 프랑스는 1946년 재차 식민지화를 추구하여 베트남을 침공했고, 베트남은 강력히 저항하여 1954년 프랑스를 격퇴했다. 1954년에 열린 제네바회의에서는 총선거를 통한 베트남의 통일을 결의했다. 그러나 총선 패배를 예측한 남베트남은 선거를 거부했고, 결국 남북 베트남 간에 내전이 발발했다. 북베트남은 민족해방전선(베트콩)의 남부 게릴라 활동과 연계하며 남베트남에 대한 공격을 개시했다.

세계적으로 반공주의정책을 전개하고 있던 미국은 베트남이 공산화될 경우 인도네시아 등 동남아시아 국가들이 연쇄적으로 공산화될 것으로 내다봤다. 이에 미국은 베트남문제에 개입할 것을 결정했다. 미국 등지에서는 반전운동이 개시됐고, 반전가요 'Blowin' in Wind'는 평화를 지지하는 사람들의 공감을 얻었다. 1965년 북베트남과 미국 사이에 제2차 베트남전쟁이 개시됐고, 미국은 B-52기를 이용하여 북베트남을 맹렬히 폭격했다. 미군은 제2차 세계대전 당시 참전국들이 사용한 폭탄량의 3배를 투하했다. 북베트남 군대인 월맹군은 1968년 1월 '구정공세'를 전개하여 미국 여론에 영향을 줬다. 1969년 11월 미국 워싱턴에서는 50만 명이 참가한 미국 역사상 최대 규모의 시위가 발생했다. 미국은 반전운동이 격화되자 1973년 파리평화협정을 체결하고 베트남에서 철수했다. 이후 북베트남이 남베트남을 공격하여 제3차 베트남전쟁이 개시됐고, 1975년 4월 북베트남이 승리하여 베트남을 통일했다. 베트남 전쟁 동안 미군 사망자는 5만 명을 넘어섰고, 한국군은 5천여 명이 희생됐다. 북베트남인은 150~200만 명이 희생됐고, 남베트남인은 25만 명, 라오스인과 캄보디아인도 수십만 명이 희생됐다. 영화 '디어 헌터', '지옥의 묵시록' 등은 베트남전쟁의 비참함과 전쟁의 광기를 고발했다.

한편 사회주의권의 지도국들인 소련과 중국은 1950년대 후반부터 '수정주의 논쟁'을 전개하며 대립하기 시작했다. 소·중은 격렬한 이념 대립을 전개한 끝에 1969년 상당수의 사상자가 발생한 국경 분쟁을 치렀다. 미국은 중·소 분쟁을 이용하여 중국과의 관계 개선을 추진했다. 미국은 소련을 견제하고자 중국에 접근했으며, 중국도 소련을 주적으로 설정하고 미국과의 관계 개선을 추진했다. 닉슨 미국 대통령은 1969년 7월 25일 괌에서 '닉슨 독트린'을 발표하여 아시아의 안보는 아시아 국가들이 담당할 것을 촉구했다. 그에 따라 미국은 1971년 3월 남한에 주둔한 미군 2만 명을 일방적으로 철수했다. 미국은 1972년 미중정상회담에서 동북아 데탕트를 선언하며 대중국 경제 제재를 취소했으며, 같은 해 중국은 UN에 가입했다.

미국과 소련은 베트남에서 간접 대결을 펼치는 한편 화성, 금성을 탐사하는 등 치열한 우주 경쟁을 전개했다. 소련은 1966년 루나 19호를 달 표면에 착륙시키는 데 성공했고, 미국도 1969년 아폴로 11

호를 달 표면에 착륙시키는 데 성공했다. 특히 아폴로 11호의 달 착륙 장면은 TV로 전세계에 생중계되어 우주에 대한 관심을 고조시켰다. 한편 TV는 영화를 제치고 대중에 막강한 영향력을 행사했고, 서독의 TV는 동독 주민에게 큰 영향을 주었다. 미·소 사이의 우주경쟁 시대에는 '스타워즈' 같은 SF영화들이 제작됐다.

소련은 경제개발계획의 성공으로 1970년대 전반 군사력이 미국과 대등해졌다. 소련은 대내적으로는 전체주의 체제를 고수하여 반체제 인사를 강력히 탄압했다. 그에 따라 소련은 공산당 비판을 금지하는 등 자유주의를 철저히 억압했다. 『닥터 지바고』로 노벨문학상을 수상한 보리스 파스테르나크를 추방한 것도 그 때문이었다. 다른 동유럽국들도 사정은 마찬가지였다. 특히 루마니아, 불가리아, 알바니아 등은 극심하게 사상의 자유를 억압했고, 동구권 지식인들은 서방권 국가로 탈출을 감행했다. 소련은 대외적으로는 공산주의 블록을 고수하여 1968년 체코의 '프라하의 봄'을 잔인하게 진압했다. 그러나 서방권은 동구권문제에 대한 개입을 자제했고, 그 결과 1970년대의 데탕트가 가능했다. 미국은 냉전에서 우위를 점하고자 서유럽과 일본에 대해 군사비 증액을 요구하는 한편 1969년 소련과 전략적 무기제한협정(SALT) 교섭을 개시했다.

미국 등 서방권은 사회주의국과의 냉전에서 승리하고자 노조 권리의 확대, 실업 수당의 신설, 복지 혜택을 시행했다. 그 결과 유럽에서는 사회민주주의가 정착했고, 대표적 사회민주당으로는 영국의 노동당, 서독의 사민당, 프랑스의 사회당 등이 있었다. 사회민주당은 국가의 경제 개입과 사회적 약자 보호 등을 주장했지만 낮은 경제성장률, 잦은 파업으로 지지율이 떨어지는 경향이 있었다. 유권자들은 사민당에 불만을 가질 경우 보수당에 투표하곤 했다. 그에 따라 유럽에서는 보수당과 사민당이 교대로 국정을 운영했다. 보수당은 시장경제를 중시하며 국가경쟁력 강화를 추구했지만 사민당과 합의정치를 유지했다. 서독의 경우는 1966년 기민당과 사민당이 '대연정'을 체결하기도 했다.

이후 1973년 아랍권과 이스라엘 간의 중동전쟁이 발발하여 석유가격이 폭등했다. 이른바 '제1차 오일쇼크'가 발생한 것이다. 실업자는 급증했고, 인플레 현상이 만연했다. 서방권은 오일쇼크로 심각한 타격을 받았으며, 인플레를 저지하고자 긴축정책을 실시했다. 그 결과 1974~1975년 경제공황이 발발했고, 미국도 1975년부터 1995년까지 경제가 침체했다. 1970년대 경제위기로 유럽에서는 보수당과 노동당 간의 전통적인 이념갈등이 재연됐다. 한편 미국은 베트남전쟁으로 아시아에 집중하였으므로 유럽에 대해서는 소홀했다. 그 사이 서독과 프랑스는 미국에 대해 독자노선을 추구했고, 그 결과 유럽공동체(EC)를 창설했다. 영국도 1973년 국민투표로 EC에 가입했다. 유럽 통합에 주요한 역할을 한 정치인은 서독 사민당의 빌리 브란트 수상이었다. 브란트는 대내적으로는 '동방정책'으로 동독의 개방을 유도했고, 대외적으로는 과거의 침략에 대한 사과와 배상을 통해 주변국과의 화해를 추구했다. 브란트는 2차대전 때 독일의 침략을 받았던 국가들을 일일이 찾아다니며 사과했다. 그의 진심 어린 반성이 유럽 공동체의 발판을 마련했다.

한편 1960년대 미국에서는 민권운동이 거세게 일어나는 등 진보주의가 부상했다. 1962년 20만 명이 참여한 워싱턴 집회에서 저항가요 'We Shall Over Come'은 대중의 환영을 받았다. 결국 민주당 정부는 1964년 민권법을 제정하여 인종, 성, 종교 차별을 금지시켰다. 진보주의가 강세를 보이는 가운데 제작된 영화 '우리에게 내일은 없다'(1967)는 미국 사회의 부조리를 비판했다. 기존의 할리우드 영화가 낭만주의적이고 비현실적이었던 데 비해 이 영화는 사실주의를 추구하여 뉴 할리우드 시대를 개막했고 '내일을 향해 쏴라', '미드나이트 카우보이', '대부' 등의 영화에 많은 영향을 주었다.

유럽에서도 진보주의 운동이 강세를 보였다. 1968년 5월 프랑스 대학생들은 기성질서를 거부하는 '68혁명'을 개시했다. 파리의 대학생들은 경찰에 맞서 바리케이드를 구축하며 저항했고, 노동자, 여성, 고교생 등도 합세했다. 이들은 일체의 권위주의적 억압으로부터의 해방을 추구했고, 주입식 교육, 불합리한 입시제도, 불안정한 고용제도 등을 거부했다. 또 인간을 성, 인종, 직업, 학력으로 차별하는 것, 시험성적으로 미래를 결정하는 것, 인간을 기계의 부속품으로 여기는 것 등을 비판했다. '68혁명'은 미국, 독일, 영국, 일본으로 파급됐다. 독일의 청년들은 나치 독일의 유산을 청산할 것을 요구했고, 미국, 영국의 청년들은 베트남전을 반대했다. '68혁명'은 여성 인권의 개선, 대학 교육의 대중화 등 프랑스 사회에 상당한 변화를 가져왔다. 다른 유럽 국가들에서도 성 이슈가 본격 제기됐고, 1974년 집권한 영국의 노동당은 고용시 여성차별금지법을 제정했다. '68혁명'은 세계적으로 청년문화의 유행을 가져왔다.

한편 동아시아에서는 상당한 정세 변화가 있었다. 일본은 기술 개발과 베트남전쟁 특수 등으로 고도성장을 거듭했고, 도쿄올림픽 개최, 신간선 건설, 고속도로의 건설이 잇달았다. 일본은 1972년 미·소 간의 국교정상화에 자극을 받고, 같은 해 중국과 국교정상화에 합의했고, 1978년에는 평화조약을 체결했다. 중국은 '대약진운동'이 실패한 뒤 자본주의적 제도를 도입하여 경제를 회복시켰다. 그 과정에서 '주자파'가 부상하고, 사회적 불평등이 발생하자 '문화대혁명'(1965~1976)이 개시됐다. 문화대혁명은 자본주의적 사상·문화를 비판하면서 계급투쟁, 권력투쟁을 전개했다. 문혁이 끝나자 중공은 1978년 농업, 공업, 국방, 과학기술 등 4개 현대화계획을 결의했다.

한편 1960년대는 '아프리카의 연대'라 불릴 정도로 대부분의 아프리카 식민지들이 독립했다. 과거 아프리카를 지배했던 서구 국가들은 2차대전 후 아프리카에 대해 '제2의 식민지 침략'을 감행했다. 서구 국가들은 아프리카에 대해 민주주의 실시, 경제개발의 약속을 어기고 수탈과 인종차별을 감행했다. 그에 맞서 아프리카 신생국들은 아시아 국가들과 1961년 유고에서 비동맹 그룹을 결성했다. 비동맹국은 1980년 120국에 달했는데, 북한도 1975년 비동맹기구에 가입했다. 한편 싱가포르, 말레이시아, 인도네시아 등 동남아시아 국가들은 정부 주도로 경제성장의 성과를 거뒀다. 동남아시아 국가들은 베트남전쟁이 한참 전개되던 1967년 동남아시아국가연합(ASEAN)을 창설하여 안보, 경제, 문화협력을 추구했다. 그에 따라 제3세계는 미·소에 대해 발언권을 행사했다. 한편 남미에서는 군부쿠데타가 빈발하여 1970년대 중반에는 대부분의 남미국가들이 군부통치 하에 들어갔다.

2. 정권의 통치

1) 군부정권의 통치

(1) 제3공화국

1961년 5월 16일 육군 소장 박정희의 주도로 군사쿠데타가 발발했다. 쿠데타 군은 총 3,400명 정도로 국군의 5% 정도였다. 미국은 쿠데타 주도세력이 반공주의를 표방하자 쿠데타를 묵인했다. 쿠데타 주역들은 비상계엄령을 선포하고 국가재건최고위원회를 통해 정국을 주도했다. 국가재건최고위원회 의장 박정희는 대통령의 권한을 대행했다. 군사정권은 쿠데타 직후에 중앙정보부를 창설하여 정권의 핵심도구로 삼았다. 국가재건최고위원회는 보도사전검열제를 실시하는 등 언론을 통제했고, 정치활동과 노조활동도 금지시켰다. 군사정권은 1962년 4·19혁명 유공자들을 포상하기도 했지만 일련의 비상조치들을 통해 4·19혁명의 성과를 무산시켰다. 군사정권은 1962년 첫 국민투표를 실시하여 제3공화국 헌법을 통과시켰으며, 1963년 1월에는 전국구를 설정한 국회의원선거법을 공포했다. 그에 따라 제1당에는 무조건 과반수의 의석이 배정됐는데, 비례대표제인 전국구제도는 여당의 우세를 확보하려는 장치였다. 박 의장은 군정 연장을 천명하기도 했지만 강력한 반대에 직면하자 민정이양을 결정했다. 박 의장은 1963년 공화당을 창당했고, 야권세력은 민정당으로 결집했다. 1963년에는 이른바 '4대의혹사건'이 정치, 사회적 이슈로 부상했다. 야당은 이 사건들이 공화당의 사전창당자금과 연관이 있다고 주장했다. 10월 15일의 대통령 선거에서 근소한 차이로 승리한 공화당 박정희 후보는 12월 17일 제5대 대통령에 취임했다. 여당인 공화당은 1963년 국회의원 선거에서 175석 중 110석을 차지하여 63%의 의석 점유율을 보였다. 선거 경향은 여당은 농촌, 야당은 도시에서 우위를 점하는 '여촌야도'였다. 여당은 야당과의 협상보다는 다수결로 밀어붙이는 등 다수당의 횡포를 자행했다. 박정권의 국정 운영의 두 축은 근대화와 반공이었다. 박정권은 공화당, 중앙정보부, 청와대 비서실, 경호실, 내각 등에 군 출신 인사들을 대거 포진시켜 군부정권의 색채를 띠었다. 박정희는 경제개발계획에 성과를 거둬 1967년 대통령선거에서 무난히 재선에 성공했다. 이후 박정희는 경제발전을 완수해야 한다고 주장하며 1969년 3선개헌을 강행했다. 박정권은 개헌선인 2/3 이상의 의석수를 확보하고자 1967년 국회의원 총선거에 대통령이 개입하는 등 무리한 수단을 동원했다. 선거 결과 여당은 175석 중 130석을 차지하는 등 74%의 의석수를 확보함으로써 개헌선을 확보했다. 이후 여당은 국회에 개헌안을 제출했다. 개헌안의 핵심은 대통령의 3선 연임 허용, 국회의원의 장·차관 겸직 허용, 대통령 탄핵 통과에 필요한 의원 수를 과반수에서 2/3로 상향조정, 국회의원의 정원을 200명에서 250명으로 늘리는 것이었다. 기동경찰 1,200여 명이 국회의사당 주변의 통행을 차단했다. 여당을 중심으로 하는 국회의원 122명은 국회 본회의장에서 농성중인 야당의원을 피해 9월 14일 새벽 2시 국회 제3별관에서 개헌안을 변칙통과시켰다.

여당은 삼선개헌을 계기로 대통령의 사당으로 전락했고 대통령 비서실이 여당과 정부에 대해 우위를 점했다. 대통령의 독재가 강화된 것이다. 1971년 국회의원 선거에서 공화당은 113석을 차지했는데, 의석비율 55%로 사실상 여당의 패배였다. 이를 계기로 일당구도가 막을 내리고 양당 구도가 형성됐다.

제3공화국은 제1공화국같이 반공주의 노선을 강화했다. 중앙정보부는 1967년 7월 '동백림 유학생사건'을 발표하여 해외 유학생들이 북한과 연계됐다고 주장했다. 이 사건으로 작곡가 윤이상 등 10여 명이 입건되고, 일부는 실형을 언도 받았지만 3년 뒤 모두 방면됐다. 이 발표는 국회의원 부정선거 규탄운동이 전국적으로 확산되는 과정에서 진행됐다. 1968년 1월 북한의 무장게릴라들은 청와대를 기습 공격했다. 정부는 '1·21사건'을 계기로 반공주의 및 국가주의를 대폭 강화했다. 박정권은 1968

과거의 국회의사당(서울특별시 의회)
1967년 공화당 정권이 3선개헌을 변칙 통과시켰던 국회의사당이었다. 식민지시기에는 부민관으로 불리면서 각종 공연, 강연회가 개최됐던 장소였다.

년 향토예비군을 창설했고 '국민교육헌장'을 제정했으며, 1969년에는 고등학교 이상의 학교에서 군사훈련과목(교련)을 이수하게 했다. 대학생도 '문무대'라 불리는 군사훈련장에 보내 9박 10일 동안 군사훈련을 받게 했다. 국민은 일련의 상황에서 국가주의에 순응하지 않으면 안 되었다.

(2) 유신체제

미국의 닉슨 공화당 행정부는 한국에 대해 북한과의 관계 개선을 요구했다. 미국은 중국과 데탕트를 추구하면서 주한 미군 7사단을 철수시켰다. 그런 가운데 박정권은 1971년 대통령 선거에서 민주주의의 회복을 요구하는 김대중 후보에게 신승을 거두자 12월 '국가비상사태'를 선포했다. 국가비상사태는 겉으로는 국가 위기와 통일 대비를 명분으로 했지만 실제로는 정권의 위기를 국가의 위기로 확대 해석한 것이었다. 박정권은 '한국적 민주주의'를 표방하면서 1972년 10월 비상계엄령을 공포하고 '10월 유신'을 선포했다. 그 결과 국회는 해산됐고 대학에는 군대가 주둔했다. 박정권은 라디오, TV, 오락공연 등을 통해 '유신'의 정당성을 대대적으로 홍보했다. 이후 박정희는 유신헌법을 공포하고 12월 8대 대통령에 취임했다.

유신체제는 제3공화국과는 달리 헌법부터 국민의 기본권을 무시했다. 박정권은 국민의 기본권 제한을 헌법에 삽입시켜 국민의 자유와 권리를 침해했다. 유신헌법은 삼권분립의 원칙을 훼손하면서까지 대통령에게 국가권력을 집중시켰다. 대통령은 국회를 해산시킬 수 있었고, 전체 법관과 국회의원의 1/3을 임명할 수 있었으며 국회의 동의 없이 긴급조치를 발동할 수 있었다. 유신체제는 대통령은 입법부, 사법부의 위에 군림하는 반면 국민에게는 책임지지 않는 체제였다.

유신정권은 1973년 유신정우회와 통일주체국민회의를 창설했다. 통일주체국민회의는 대통령 추천 국회의원을 선출하여 국민의 대표 선출권을 박탈했다. 유신정권은 국회의 국정감사권을 폐지하는 등 국회의 행정부 견제 기능을 약화시켜 대의 민주주의를 무력화시켰다. 그러므로 국민은 유신국회를 '행정부의 시녀'라고 비판했다. 유신정권은 제3공화국과 같이 정부가 경제정책을 입안하고 공공 금융기관과 자원의 독점을 통해 민간 기업을 통제했다. 또 경제기획원의 역할을 축소시키고 대통령 비서실의 권한을 대폭 강화했다.

유신정권은 중앙정보부와 경찰을 통해 정치적 반대세력을 탄압했고, 그 과정에서 1973년 8월 야당 대통령 후보였던 김대중이 일본 도쿄에서 납치되는 사건이 발생했다. 유신정권은 1974년 긴급조치 1, 2, 3, 4호를 발포하여 유신체제에 대한 비판을 금지했고, 유신헌법에 대한 개정 논의를 불법으로 규정하여 정치적 자유를 억압했다. 그에 따라 한국 사회는 항시적 계엄 상태였다. 정부는 1974년 제1땅굴 발견, 1975년 제2땅굴 발견, 베트남 공산화사태를 계기로 총력안보태세의 확립을 강조하면서 국민을 동원하는 장치들을 창설했다. 정부는 1975년 민방위대를 창설하여 대부분의 성인들을 준군사조직에 편제했고, 1976년에는 전국적으로 반상회를 실시하기 시작했다. 유신정권은 민방위 훈련과 반상회를 강화하여 국민에 대한 교육, 선전을 강화했고 국민을 정기적으로 동원·통제했다. 공무원들은 '군관민', '일련의 사태', '일부 소수', '분위기 조성', '부조리', '서정쇄신' 등의 권위주의적 용어를 빈번히 사용했다.

장기집권을 노리던 유신정권은 언론 통제를 강화했다. 유신정권은 언론에 대한 검열을 강화했고, 프레스카드제를 도입하여 기자 수를 줄였으며 보도지침을 내렸다. 또 정부에 항의하는 기자, PD들을 해직시켰다. 정부에 비판적인 출판물에 대해서는 국가보안법 등을 적용하여 판매금지를 강행했다. 언론인들은 1974년 1월 개헌운동을 금지하는 긴급조치 1호가 발포되자 언론자유수호운동에 나섰다. 문인들도 표현의 자유를 수호하고자 했다. 문인들은 정권이 〈오적〉을 지은 시인을 구속하자 1974년 '자유실천문인회'를 창립하고 정권에 항거했다. 그런 가운데 유신공화국을 '겨울공화국'으로 규정한 시도 등장했다. '겨울공화국'은 '총칼로 사납게 윽박지르고 우리들을 모질게 재갈 물려서 짓이기며 내리모는 자는 누구인가'라고 절규했다. 유신정권은 1975년 5월 긴급조치 9호를 공포하여 유신헌법 비방을 금지했고, 방송 내용의 사전 심의 등 방송 검열을 대폭 강화했다. 정부는 1979년 7월 방송국의 허가 유효기간을 3년에서 1년으로 축소시켜 매년 허가를 받도록 했다.

유신정권은 대중가요에 대해서도 강력히 통제했다. 정부는 긴급조치 9호를 공포하면서 대중가요 검열을 강화했다. 1975년 6월 한국예술문화 윤리위원회는 '대중가요 재심의 원칙과 경위'에 의거하여 금지곡을 선정했다. 금지곡의 선정 기준은 '국민총화'에 영향을 주는 것, 외래문화의 무분별한 모방, 패배, 자학, 비판적, 선정적, 퇴폐적 내용 등이었다. 1차 재심에서 '거짓말이야' 등 43곡이, 2차에서 '그건 너' 등 45곡이 금지곡에 선정됐다. '미인', '그건 너' 등은 퇴폐적이라는 이유로, '행복의 나라로'는 저항적이라는 이유로, '왜 불러'는 장발 단속에 저항한다는 이유로 금지곡이 됐다. 검열 당국은 퇴폐적이라는 이유를 내세웠지만 실은 정권에 불신을 조장한다고 판단하여 금지했다. 정권 안보가 금지곡 선정의 기준이었다. 1977년에는 1만여 곡이 수록된 방송금지곡 사전이 발간됐다. 반면에 일부 가요는 희망을 준다는 이유로 '건전가요'에 선정됐고, 모든 음반에는 '건전가요'인 '예비군가', '새마을 노래', '나의 조국', '잘살아보세' 등을 의무적으로 집어넣도록 했다. 유신정권은 대중가요를 국민 통제에 이용한 것이었다.

장발과 미니스커트는 1970년대를 상징하는 하나의 문화현상이었다. 1976년 치안본부는 히피성 장발에 대한 무기한 단속을 지시했고, 그에 따라 거리에서는 가위를 든 경찰과 실랑이를 벌이는 장발 청년의 모습이 일상화됐다. 젊은 여성들의 미니스커트도 단속의 대상이 되었다. 경찰은 30센티 자를 들고 길거리에서 지나가는 미니스커트 차림의 여성을 잡아 세우고 무릎에서부터의 길이를 쟀다. 문공부는 1976년 TV에 대해 '가족시간대 프로그램 편성과 제작지침'을 발표했다. 방송윤리위원회도 TV의 해외토픽 프로그램에서 비키니 화면 등을 선정적이라 지적하며 방영금지를 지시했고, TV 프로 중에 보이는 남녀 간의 게임도 엄격히 규제했다. 또 TV 방송국에 대해 부유층의 호화생활 내용을 방송하지 말도록 요구했으며, 사전 심의에서 '비속' 등을 이유로 TV 광고를 다수 기각했다. 1978년 한국방송윤리위원회는 장발 연예인의 TV 출연을 금지했다.

1978년 1월 통일주체국민회의는 박정희를 제9대 대통령으로 선출했다. 한편 같은 해에 실시된 10대 국회의원 선거는 정국에 심대한 영향을 주었다. 공화당이 선거에서 승리하기는 했지만 득표율에서는 신민당이 공화당에 1.1% 차로 앞섰다. 그 결과 유신체제에 균열이 발생하기 시작했다. 한편 유신정권은 1970년대 후반 미국과 최악의 관계를 유지했다. 미국 의회는 1976년 한국 정부가 미 의회 의원들을 상대로 로비활동을 했다며 '코리아게이트' 청문회를 개최했고, 미국 법무부는 한국인 사업가를 정식 기소했다. 미국 NYT지는 1977년 6월 미국 CIA가 청와대를 도청했다고 보도했고, 한국 정부는 미국 정부에 해명을 요구했다. 그런 가운데 카터 미국 대통령은 1977년 주한미군 철수를 발표하고, 1978년 미군 전투부대 1진을 철수시켰다. 박대통령은 1979년 6월 방한한 카터 대통령과 험악한 분위기에서 회담했다. 카터는 박정권의 독재를 비판하며 미군의 철수를 통보했지만 실제 철수인원은 674명 정도였다. 유신정권은 미국과의 관계가 악화되자 '자주국방'을 강조하면서 군사력 증강에 박차를 가했다. 한국은 헬기, 대포, 탄약, 장갑차, 함정, 레이더, 미사일을 생산했고, 국산 고성능 전차, 국산 장거리 유도탄, 국산 중거리 유도탄, 다연발 로켓, 대전차 로켓 시험발사에 성공했다. 한국은 세계에서 7번째 미사일 개발 보유국으로 등록했다.

한편 수출 위주의 정책으로 경제의 대외의존도는 더욱 높아졌다. 무역의존도는 1972년 38.6%에서 1980년 65.9%에 달했다. 높은 대외의존도 속에서 1973년과 1979년 발생한 두 차례의 오일쇼크(석유파동)는 한국 경제를 위기로 몰아넣었다. 정부는 1973년 네온사인을 10년간 전면 금지하기로 결정했다. 한국의 원유도입액은 1972년 2억 7,700만 달러에서 1974년 9억 6,190만 달러, 1975년에는 12억 7,100만 달러에 달했다. 이는 물가상승의 압력으로 작용하여 3차 5개년 기간 중 물가상승률은 연 20.1%였고, 1973년 1차 오일쇼크 때는 무려 42.1%까지 올랐다. 유신정권은 1979년 2차 오일쇼크 때 석유류 59%, 전기료 35% 등 제반 물가를 대폭 인상했고, 국민에게 '에너지 절약'을 강조했다. 주유소는 에너지 절약을 위하여 토요일 영업을 제한해야 할 정도였고, 민생은 극히 불안정했다. 유신정권은 신민당 김영삼 총재가 미국 언론과의 회견에서 정권을 비판하자, 10월 4일 김영삼을 의원직에서 제명했다. 그 직후 발생한 부산과 마산의 민주화운동은 유신체제에 결정적 타격을 주었다.

2) 경제개발정책

(1) 한일국교정상화와 베트남 파병

미국은 국제 수지에서 적자가 누적되자 1959년 무상원조 제공에서 유상차관 제공으로 전환했다. 그에 따라 한국에 대한 미국의 경제 원조는 1963년 2억 1,640만 달러에서 1964년 1억 4,930달러로 감

소했다. 한편 미국은 동아시아에서 한·미·일의 삼각협력으로 반
공전선을 구축하고자 했고, 일본이 동아시아에서 주요 역할을 해줄
것을 요구했다. 이에 미국 정부는 일본 정부에 대해 한국 정부와
국교를 정상화하고 경제 원조를 제공할 것을 제의했다. 경제개발에
재원이 필요했던 박정권도 일본을 재원조달처로 지목했다.

박정권은 1961년 10월 일본과 한일회담을 개시했다. 그러나 한일
회담은 밀실외교라는 비판을 받았고, 1964년 전국적으로 반대운동
이 전개됐다. 박정권은 여론을 무마하고자 일본 영화 수입을 불허
했고 '동백아가씨' 등을 왜색가요로 지정하여 금지시켰다. 한편으로
는 막후교섭을 계속해 1965년 4월 3일 합의를 도출했다. 박정권은
외상 회담에서 무상 3억 달러, 정부 차관 2억 달러, 상업 차관 3억
달러에 합의했다. 이승만 정권이 총 36억 달러를 요구한 것에 비하
면 매우 적은 액수였다. 과거사문제도 거의 해결되지 못했다. 일본
은 식민지 지배에 대한 진지한 사과를 하지 않았고, 과거의 조약에
대해서도 애매하게 처리했다. 일본이 약탈한 문화재 반환도 거의
없었다. 그러므로 한일회담은 '저자세외교', '졸속외교', '굴욕외교'라
는 비판을 받았다. 1965년 6월 22일 한·일은 도쿄에서 한일협정에
조인하고 국교를 수립했다.

박정희 정권이 경제 개발을 추구하면서 두 번째로 주목한 국가는
베트남이었다. 미국은 베트남에 개입하면서 한국군의 파병을 요청
했다. 미국의 파병 요청에 대해서는 '인종전쟁 희석론'으로 보는 시
각도 있다. 다시 말해 미국은 베트남전쟁을 황인종과 백인종의 대
결이라고 보는 시각을 탈피하고자 한국에 파병을 요청한 것이라 파
악하는 것이다. 미국은 1966년 한국 정부와 '브라운각서'를 교환하
여 대한 군사원조를 약속했다. 하지만 박정권이 베트남전에 참전한
이유는 경제적 이유 때문만은 아니었다. 박정권은 미군 철수론을
거론하며 파병이 불가피함을 역설했는데 한국의 국방을 위해 한국

군을 파병해야 한다는 논리를 전개했다. 또 박정권은 미국과의 동맹 관계를 강화하여 군사원조의 증액을 유도하고, 미군의 신무기를 획득하여 한국군의 현대화를 추구했다. 그러므로 파병 결정은 미국의 압력은 아니라고 할 수 있다. 국민도 베트남전쟁에서 한국군의 희생자가 적다고 인식하여 반대가 미약했다. 한국은 1964년 9월 비전투부대를 파병했고, 1965년 10월부터는 맹호, 청룡, 백마부대 등의 전투부대를 파병하기 시작했다. 한국군은 연인원 32만 명이 파병됐으며 평균 5만 명이 상시 주둔함으로써 미국 다음으로 많았는데, 1973년 3월 철수했다. 한국에서는 '월남에서 돌아온 김상사' 등 베트남전쟁과 연관된 가요가 유행했고 파월 군인들을 격려하고자 '우리는 청룡이다', '맹호들은 간다', '달리자 백마' 등의 군가가 만들어졌다.

박정권은 한일협정으로 경제개발자금을 확보한데 이어 베트남 파병을 통해 다시 한번 상당액수의 외화를 획득했다. 한국은 베트남 파병으로 경제적 이득을 거뒀다. 한국은 1965~1973년 베트남과의 무역으로 2억 8,300만 달러를 획득했고, 한국 군인들도 미국으로부터 받은 전투수당을 조국에 송금했다. 1965~1972년 한국의 외화 수입은 7억 5천여만 달러에 달했다. 미국도 좋은 조건의 차관을 제공했으므로 1966~1972년 기간에는 35억 달러의 외자가 도입됐다. 그에 따라 외화 부족문제가 해결됐고, 외화는 경부고속도로, 발전소, 철도 등의 기간설비 건설에 투입되어 한국 경제의 발전에 기여했다. 한국의 기업과 노동자들은 베트남에서 기술을 축적하고 중동에 진출했다.

한편 베트남전쟁은 박정권의 정치적 기반을 강화시켰다. 미국은 한국 내정에 적극적 개입을 자제했고, 박정권은 미국과 한국 군부의 확고한 지지를 받았다. 박정권은 베트남전쟁 기간 동안 3선 개헌 성공, 유신체제 수립 등을 통해 독재 권력을 공고히 함으로써 한국의 민주주의를 훼손시켰다. 그런 의미에서 베트남전쟁은 한국

현대사에 중요한 영향을 끼쳤다.

(2) 고도경제성장

박정희 정권은 쿠데타로 집권했으므로 정통성이 취약했다. 그 때문에 박정권은 경제 개발을 최우선 과제로 설정했다. 박정권은 1961년 경제기획원을 창설했고, 1962년에는 '제1차 경제개발 5개년계획'을 발표했다. 제1차 경제계획은 제2공화국의 '제1차 경제개발 5개년계획'을 일부 수정한 것이었다. 박정권은 농업 부문의 개선과 전기, 전화, 교통의 개발에 주력하여 경제 발전의 기반을 다졌다. 한편 박정권은 서독, 프랑스, 이탈리아 등 서구 선진국과 경제협정을 체결했고, 인도네시아, 말레이시아, 베트남과는 무역협정을 체결했다.

정부는 경제구조를 수출산업 중심으로 개편하고 '수출드라이브 정책'을 시행했다. 정부는 1964년 수출 목표를 1억 달러로 정하고, 이후 목표를 달성한 날을 '수출의 날'로 정했다. 정부는 1964년 수출 증대를 목적으로 '한국수출산업공단', 즉 구로공단을 설립했고, 인천 주안 일대에 공단을 설립하는 등 총 113만 평의 공단을 조성했다. 박대통령은 1965년 1월부터 매달 수출진흥회의를 주재하였고, 수출을 하는 기업에게 최대한의 특혜를 주었다. 한편 상품가격은 같은 상품이라도 수출용 상품가격과 국내용 상품가격을 달리하는 '이중가격제'를 적용했다. 그 때문에 국내 소비자는 비싼 가격으로 TV 등을 구입해야 했다. 1961~1969년 기간 동안 경제성장률은 8.5%를 기록했다. 한편 정부는 저임금을 유지하고자 저곡가정책을 추진했다. 그 때문에 농촌 인구는 급속히 감소했고, 이농한 농민은 노동자 혹은 도시빈민층이 됐다. 1960~1970년까지 농업 인구는 총인구의 58.3%에서 44.7%로 감소했고, 노동자 수는 28.2%로 급증했다. 이농 인구의 유입으로 서울시 인구는 급증했고, 서울에서는 쌀 부족 소동이 일어났다. 그 때문에 정부는 쌀막걸리 시판을 금지했고, 혼분식 장려운동을 전개했다. 정부는 농촌부흥운동을 추진하여 국산 경운기를 생산하고, 농어촌에 '라디오보내기운동'을 전개했다. 정부는 1967년 '제2차 경제개발 5개년계획'을 발표했다. 수출은 호조를 보여 1967년에는 3억 달러를 돌파했고, 1970년에는 10억 달러를 달성했다. 제2차 경제개발 5개년 기간인 1967~1971년은 연평균 9.7%의 성장률을 기록했다. 한편 획기적 공업의 발전을 위해서는 교통 인프라의 정비가 급선무였다. 정부는 1967년 5월 경부고속도로 건설계획을 발표하고, 공사를 시작한지 2년이 조금 넘은 1970년 7월 경부고속도로를 개통했다. 경부고속도로는 아스팔트가 너무 얇아 보수비가 건설비에 육박하는 문제점을 드러냈지만 한국을 '일일생활권'으로 만들었다.

정부는 경공업 제품의 수출만 가지고는 외화를 벌어들이는 데 한계가 있다고 판단하고, 부가가치가 높은 중화학 공업을 육성하고자 했다. 중화학 공업 육성은 주한미군의 철수에 대응하여 '자주국방'을 추구하려는 의도도 깔려 있었다. 정부는 1972년 '제3차 경제개발 5개년계획'을 발표하고, 1973년 중화학 공업을 본격적으로 육성했다. 정부는 철강, 화학, 금속, 기계, 조선, 전자 등 6대 중공업을 설정하고, 대규모 공장의 건설을 목표로 외자를 도입했다. 정부는 울산공업단지를 조성하여 정유, 비료, 화학, 전력 등의 산업들을 가동했고, 한국 최초의 일관제철소인 포항종합제철소를 건립했다. 포항제철은 설비를 가동시킨 지 1년 만에 투입된 외국자본을 갚고도 남는 흑자를 기록했다. 또 정부는 물류수송을 목적으로 호남-남해 고속도로, 영동-동해 고속도로를 건설했다. 중화학 공업은 제조업 생산에서 차지하는 비중이 1960년 21.8%에서 1970년 43.4%, 1980년 55.9%로 증가했다. 중화학 공업제품이 전체 수출에서 차지하는 비중도 1971년 19%에서 1981년 60%로 증가하였다. 1972~1976년까지의 3차 경제개발 5개년 기간 동안 연평균 경제성장률은 10.1%에 달했고, 1976년의 수출액은 1971년의 7배인 78억 달러를 기록했다. 정부는 100억 달러 수출 목표를 정하는 등 수출드라이브 정책을 계속했다. 그러나 수출드라이브 정책은 '제1차 오일쇼크'로 위기를 맞기도 했다. 정부는 1974년 TV, 냉장고, 승용차 등 15개 공산품 가격을 12~54% 인상했고, 기타 밀가루 60%, 설탕 49.6%, 합판 42.4%, 석유류 31.3%, 전기료 42.4%의 인상을 단행했다. 1975년에는 조업 단축이 40%에 이르렀고, 많은 중소기업이 휴·폐업해야 했다. 정부는 경제난국을 탈피하고자 45개국과 경협을 추진했고, 1974년부터는 중동 건설시장에 진출했다. 정부의 종합무역상사 설립 독려로 대기업들은 경쟁적으로 종합상사를 설립했고, 1977년에는 1인당 국민소득 1,000달러, 수출 100억 달러를 기록했다.

정부는 1977년 '제4차 경제개발 5개년계획'을 발표했다. 제4차 5개년계획은 자립성장 구조의 확립, 사회개발을 통한 형평의 증진 등을 목표로 하였으나, 중화학 공업 위주의 기본정책에는 큰 변화가 없었다. 정부의 기술 장려정책으로 한국 기능공들은 1977~1978년 연속으로 국제기능올림픽에서 우승했고, 기업들은 국산자동차, 전자레인지, VTR 등을 개발했다. 한국종합전시장(KOEX)이 개관한 시점도 이 무렵이었다. 한편 한국이 4차 경제개발계획을 추진하기 시작한 1977~1978년에는 중동 건설경기로 한국 경제는 호황을 구가했다. 연평균 경제 성장률은 목표치인 9.2%를 웃돌았고, 1978년도 1인당 GNP는 1,300달러에 육박했다. 그러나 중화학 공업 우선정책은 중화학 분야의 과잉 투자를 야기했다. 1976~1979년 국민투자기금의 68%, 제조업에 대한 산업은행 대출의 77%가 중화학 공업에 투자됐다. 1979년 '제2차 오일쇼크'는 한국 경제를 불황에 빠뜨렸고, 물가 상승과 실업 증가가 동시에 이루어지는 스태그플레이션이 발생했다. 1979년 5월 이후 13개월 동안 생산이 절대 감소했으며, 1980년의 GNP 성장률은 4.8%를 기록했다. 1977~1981년 동안의 경제성장률도 목표치에 훨씬 못 미치는 5.9%에 불과했고, 실업자도 급증했다.

박정권 기간 동안 경제 성장률은 연평균 9.3%를 기록했고, 수출액은 150억 달러로 증가했다. 외국에서는 한국의 고도성장을 '한강의 기적'이라 불렀으며, 서구의 근대화과정을 단기간에 달성했다고 해서 '압축 성장'이라고도 불렀다. 한국의 고도성장에는 여러 가지 요인이 작용했다. 첫째, 해방 이후의 높은 교육열이 주요 요인이었다. 국민은 어려운 경제사정에도 불구하고 교육에 많은 투자를 했다. 그 결과 질 좋은 노동력이 대량 공급된 것이다. 둘째, 정부의 경제개발계획이 성과를 거둔 데 있었다. 정부는 '잘살아보자'는 국민의 여망을 수용하여 경제성장에 주력했고, 경제성장으로 정권재창출에 성공했다. 셋째, 노동자들이 세계 최장의 노동시간을 감내하며 수출 제일주의정책을 뒷받침한 데 있었다. 수출 공산품은 대부분 저임노동력을 이용하는 단순가공형으로서 노동집약적 생산품이었다. 경부고속도로 역시 저임금을 강요당한 노동자들에 대한 착취의 산물이기도 했다. 고도경제성장기 많은 여성들이 노동 현장에 뛰어들었다. 여성 노동자들의 연령은 대부분 15세에서 25세 사이였다. 여성 노동자들이 근무했던 업종은 섬유, 봉제, 의류, 전자 등 노동집약적 경공업이었는데, 마산 수출자유지역의 경우 총 1,200여 명의 근로자 중 90%가 여성이었다. 여성 노동자들은 여공이라 불리기도 했는데, 한국 수출산업의 70%를 담당하는 등 한국 경제의 원동력이었다. 여성 노동자들은 어린 나이에 집을 떠나서 다락방 같은 작업장에서 일했다. 이들은 장시간 노동, 저임금, 인권 사각지대의 열악한 근무 조건에서 일했다. 1960년대 여성 노동자들은 일당 70원, 월급 3,000원을 받고, 공장 기계의 굉음을 들으면서 하루 12시간 이상을 일했다. 1967년 여성 노동자들의 임금은 평균 근로자 임금인 8,300원의 1/3도 되지 않았다. 1961년 등장한 버스 차장은 여

공과 함께 주요 여성직업이었다. 차장은 1965년 전국적으로 17,000여 명이었고, 대부분 초등학교를 졸업하고 취직했다. 차장은 새벽 5시부터 콩나물 버스에서 '개문발차'를 하며 '오라잇'을 외쳤다. 또 차장은 좁은 방에서 많은 인원이 숙식했으며, 번번히 인권 유린을 당했다. 여성 노동자들은 월급의 상당액을 고향에 송금했으므로 항시 곤궁했고, 미래의 꿈은 좌절됐다. 여성 노동자들의 유일한 즐거움은 설, 추석 때 고향에 가서 가족을 상봉하는 것이었다. 학업의 길이 좌절된 여성 노동자들의 목표는 좋은 사람을 만나서 시집가는 것이었다. 넷째, 고등교육을 이수한 사람들이 전문적 지식을 가지고 각자의 분야에서 '조국의 근대화'에 앞장섰다. 특히, 대학생들은 방학 중에 농촌에 내려가서 한글을 가르쳐 문맹률을 낮추었고, 졸업 후에는 공공 기관, 기업 등에서 국가를 위하여 노력했다. 그러므로 한국의 고도 경제성장을 특정 지도자의 리더십으로만 돌려서는 곤란하다. 식민지시기 민족차별과 한국전쟁의 폐허를 딛고 희망을 추구한 국민의 몫이었다.

한편 정부의 수출 드라이브는 여러 문제를 야기했다. 첫째, 정경유착, 즉 정부와 기업의 불법적 유착을 가져왔다. 정부는 외화와 시중은행의 자금을 장악하여 특정 기업에 분배했고, 특혜를 받은 기업은 정치자금을 납부했다. 정부는 8·3조치로 기업의 사채를 동결하고, 금리를 대폭 인하하는 등 기업에 금융 특혜를 제공했다. 또 정부는 '관치금융'으로 수출기업에 막대한 특혜를 주었으므로, 수출의 주역인 재벌은 정경유착의 최대 수혜자였다. 대규모 투자가 전제되는 중화학 공업에 대한 정부의 지원은 정권과 재벌을 더욱 밀착시켰고, 재벌의 지배력은 더욱 증대됐다. 30대 재벌의 계열 기업 수는 인수, 합병으로 1970년 126개, 1979년 429개로 급증했다. 그 때문에 문어발 기업이라는 비판이 제기됐다. 재벌이 고용에서 차지하는 비율은 1965년 31.3%에서 1979년에는 43.6%로 증가하였다.

1978년에는 5대 재벌이 GDP에서 8.1%를 차지했다. 특혜금융은 은행의 부실과 정경유착을 야기해 시장경제로의 진전을 막았다. 둘째, 수출주도 경제는 대외 의존을 심화시켰다. 이 무렵 한국 경제는 생산 원료와 중간재를 수입하여 조립, 가공한 뒤 수출하는 구조였다. 그 때문에 수출이 증가하면 그에 비례하여 수입이 증가하는 악순환이 계속됐다. 국제무역 수지 악화는 외화 도입으로 이어졌고, 그 결과 외채는 급격히 늘어났다. 셋째, 수출드라이브는 저임금 유지를 전제했으므로, 그에 따라 저곡가정책이 지속됐다. 그 때문에 농촌에서는 이농이 가속화했다.

새마을운동은 이농에 대한 대책이었다. 1970년 4월 박정희 대통령은 '근면', '자조', '협동'의 새마을운동을 제창했고, 1971년부터 전국적으로 운동을 확대했다. 박정희는 새마을운동을 독려하고자 '애국가요'로 선정된 '새마을 노래'를 작사 작곡했고, 정부는 '초가집을 없애고 기와집을 짓자'라는 구호를 내세웠다. 방송국은 매일 '잘살아보세'라는 새마을 노래를 틀었으며, 새마을 방송프로그램 콘테스트, 새마을 여성경진대회, 새마을 장사씨름대회 등을 개최했고, '새마을 성공 사례', '새마을의 고동', '새마을 지도자들의 새해 설계' 등을 방송했다. 가장 인기를 끌었던 TV 프로는 노부부가 전국의 가족을 찾아다니는 '꽃피는 팔도강산'이었고, 대중가요 '우리 마을'도 농촌에서 많이 불려졌다. 철도청은 특급열차를 '새마을호'라고 명명했다. 새마을운동에는 1971~1984년까지 총 7조 2,000억 원이 투입됐고, 정부예산은 그 중 57%를 차지했다. 정부는 소득증대 사업으로 영농의 과학화, 농가 부업의 육성, 농산물 가격 보장, 수리시설 확충, 농지 확장, 새마을 공장 및 새마을 금고 육성, 농수산물 유통구조의 개선, 생산품 품질 개선과 생산성 향상, 근로자 후생복지제도 및 시설 확충 등을 시행했다. 또 정부는 농한기에 전국에 시멘트를 무상 지급하여 초가지붕을 슬레이트 지붕으로 대체하게 했고, 농촌에서는 담장을 보수하며 마을 진입로를 정비했다. 새마을운동은 환경 정비, 주택 개량, 농로 개설, 마을 도로 확충, 하천 정비, 전기화사업 등에서 성과를 거뒀다. 정부는 농업을 지원하고자 소양강댐, 안동댐 등을 준공했으며 통일벼 등 신품종을 개발하여 농업생산 증대를 추진했다. 그 결과 1975년에는 3,242만 섬의 쌀 수확량을 올렸고, 1977년에는 쌀 수확량이 4,000만 섬을 돌파했다. 그에 따라 정부는 14년 만에 쌀 막걸리 제조를 허가했다.

정부는 새마을운동의 중점을 농촌 주택개량에 두었으므로 농가마다 막대한 부채를 지게 됐다. 1974년 전농가의 34%가 소작농이었는데 정부가 저임금을 유지하고자 저곡가정책을 고수한 결과 농민은 곤궁했다. 그러므로 새마을운동에도 불구하고 농촌에서는 이농이 계속되었다. 시 〈농무〉는 "비료값도 안 나오는 농사 따위"라며 이 시기 농민의 소외를 실감나게 묘사했다. 새마을운동이 최고조에 이르렀던 1980년 농촌경제연구원의 통계에 따르면 농민의 69.5%는 농사에 만족하지 않았다. 농민의 22%는 이농을 희망했고, 3.8%만이 자식에게 농사를 권장했다. 새마을운동은 유신체제에 농민을 동원하고자 했던 관제운동이었다. 농촌은 '여촌야도'라는 말처럼 꾸준히 여당을 지지했었다. 박정권은 전통적인 여당의 지지기반인 농촌을 부흥시켜 정권의 안정을 도모했다. 그리고 새마을운동의 지도자는 통일주체국민회의의 대의원으로 대통령선출에 참여했다. 정부는 농촌에 '라디오보내기운동'을 전개하여 농촌을 통제하고자 했다.

3) 국민동원

(1) 전통문화 육성

제3공화국은 '민족적 민주주의'를 표방하면서 전통문화의 육성을 강조했다. 정부는 1961년 무형문화재 제도를 도입하여 전통문화의 전승자들에게 경제적 지원을 제공했다. 그 결과 종묘제례악, 민요, 판소리 등 전통음악과 춤, 민속놀이 등이 무형문화재로 지정됐다. 정부는 1962년 숭례문(남대문)을 중수하는 등 유형문화재의 보존에도 관심을 기울였고, 1968년에는 문공부를 신설하고 유형문화재를 조사하기 시작했다. 정부는 도산서원의 성역화를 추진했으며, 특히 이순신과 연관 있는 유적지를 집중 보수했다. 정부는 아산 현충사, 통영의 제승당을 중수했고 학생들에게는 『난중일기』를 읽게 했으며 충무공 탄신일인 4월 28일에는 글짓기를 하도록 했다. 또 정부는 세종대왕을 숭모의 대상으로 강조하고 한글

이순신 동상
제3공화국은 이순신과 연관있는 유적지를 집중 보수했다. 그 결과 아산 현충사, 통영의 제승당을 중수했고, 이순신 동상을 건립했으며, 각급 학교에서는 『난중일기』를 읽도록 했다.

날 제정, 세종대왕기념관과 세종문화회관을 건립했다. 그와 더불어 정부는 지폐에 세종, 이순신, 이황, 이이의 초상화를 새겨 넣었으며, 호국 영웅들의 동상을 건립했다.

정부는 호국 유적지가 많은 강화도를 집중 보수했고, 강감찬의 유적지인 낙성대도 복원했다. 이 같이 박정권이 호국 유적지를 대대적으로 정비한 것은 당시 추구하고 있던 자주국방과 연관이 있는 것이었다.

박정권의 전통문화의 강조는 국가주의 확립과 깊은 연관을 갖고 있었다. 박정권은 국가주의를 확고히 하고자 학교 현장에서 '국민

강화도 정화사업
제3공화국은 호국 유적지가 많은 강화도를 집중 보수했다. 호국 유적지를 대대적으로
정비한 것은 당시 정권이 추구하고 있던 자주국방과 연관이 있었다.

교육헌장', '국기에 대한 맹세'를 외우게 하고, 국민윤리 과목을 필수
로 지정했다. 또 국가주의 사관을 강조하면서 국사교육을 통일했고,
1974년에는 국사를 새 학과로 독립시켰다. 박정권은 유신체제 출범
후 한층 전통문화의 계승을 강조했다. 1970년대 전반에는 민속박물
관, 국립경주박물관, 국립광주박물관, 온양민속박물관을 속속 개관
했다. 또 1973년에는 '한국 미술 2천년전'을 개최했고, 1976년에는
'한국 미술 5천년전'을 개최했다. 정부는 경주관광개발사업을 개시
하여 천마총 발굴, 불국사 복원, 경주 보문관광단지 개장 등의 성과
를 거뒀다. 경주는 UNESCO에 의해 세계 10대 유적지로 지정됐다.
국사교육이 강조되는 분위기에서 신문사와 방송국에서는 전곡리
유적지에서 구석기시대 유물이 발굴됐다고 대대적으로 보도했다.
특히 방송국에서는 '한국사 강좌', '교양국사' 시간을 신설하고 해방
이후 10대 문화재 발굴 시리즈를 들려줬다. 정부는 1978년에는 한
국정신문화연구원을 개원하고, 민족문화를 연구하게 했다.

민속박물관(경복궁 소재)
유신 정권은 전통문화의 계승을 강조하면서 국립민속박물관 등을 건립했다.

　박정권은 민족주의적 성향의 건물을 많이 건축했는데, 전통적인 건축양식을 가미한 세종문화회관은 그 대표적인 예이다. 정부는 1978년 3.38억 원을 투입하여 10년의 공사기간으로 사상 최대의 박물관을 건축한다는 계획을 수립하기도 했지만 정권의 붕괴로 성사되지 못했다.

　박정권이 전통문화의 계승을 강조한 것은 체제수호의 목적이 강했다. 박정권은 주로 민족의 위인을 부각시키는 방법으로 영웅사관을 강조했고, 영웅사관은 일인 독재를 정당화시키는 역할을 했다. 또 정권은 전통문화 중 충효사상을 강조했는데 경제 성장에 필수적인 노동력을 효율적으로 동원하려면 보수적 가치관이 필요했기 때문이다. 한편 박정권은 전통문화를 선별 계승했다. 정권은 체제강화에 필요하다고 인정한 전통은 집중 조명했고, 필요하지 않다고 판단한 전통은 방치하거나 파괴했다. 새마을운동으로 지방의 전통 민속이 파괴되는 일이 빈번했던 것은 그 때문이었다.

세종문화회관
세종문화회관은 문화예술 공연장소이기도 했고, 세종대왕을 기리는 의미도 있었다.

(2) 대북정책의 전개

1960년대 남북관계는 매우 험악했다. 남한의 정권은 '건설 후 통일'을 내세우면서 민간의 통일 논의를 차단하는 등 사실상 '통일보류정책'을 전개했다. 북한 정권은 군사모험주의노선을 추구하는 등 대남강경책으로 일관했다. 그 과정에서 북한은 1968년 무장게릴라를 남파하여 청와대를 공격한 '1·21사태'를 자행했다. 또 북한은 울진·삼척에 무장공비를 침투시켰으며, 미군 정보함 푸에블로호를 납치했다. 신문은 무장게릴라가 던진 폭탄으로 부서진 버스를 크게 보도했고, 그를 본 시민들은 경악했다. 국민 사이에서 안보에 대한 위기의식이 고조되자 정부는 1968년 4월 향토예비군, 주민등록제도를 시행했다. 한편 박정권은 주한 미군 7사단의 일방적 철수를 보고 미국의 대한정책에 의구심을 갖게 됐다. 박정권은 군수산업을 육성했고, 5개의 공수여단을 창설했다.

한편 북한은 주한미군의 철수를 목적으로 1971년 8월 남북대화를 제의했다. 박정권은 국민에게 국가안보의 위기를 강조하는 한편 북한에 적십자회담을 제의했다. 1972년 5월 4일 남북고위급회담이 열렸고, 1972년 7월 4일에는 자주(비외세), 평화(반무력), 민족(대단결)의 남북공동성명이 발표됐다. 그러나 남북은 남북대화를 정권 공고화에 이용했다. 남북은 1972년 각각 1인 독재를 정당화하는 '유신헌법'과 '사회주의 헌법'을 제정했다. 남북대화는 1974년에 발생한 땅굴 사건과 8·15 저격사건으로 중단됐다. 1976년 8월 18일 판문점에서 발생한 북한군의 '도끼만행사건'은 남북의 긴장을 더욱 고조시켰고, 남북의 군비 증강으로 남북대립은 격화됐다. 남한은 1976년 서울에서 세계방공연맹(WAOL)총회를 개최했고, 북한은 군부대를 휴전선 부근에 전진 배치했다. 남한 방송국에서는 반공의식을 고취하고자 '최후의 증인', '6·25', '김삿갓 북한방랑기' 등을 내보냈고, '수령님 명령만 내리신다면' 등의 영화를 상영했으며, '남과 북', '전우', '113 수사본부' 등의 TV 드라마도 방영했다.

삼청각
삼청각은 1972년 남북회담의 막후 협상장소로 이용하였던 곳이었다.

박정권은 북한과의 체제 경쟁에서 승리하고자 중립국과의 외교를 강화했다. 그에 따라 1961년부터 1971년까지 아프리카지역의 국가들을 포함하여 총 67개국과 수교했다. 또 정부는 데탕트 국제정세에 편승하여 1973년 6월 비적성국가에 문호를 개방하는 '평화통일외교정책선언'을 천명했고, 그 결과 1980년까지 112개국과 수교했다. 박정권은 군비 증강을 추진하는 한편 북한과의 대화 재개를 추진했다. 그 같은 박정권의 대화제의는 1970년대 중반 경 남한의 GNP가 북한의 GNP를 추월한 데 따른 자신감에 바탕을 둔 것이었다. 그에 따라 정부는 1977년 남북 간의 불가침 협정이 체결될 경우 주한 미군 철수에 반대하지 않고, 북측이 원할 경우 식량원조도 제공할 의사가 있다고 제의했다. 정부는 1978년에도 남북 간의 교역, 기술, 자본 협력을 촉진시키고자 민간협력기구 구성을 제의했다. 남북의 대립과 대화가 교차하는 가운데 1960년대 남한에서는 한국전쟁과 관련한 가곡들이 창작됐다. '그리운 금강산'은 한국전쟁 11주년을 기념하여 지어졌는데, 1972년 남북적십자회담을 계기로 널리 보급됐다. '비목'은 한국전쟁의 참상을 묘사했는데, 1976년 TV 주말연속극인 '결혼 행진곡'을 통해 폭발적인 반응을 얻었다.

3. 서구 문화의 도입

박정권은 서방권과의 무역을 중시했으므로 서구의 기준을 따라가고자 했다. 그에 따라 1962년 '단기'연호를 폐지하고 '서기'연호를 공식적으로 채택했다. 한편 고도경제성장이 궤도에 오르자 많은 한국 학생들이 미국에 유학을 갔다. 한국정부는 고급 인력의 귀국을 장려했지만 많은 유학생들이 학업을 마친 뒤에도 귀국을 포기하는 사태가 발생했다. 미국 정부는 자국민의 일자리문제로 외국인들이 미국에 영주하는 것을 원하지 않았다. 그런 가운데 미국은 베트남에 파병한 한국에 감사하는 의미에서 1966년 한국과학기술연구소(KIST) 창설을 지원했다. 한국과학기술연구소의 창설은 한국 과학자의 귀국을 촉진시켰다. 미국 유학생은 1970년대 전반 1만 명가량이었고, 계속해서 증가했다. 정부는 1977년 '국비유학제도'를 시행하여 유학생들에게 학비, 생활비 등을 제공했다. 정부는 국비유학생들이 지원받을 수 있는 학문 분야를 국가적으로 필요한 분야로 지정했다. 그 때문에 1977~2008년까지 유학생의 비율은 이공계:인문계가 8:2였다. 한편 제1공화국과 마찬가지로 3공화국 때도 외국인과의 교류는 유학생에 국한되었다. 일반 시민들은 외국인과 교류할 기회가 거의 없었다. 학교의 영어 수업시간은 문법 중심이었고, 학생들은 고교를 졸업할 때까지 영어 회화를 할 기회가 없었다. 외부와의 접촉이 드물었던 한국인에게 세계를 생동감 있게 소개한 여행기도 등장했다. 김찬삼의 『세계일주무전여행기』(1962)는 세 번의 세계일주 끝에 나온 노작이었다.

박정권 시기는 이민이 활기를 띠었다. 1960년대는 미국 정부의 이민 문호 확대로 35,000여 명이 이민을 갔고, 1970년대는 미국행 정기 항로의 개설로 미국 이민이 급증했다. 서독에는 10,000여 명의 광부들이 이민을 갔고, 브라질, 아르헨티나 등지로 농업 이민을 떠나는 이들도 많았다. 덴마크에는 농업유학생이 파견됐다. 이 무렵 덴마크는 국민 의식 개혁과 협동조합에 바탕을 둔 농촌 개발로 '강소국'이라는 찬사를 받고 있었다. 정부는 덴마크를 한국 농촌 개발의 모델로 삼고, 1970년까지 100여 명의 농업유학생을 파견했다. 정부는 새마을운동에 농업유학의 경험을 이용했다.

1960년대에는 서구 시설이 대거 도입됐다. 서구형 주택인 아파트가 본격적으로 건축됐으며, 고가도로, 지하도, 육교들도 속속 건설됐다. 1960년대는 워커힐호텔, 삼일빌딩, 세운상가 등이, 1970년대는 프레지던트 호텔, 플라자 호텔, 코엑스 등 서구식 대형 건물이 등장했다.

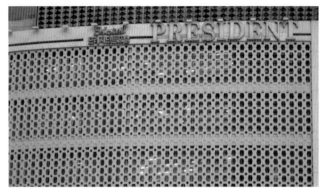

프레지던트호텔
1970년대는 고도경제성장으로 프레지던트호텔, 플라자호텔 등 서구식 대형 건
물이 등장했다.

1970년대 들어서는 TV 수상기가 본격적으로 보급됐다. 전국의 TV 수상기 보급대수는 1969년 25만 대 정도였지만 1975년에는 100만 대를 넘어섰다. TV는 어떤 미디어보다도 대중에게 영향을 주었고, 세계화에도 기여했다. 라디오, 대중 잡지 등도 대중 여론의 형성에 기여했다. 이렇게 해서 대중문화 발달의 요소들이 대부분 구비됐다. 서구의 고전음악을 연주하는 교향악단들도 속속 창단됐다. 1962년 부산시향, 1964년 대구시향, 1966년 인천시향, 1975년 전주시향, 1976년 광주시향, 1977년 청주시향이 창단됐다. KBS교향악단은 1979년 40여 일의 미국 순회연주회를 개최했다. 1978년 세종문화회관이 개관되자 뉴욕 필하모닉, 필라델피아 오케스트라 등 유명 교향악단이 대거 내한 공연을 가졌다. 대중은 음반으로만 듣던 교향악단의 연주를 실제로 보게 됐다.

세계 시장을 양분하던 청량음료회사인 코카콜라와 펩시콜라가 각각 1968년, 1969년 한국에 상륙했다. 이 미국계 회사들은 화려한 마케팅으로 대대적인 광고를 선보였고, 한국에서는 광고 산업이 확립됐다. TV는 1969년 광고를 방영했고, 탤런트, 영화배우 등 인기인을 모델로 등장시켰다. TV 광고는 1974년에는 35.4%를 점유하여 신문 광고의 32%를 추월했다.

2절 한국인의 일상생활

1. 의식주 생활

농촌을 떠나 도시로 이주한 이들은 도시 외곽을 중심으로 도시 빈민을 형성했다. 도시빈민들은 국공유지 산꼭대기에 판자, 천막, 함석, 시멘트 블록 등을 이용하여 집을 지었다. 그렇게 해서 형성된 '달동네'는 화장실을 공동으로 이용했고, 하수도 시설도 없었다. 집이 날림이어서 연탄가스 중독사고도 빈발했다.

또 1960년대에는 도시화와 핵가족화가 본격적으로 시작됐다. 젊은 여성들은 부부 중심의 핵가족을 선호했으므로 주택수요가 급증했다. 그 때문에 1960년대 후반 주택개발은 수익성 있는 사업이었는데, 주택개발은 낡은 주택을 구입하여 새 주택을 짓는 것이었다. 주로 실내에 거실, 화장실, 부엌 등이 있는 평슬라브 주택이 유행했다. 1970년대 전반까지는 30~40평 대지에 건평 20~50평의 1, 2층 단독주택이 대부분이었다. 전통 한옥을 개조한 도시형 한옥도 계속해서 건축됐다. 농촌은 초가집이 대부분이었다.

주거문화의 획기적인 변화를 가져온 것은 아파트였다. 최초의 아파트는 1961년 착공, 1962년 완공된 마포아파트였다. 마포 아파트는

6층 높이로 엘리베이터, 중앙집중식 난방, 수세식 화장실을 구비했다. 서울시와 주택공사는 1962년에서 1972년까지 서울에 총 4만 호의 아파트를 건설했는데, 대부분 저소득 서민용이었다. 서울 인구는 1961년 244만 명, 1970년 553만 명, 1972년 610만 명으로 급증했는데, 아파트는 대지의 절약, 고층화, 도시 미화, 주택난의 해결에 기여했다. 1960년대 중반 이후 도시는 아파트 건설, 농촌은 주택개량이 유행했다.

1970년대는 아파트 시대였다. 주공은 1969년 중산층을 대상으로 반포아파트를 건축했다. 중산층 아파트는 중앙공급식 온수보일러를 설치하고 평수를 늘렸다. 중산층의 아파트 선호로 여의도 화랑아파트의 분양경쟁률은 70 : 1에 이르렀다. 1970년대 중반 이후 민간건설업체의 건축 붐으로 대규모 단지 개발방식이 유행했다. 한편한국의 총인구는 1973년 3월 3,200만 명을 상회했다. 정부는 1976년 가족계획을 장려하는 등 인구억제정책을 추진했다. 또 정부는 국민주택을 25평으로 제한했고, 1977년에는 청약부금제를 실시했다. 정부는 1970년대 인구 분산을 목적으로 강남 지역을 개발하고 세제혜택을 주었다. 또 강남 이주를 권장하고자 강북의 '명문 학교'를 강남 지역으로 이전했고, 중, 고교 학군을 강북, 강남으로 분리했으며, 잠수교, 천호대교 등 강남과 강북을 잇는 다리를 속속 건설했다. 그에 따라 강남 지역에는 많은 아파트가 건축됐고, 서울 인구는 1970년대 후반 강남으로 대거 이동했다. '아파트 공화국'의 개막이었다. 아파트의 획일성은 한국인의 생활방식을 획일화시켰다. 영동과 강남지구 개발은 부동산 투기열풍을 일으켰다. 1978년에는 고급공무원들이 강남 지역의 아파트를 특혜 분양받은 사건이 발생하여 사회문제화했다.

고도성장이 계속되자 TV, 냉장고, 에어컨, 세탁기, 가스레인지, 생활필수품이 생산되기 시작했고, 전자 제품이 대중화했다. 슈퍼마

켓과 백화점의 개장으로 유통시장이 다변화했고, 선물 종류도 다채로워졌다. 동네마다 성업했던 '구멍가게'들은 감소했다. 1970년대 들어서자 세탁기, 전기밥통, 전기다리미, 석유난방기구, 가스레인지, 진공청소기 등의 가정 기기들이 대거 보급됐다. 이들 기기들은 주부들의 일손을 덜어 주는 등 일상생활의 편리함을 가져왔다. 한편 지방에서는 전통적인 시장인 장시가 계속해서 성행했다. 정부는 새마을운동에 저해된다고 보아 장시를 폐지하고 상설시장을 설치하려고 했다.

식생활에도 큰 변화가 있었다. 통조림, 조미료, 과자류 등 가공식품이 등장했고, 1960년대 전반에는 라면이 처음으로 출시됐다. 또 과일류의 소비가 증가하고, 패스트푸드도 등장하는 등 식생활의 서구화가 가속화됐다. 1970년대에는 호텔에 '뷔페'가 등장하는 등 서구적인 대중 외식문화가 자리를 잡았다.

산업화의 물결로 한복을 즐겨 입던 한국인들의 복장문화도 변화를 가져왔다. 사람들은 외출복으로 한복 대신에 양복을 맞춰 입었다. 한편 도시 여성들 사이에서는 서구풍이 유행했다. 1960년대 전반에는 통 좁은 맘보바지가 유행했고, 1960년대 후반에는 판탈롱 바지가 유행했다. 1961년 한국에는 비키니 수영복이 등장했다. 비키니는 1946년 프랑스 디자이너가 개발했는데, 15년 만에 한국에 상륙한 것이다. 비키니는 여성 해방의 상징이었으므로 한국 사회에 충격을 주었다. 1967년에는 미니스커트가 등장하여 사람들의 이목을 끌었는데, 비키니와 함께 전통적 사고에 큰 변혁을 주었다. 여성들의 헤어스타일도 바가지 스타일, 백조라인 스타일 등 다양해졌다. 여성들은 가발로 머리를 부풀리고, 고데기로 장식적인 컬을 만들었다. 한편 여자들의 화장품은 크림, 분, 볼연지 정도였고, 입술을 칠하는 경우는 드물었다.

여성들의 패션 스타일도 다양해졌다. 1970년대는 '살롱'이 패션을 주도한 '살롱시대'였고, 여성의 사회 참여 열기와 맞물려서 미니가 선풍적인 인기였다. 또 여성들 사이에서는 핫팬츠, 판탈롱, 스트레이트 팬츠, 미디, 샤넬라인 등이 유행했고, 1976년과 1977년 사이에는 부츠가 붐을 이뤘다. 그리고 여성들 사이에서는 활동성을 강조하는 간결한 머리 모양이 크게 유행했다. 여학생들도 정형을 탈피하여 긴 머리에 자연스런 옷차림을 즐겼고 청바지도 좋아했다. 또 여성들은 로션, 크림 중심에서 벗어나 색조화장을 하기 시작했다. 1977년에는 기성복이 상설할인판매장에서 판매되기 시작했다. 남성복은 유럽풍의 재킷이 유행했다. 이후 석유파동을 겪으면서 절약이 미덕으로 강조됨에 따라 '실용패션'이 중시됐다. 그에 따라 기능성을 강조하는 캐주얼 의상이 등장했다. 한편 청년문화가 유행하자 남성들 사이에서는 포마드를 바르는 관행이 자취를 감췄다.

가난한 가정에서는 겨울에 솜이불이 필수였고, 처녀들이 시집갈 때 이불이 필수품이었다. 그에 따라 농민은 목화를 재배하고, 솜을 뽑아 이불을 제조했다. 농촌은 장을 보려면 하루가 소비됐고, 필요한 물건을 구입하는 것도 어려웠다. 그에 따라 농촌에는 '방문 판매', '이동 장사꾼'이 많았다. 대부분 여자들인 방물장수는 머리에 보따리를 이고 옷 등을 팔았다. 그밖에 가발을 만들고자 여자들의 머리카락을 잘라가는 머리칼 장수, 요란한 가위소리를 내는 엿장수, 종을 치며 다니는 두부장수, 큰 목소리로 외치는 아이스케키 장수들이 있었는데 대부분 남자들이었다.

2. 청소년 생활

1) 학교 생활

군사정권은 1961년 각급 학교의 학기 개시일을 3월 1일로 변경했다. 또 대학생은 교복을 착용하게 했고 중고생은 삭발을 하게 했다. 군사정권은 학교 현장에서 반공주의와 국가주의를 강조했다. 그에 따라 학생들은 해마다 6월이 되면 반공을 주제로 그림그리기, 글짓기를 했다. 학생들은 1968년부터는 민족중흥을 위하여 한국에 태어났다는 내용의 '국민교육헌장'을 외워야 했다. '국민교육헌장'은 교과서는 물론 학생들의 공책에까지 인쇄됐다. 국가지상주의는 과밀학급과 더불어 개인의 발달을 고려한 교육을 어렵게 했다.

유신정권은 교육 현장에 유신 이념을 강요했다. 정권은 1975년 고교, 대학교에 학도호국단을 설치하여 학생들을 군대식 체제에 편제하고, 학생 군사교육을 강화했다. 또 유신정권은 대학을 통제하여, 1976년 교수재임용을 강행했다. 그 결과 정권에 비판적인 교수들이 해직당했다.

1955~1963년까지의 베이비붐은 초등학교 인구를 증가시켰다. 초등학교 취학률은 1950년대 50%를 상회했고, 초등학교는 2부제, 3부제 수업을 실시하는 과밀학급이 대부분이었다. 초등학교 학생 수는

학교생활(서울 교육사료관 소재)
초등학교 교과서에 담겨있던 그림.

급증하여 1978년 서울시 초등학교 학생은 100만 명을 돌파했다. 그에 따라 중학교 입학은 국민적 관심사가 됐고, 초등학교는 중학교 입시준비기관으로 전락했다. 1965년의 중학교 입시 때는 무즙을 넣어도 엿이 된다는 '무즙사건'이 일어나기도 했는데, 치열한 입시경쟁을 보여준 사건이었다. 초등학교 학생들은 성적 경쟁으로 고생하다가 1969년 중학교 무시험제도 실시로 한시름을 덜었다. 중학교 배정은 물레같이 생긴 추첨기를 돌려 학교 번호가 적힌 은행알이 나오는 방식으로 정해졌다. 한편 중학교 무시험제도가 실시되자 고교 입시경쟁이 갈수록 치열해졌고, 정부는 1973년 고교입시 무시험제도를 발표했다. 고교입시 무시험제도가 실시되자 이번에는 대학교 입시경쟁이 치열해지면서 대학 입시에 대비한 고액 과외가 사회문제로 부상했다. 정부는 1979년 과외를 없애고자 TV에 교육용 채널을 설치할 것을 검토했다.

초등학생들은 '즐거운 하루'라는 일과표를 쓰곤 했다. 일과표에 따르면 학생들은 아침에 일어나 재건 체조, 집안 청소를 한 뒤 등교하고 방과 후 공부는 두 시간 정도 하고, 중간 중간에 놀았다. 학교에서는 저축을 장려하고자 식빵을 배급했으므로 어린이들은 빨간 돼지저금통에 열심히 동전을 모았다. 겨울이 되면 시골 학교에서는 나무 난로, 도시 학교에서는 연탄난로를 사용했다. 학생들은 난로에 도시락을 올려놓고, 따뜻한 식사를 했다. 매년 5월 5일 어린이날에는 '자라나는 어린이는 이 나라의 보배!'라는 표어를 부착해놓고 성대한 행사를 했는데, 경찰관은 오토바이 묘기를 보이는 등 봉사를 해야 했다. 운동회가 열리는 날에는 동네 주민들이 모여 잔치분위기를 연출했다. 주요 종목으로는 장애물 경기인 자루 통과하기, 청군과 백군이 오자미를 던져 광주리를 터트리면 학용품이 우수수 떨어지는 박 터트리기, 100미터 달리기, 계주, 기마전 등이 있었다.

학년이 끝날 무렵 교사는 학생들에게 교과발달 상황과 행동발달

상황으로 구성된 생활통지표를 나눠주었다. 각 교과발달 상황은 5단계 평가, 즉 수, 우, 미, 양, 가로 구분됐다. 수는 90점 이상, 우는 80점 이상, 미는 70점 이상, 양은 60점 이상, 가는 50점 미만의 점수였는데, 수가 많으면 우등상을 받았다. 생활통지표를 받을 학생들은 촉각을 곤두세웠다. 학생들은 수, 우가 많을 것을 기대하고, 미 이하는 기피했다. 학생들은 수, 우를 많이 받으면 집에서 칭찬받을 생각에 웃었고, 미 이하가 많으면 꾸중 들을 생각에 풀이 죽었다. 행동발달은 근면성, 자주성, 책임성, 협동성 등으로 구분했으며, 가, 나, 다 삼 단계였다. 학생들은 가 이상이면 좋아했고, 나 이하면 싫어했다.

중고교에서 일상적으로 이루어지는 체벌은 학생들을 힘들게 했다. 교사는 성적, 수업 분위기 유지 등을 이유로 학생들을 때렸다. 학생부는 수시로 두발검사를 했고, 규격에 어긋나면 '바리캉'으로 머리칼을 밀었다. 월요일 아침에는 전교생이 운동장에 모여 아침 조회를 했다. 식민지시기 군대식의 전체주의적 문화가 잔존한 것이다. 학생들의 억눌린 감정은 엉뚱한 곳에서 폭발했다. 10대들은 1963년 민정 실시 후 맞이한 첫 크리스마스 때 '광란의 밤'을 보냈다. 시험이 끝나고 가는 영화 단체관람도 학교생활의 즐거움이었다.

고등학교 학생들은 학도호국단체제에서 군사교육을 받아야 했고 특히 교련시간과 사열식은 군사훈련을 방불케 했다. 정기적으로 민방위 대피 훈련도 해야 했다. 학생들은 외국의 국가원수가 방한할 때는 수업을 중단하고 거리에 나가 양국 국기를 흔들어야 하는 등 동원의 대상이 되기도 했다. 중고등학교 학생들은 단체로 반공 영화를 보아야 했고, 군부대에서 땅굴을 발견할 때는 반공규탄대회에 참가했다. 학생들은 '원호의 달', '불조심의 달', '민방위의 달', '저축의 달', '쥐를 잡자', '산불 조심' 등의 표어를 가슴에 차고 다녔다.

여학생들은 봄, 여름, 가을에는 산뜻한 하복과 춘추복을 입었고, 겨울에는 흰 깃을 부착한 상의에 치마를 입었다. 남학생들은 여학생의 단정한 교복에 감탄했다. 하지만 교복은 자주 빨고 다림질해야 했으며 겨울에는 추웠으므로, 여학생들은 바지 입기를 원했다.

　군사 정권은 4·19의 주역이었던 학생들을 강력히 통제했으며, 교련과목을 설치하여 학생들에게 군사훈련을 시켰다. 4월 혁명으로 민주주의를 경험했던 대학생들은 다방, 학사 주점 등에서 정치·사회 문제를 가지고 열띤 토론을 했다. 대학생들은 폐쇄적인 사회 분위기에서 벗어나고자 서구의 개방적인 축제를 지향했다. 대학 축제는 '대학축전'으로 불렸고, 각 단과대학이 중심이었다. 문과대학은 '문학의 밤', 법과대학은 '모의법정' 등을 개최했는데, 주최 측은 정계 인사들을 초청하여 강연, 토론회를 열었다. 하지만 학생들은 학술 행사보다는 카니발에 관심을 가졌다. 축제는 '쌍쌍파티'가 주류였고, 남자대학교 학생들은 여자대학교 학생들을 축제에 초대하기도 했다.

　1960년대 후반 서구 대학사회에서 기세를 떨쳤던 '68혁명'은 한국 대학에도 영향을 주었다. 또 서구의 반전가요, 장발, 청바지, 히피 문화도 한국 청년들에게 깊은 인상을 주었다. 그 결과 1970년대 대학을 중심으로 청년문화가 등장했으며 대학생들은 장발, 청바지에 통기타를 치며 포크송을 부르기 시작했다. 자유주의적인 청년문화는 유신정권의 권위주의와는 상극이었다. 한국 사회 일각에서는 청년문화를 유신체제에 대한 저항으로 인식했으며, 실제 청년문화는 저항문화의 성격을 띠었다. 한편 새 학기가 되면 대학생들 사이에서는 '고팅', '벚꽃팅' 등의 미팅이 유행했다.

　1960년대 가정에서는 주로 남자들을 상급학교에 진학을 시켰다. 한편에서는 대학은 고사하고 고교 진학도 못하는 이들이 많았다. 베이비세대는 여러 집단으로 분화했다. 10% 정도만이 대학에 진학했고, 일부는 중고교만을 졸업하고 취직했으며, 일부는 중졸 이전에 노동시장에 나갔다. 50% 이상이 중학교 교육을 받지 못한 채 노동시장에 진출했다. 그 결과 고학력의 소수 고급인력, 중간 수준

학력의 노동력, 낮은 학력의 방대한 노동력이 형성됐다. 세 조류는 산업화과정에서 사회계층 형성에 영향을 주었다. 지방에서 올라온 대학생들 중 가난한 부류는 부유층 가정교사로 입주하여 입시를 준비하는 학생의 공부를 지도했다. 이 무렵 한국인들은 법조인, 사업가, 기자, 프로듀서, 군장교, 공무원 등의 직업을 선호했다. 1963년에는 ROTC 1기생이 장교로 진출했고, 제1회 사법시험 합격자가 선발됐다. 고도경제성장으로 전문기술직, 운동선수, 서비스업, 대기업사원, 은행원, 엔지니어 등이 인기직업으로 부상했다. 잡지 창간, 방송국 개국 등으로 기자, 탤런트, 카피라이터, 디스크자키도 인기직업으로 떠올랐으며, 패션시대가 도래하자 디자이너가 인기 전문직으로 부상했다. 1964년 대한항공이 일본 오사카노선을 개설하자 스튜어디스, 자동차 기계 엔지니어 등이 인기 직업으로 떠올랐다. 1970년대 전반 고속버스가 등장하자 고속버스 안내양이 인기를 모았다.

한편 경제성장으로 남편의 경제력에 의지하는 전업주부가 등장했다. 일부 여성들은 요리를 잘하는 '알뜰주부'를 추구했고, 자수, 꽃꽂이 등 취미 생활을 선호했다. 많은 여성들은 사랑받는 아내, 현명한 어머니, 즉 '현모양처' 역할을 이상시했다. TV 드라마 '아씨'(1970), '여로'(1972)는 현모양처를 주인공으로 내세워 여성들의 뜨거운 사랑을 받았다. '아차부인 재치부인', '웃으며 산다' 등의 라디오 프로도 여성을 화목한 가정의 중심으로 내세웠다. 그에 따라 '사랑받는 아내 교실'은 큰 인기를 끌었고, 신사임당이 본받을 모델로 부상했다.

2) 여가 생활

어린이들의 놀이는 소박했지만 다채로웠다. 남자 아이들은 연날리기, 구슬치기, 딱지치기, 다방구, 깡통 차기, 자치기, 오자미, 뽀빠이, 찜뽕 놀이를 즐겨 했고, 여자 아이들은 널뛰기, 그네뛰기, 고무줄놀이를 좋아했다. 어린이들은 '불량식품'으로 불린 달고나, 뻥튀기, 솜사탕, 뽑기, 쥐포, 아이스케키를 즐겼다. 어린이들이 즐겨 찾은 곳은 1970년대 중반까지 성황을 이루었던 만화가게였다. 1960년대 인기 만화는 일본과 싸운 권투선수를 묘사했던 『도전자』, 연합군과 공산군의 전쟁을 동물로 그렸던 『동물전쟁』 등이었다. 또 『새소년』, 『어깨동무』, 『소년중앙』 등의 아동 잡지들은 명랑만화를 연재했다. 반공주의가 강조되는 사회 분위기에서 공산당을 상징했던 붉은 색은 만화의 표지에서 금지됐다. 만화가게에서는 일정 정도의 만화를 보면 TV를 볼 수 있는 '딱지'를 지급했다. 아이들은 TV를 보면서 '줄줄이 사탕' 같은 CM송을 즐겼다. 또 어린이들은 '박치기' 등의 묘기가 등장하는 레슬링을 좋아했다. 특히 한국 선수들이 일본 선수들을 때려눕히는 장면이 나오면 환호성을 질렀다.

뽑기
어린이들은 간식으로 뽑기, 달고나, 아이스케키를 좋아했다.

어린이들은 만화영화를 좋아했다. 1967년에는 만화영화 '홍길동'이 상영됐고, 1968년에는 한일합작의 '황금박쥐'가 방영됐다. 각 방송사들은 일본 애니메이션을 수입하여 한국말로 더빙하여 방영했다. 아이들은 '우주소년 아톰', '마징가제트', '밀림의 왕자 레오', '톰과 제리' 등 일본 애니메이션을 즐겨 시청했다. 영화인들은 일본의 문화침투를 경계하고 국산 애니메이션을 제작했다. 아이들은 국산 애니메이션 중에서 '로보트 태권브이', '태권동자 마루치 아라치'를 좋아했다. 한편 어린이들이 즐겨 찾는 명소들도 등장했다. 3공화국 때는 남산의 어린이회관, 유신공화국 때는 서울어린이대공원이 인기를 끌었다.

청소년은 오락에도 규제를 당했다. 한국방송윤리위원회는 공개 방송에서 청소년의 '괴성'을 규제했다. 통제적 사회분위기에서 청소년을 위무한 것은 라디오였다. 밤 10시 정각 라디오방송에서는 '이제 밤이 깊었습니다. 청소년 여러분 가정의 품으로 돌아가십시오'라는 멘트가 흘러나왔다. 비슷한 시간대에 방송된 '밤의 플랫폼'은 청소년들의 절대적인 공감을 얻었다. 이 프로는 폴모리아 악단의 '이사도라'를 배경으로 감미로운 시를 낭독하여 청소년들의 문학적 감수성을 일깨웠다. 청소년들은 귀가한 뒤 트랜지스터라디오에 귀를 기울이고 사랑과 희망을 이야기하는 심야 프로그램을 애청했으며, 휴대용 카세트 녹음기로 좋아하는 음악을 녹음했다. 청소년들이 주로 청취한 프로는 '별이 빛나는 밤에', '영시의 다이얼', '밤을 잊은 그대에게' 등이었는데, 이들 프로는 한국의 유행 가요와 외국의 팝송, 칸초네, 샹송 등을 들려줬다. 그러자 한국 방송협회는 라디오 심야프로에 팝송보다는 가곡, 국악, 한국 가요를 집중 선곡할 것을 지시했다. 그에 따라 '비목', '그리운 금강산', '가고파', '목련화', '청산에 살리라', '선구자' 등 가곡이 집중 방송됐다.

청소년들은 TV 프로 중 가요프로나 '장학퀴즈', '제3교실' 등을 주로 시청했다. 한편 이 시기에는 청소년 영화 붐이 일었고, 특히 생머리에 청바지를 입은 발랄한 여대생이 등장한 '바보들의 행진'은 큰 인기를 끌었다. 또 중고교생들은 '고교얄개', '진짜진짜 좋아해', '진짜진짜 잊지마' 등 하이틴 영화, 얄개시리즈를 즐겨 봤다. 중고교 생들은 소풍 때 나팔바지에 야전을 틀어 놓고 고고춤을 췄으며, 통기타를 메고 포크송을 불렀다.

1960년대는 4월 혁명을 계기로 기존 질서에 반기를 든 신세대들이 등장했다. 영화계는 신세대들을 겨냥한 청춘 영화를 다수 제작했다. 청춘 영화는 배우, 관객 모두 신세대들인 영화로서, 신세대 주인공은 기존 질서에 반항하거나 개방적인 사고방식을 표출했다. 청춘 영화는 계급 격차가 심한 두 남녀가 사랑에 빠진 뒤 집안의 반대에 반발하여 사랑의 도피를 한다는 내용이었다. 신세대들은 '성난 능금', '맨발의 청춘', '학사주점', '여자 19세', '푸른 사과' 등 청춘 영화에 열광했다.

1970년대 대학생 가수는 '학사 가수'라는 호칭을 들으면서 대학가의 스타로 부상했다. 학사 가수는 자작곡을 발표하는 '싱어송 라이터'이기도 했다. '학사 가수'의 노래는 저항적인 성격을 띤 것도 있었고, 서정적인 것도 있었다. 전자를 대표하는 것은 '물 좀 주소', '아침 이슬' 등이었고, 후자를 대표하는 것은 '꽃반지 끼고', '편지' 등이 있었다. 전자의 노래들은 대학가 시위현장에서 많이 불렸다. 정부는 저항적인 포크송을 금지곡 목록에 집어넣었고, 1975년 12월에는 외국 팝송을 재심하여 261곡을 금지했다. 그 결과 현실 비판, 저항, 반전의 메시지를 담은 가요는 차단됐고, 사회, 정치색이 배제된 가요들만이 살아남았다. 그에 따라 1970년대 중반에는 '등대지기', '길가에 앉아서', '밤차', '촛불', '시인의 마을', '그리움만 쌓이네' 등 '순수 가요'가 유행했다. 포크 가수들이 '대마초사건'으로 퇴장하자 그룹 사운드를 주축으로 하는 대학가요제 가수들이 등장했다. 1970년대 후반에는 '나어떡해', '그대로 그렇게', '내가', '여름', '탈춤', '젊은 연인들' 등의 대학가요제 곡들이 유행했고, 비지스가 부른 '토요일 밤의 열기'는 디스코 열풍을 가져왔다.

3. 대중문화

1) 제3공화국 시기

1960년대 도시의 교통수단은 버스, 전차, 택시가 주류였고, 시골의 교통수단은 버스와 소, 말이 끄는 '구루마'였다. 서울의 전차는 교통에 장애가 된다는 이유로 1969년 운행을 중단했으며, '칙칙폭폭'의 증기기관차도 자취를 감췄다. 서울시는 버스를 서울의 주요 대중교통수단으로 정했고 그에 따라 운전자, 통행자를 위하여 교통 표지판을 대거 설치했다. 1961년에는 청계천 복개공사가 완료되고 복개도로가 개통됐다. 이어 여의도가 개발되었고, 강변 고속도로가 개통됐다.

시민들이 즐겨 찾는 유원지는 계절에 따라 정해져 있었다. 봄에는 벚꽃놀이의 창경원, 딸기밭, 복숭아밭, 여름에는 포도밭, 가을에는 배밭 등이었다. '청포도 사랑'이라는 가요는 그 같은 분위기 속에서 유행했다. '행복의 일요일'이라는 노래에는 시민들이 즐겨 찾던 유원지로서 우이동, 도봉산, 광나루 등이 등장한다. 1962년에는 남산이 자연공원으로 지정되었고, 남산에는 케이블카가 개통됐다. 덕수궁 주변은 연인들의 데이트 코스였고, 그에 따라 '덕수궁 돌담길'이라는 가요도 인기를 모았다. 남산, 북악스카이웨이도 데이트 코스로 인기를 모았다. 1962년 무인 공중전화제도가 실시됐고, 1963년에는 통행금지가 부활됐다.

1960년대 경제성장으로 한국에는 대중문화의 황금시대가 찾아왔다. 대중문화의 중심은 영화였다. 전국의 영화관은 1961년 302개에서

1971년 717개로 급증했다. 정부는 1962년 영화법을 제정하여 영화 검열을 대폭 강화했고, 외화수입도 제한했다. 또 71개 영화사를 16개로 통합했고, 신규 등록요건도 대폭 강화했다. 스크린쿼터제도는 한국 영화시장을 보호한다는 측면도 있었지만, 선진 영화를 접할 기회를 차단하는 결과를 가져왔다. 정부가 외화 수입을 축소한 것은 정부에 비판적인 영화를 대중과 격리하고자 했기 때문이다. 영화법 제정 이후 '폭로' 등은 심한 가위질을 당했고, '너의 이름은 여자'를 제작한 영화인은 검찰에 입건되기도 했다. 그에 따라 영화인들은 영화법 폐기 모임을 결성하여 영화법개정을 추진했다. 한편 영화인들의 노력으로 1962년 제1회 대종상, 1963년 청룡영화제가 개최됐고, 1962년에는 아세아영화제에서 남우주연상을 수상하기도 했다.

1960년대는 열악한 제작환경 속에서도 1,500여 편의 영화가 제작됐고, 문예물, 멜로물, 청춘물 등 다양한 장르의 영화가 만들어졌다. 여성들의 모성애를 자극한 '미워도 다시 한 번'이라는 멜로영화

덕수궁 돌담길
덕수궁을 중심으로 외국 공사관들이 모여 있던 정동 일대는 이국적 정취가 있어 인기있는 데이트 코스였다.

는 흥행에 대성공을 거둬 후속작이 3편 제작됐고 그 아류작도 속출했다. 한편 정부가 '우수영화' 제작자에게 외화 수입쿼터를 분배하자 '문예영화' 제작 붐이 일었다. 문예영화는 '우수영화'에 선정되는 것을 목표로 제작한 영화로 소설을 영화화한 것이다. '오발탄', '사랑방 손님과 어머니', '갯마을', '저 하늘에도 슬픔이', '만추' 등 일부 문예 영화는 문제의식이 선명하고 영상미도 우수한 영화라는 평을 받았다. 대중은 한국 영화에 뜨거운 관심을 보였다. 대중의 사랑을 받은 영화는 '잉여인간', '순교자', '상록수', '현해탄은 알고 있다', '열녀문', '안개', '로맨스 그레이', '로맨스 빠빠', '아낌없이 주련다', '또순이', '월급봉투' 등이 있었다. 대중은 영화를 여가 선용의 주요 수단으로 여겼으며, 1969년의 경우 1인당 영화 관람은 5~6회에 달할 정도였다.

이 무렵 영화의 소재는 청춘남녀의 연애, 도시에서의 출세 등이 주류였다. 반공영화도 다수 제작됐는데, 대부분 자유 진영과 공산 진영을 선과 악으로 대비시켜 식상함을 자아냈다. 그러나 '돌아오지 않는 해병'은 실감나는 전투장면, 뜨거운 전우애 등으로 대중의 인기를 모았다. 한편 영화는 스타를 대대적으로 탄생시켰다. 미디어는 스타를 소개했고, 대중은 스타에 열광했다. 영화 '맨발의 청춘'이 인기를 끌면서 남성 가죽잠바가 유행했다.

그 밖에 대중이 즐겨 찾은 곳은 극장쇼였다. 1961년 문을 연 시민회관은 객석이 3,000석으로서 이동식 무대였는데 대형 쇼를 공연했다. 극장쇼는 인기 가수, 영화배우 2명을 내세우고 그 사이에 비인기가수, 코미디언, 무희의 춤을 곁들인 버라이어티 형태였다. 극장쇼는 인기 연예인이 전속하였고, 수십 명의 단원이 소속하였으므로 극의 완성도가 높았다. 한편 농촌 사람들의 문화생활의 중요한 몫을 차지한 것은 장시를 순회하던 유랑극단 공연이었다. 유랑극단은 5일마다 열리는 장시에서 공연했다. 유랑극단은 하얀 무명천으로 큰 천막을 만들고 그 속에 멍석을 깔아 간단한 무대장치를 만들었다. 구경꾼들은 양반자세로 착석하고, 서커스, 장화홍련전, 심청전 같은 연극, 판소리, 민요 등을 관람했다. 장날에는 '돌팔이 약장수'들도 활약했다. 이들은 유랑극단과 같이 움직였고, 공연 중간에 약을 판매했다. 이들은 주로 이를 없애는 이약, 무좀에 바르는 두꺼비기름, 여자들의 머리 손질용인 동백기름을 팔았다.

이 무렵 대중문화의 주요 매체는 라디오, TV였다. 먼저 라디오 방송국은 1961년 문화방송, 1963년 동아방송, 1964년 동양방송이 개국했다. 라디오는 귀했으므로 라디오를 소유한 사람들은 '이것은 미제야', '이것은 일제야'라고 자랑했다. 대중은 라디오 있는 집에서 라디오 연속극을 같이 들었다. 라디오는 대부분 조립품이었으므로 동네마다 수리를 하는 전파사들이 들어섰다. 라디오 인기 프로는 대체로 '해명태자' 등 사극이 차지했으며, 그 밖에 '현해탄은 알고 있다', '님따라 구름따라', '재치문답' 등도 호평을 얻었다. 한편 1960년대는 TV 시대가 개막됐다. KBS TV는 1961년, TBC TV는 1964년, MBC TV는 1969년 개국했다. KBS는 1962년 제1기 탤런트를 선발했고, 같은 해 첫 TV 일요연속극인 '서울의 지붕 밑'을 방영했다. KBS는 1963년부터 시청료를 징수하기 시작했다.

라디오, TV 보급은 대중음악의 발달을 가져왔다. 1960년대는 다양한 음악이 창작되는 등 대중음악의 첫 황금기를 맞이했다. LP레코드의 등장과 함께 레코드회사도 대거 설립됐다. 방송사의 쇼 오락프로는 LP와 함께 가요의 대중화에 기여했다. 1964년 동아방송의 '탑튠쇼'는 방송디제이시대를 열었고 1963년 창설된 미8군쇼는 한국인 가수들의 주 활동무대를 제공했다. 미8군부대 출신 가수들이 부른 번안곡이 크게 히트하면서 한국 가요는 서구화됐다. 1960년대 중반에는 비틀즈의 영향을 받은 그룹사운드가 등장했고, 기성 질서에 항거한 미국의 록음악이 유입됐다.

대중은 새로운 스타일의 대중가요에 뜨겁게 반응했다. 그중에서도 '노란 샤스 입은 사나이', '빨간 마후라', '우리 애인은 올드미스', '서울의 찬가', '행복의 샘터', '맨발의 청춘', '마포종점', '빨간 구두 아가씨', '대머리 총각', '동백아가씨', '섬마을 선생님' 등의 가요가 폭발적인 인기를 얻었다. 산업화 과정에서 나타난 이농 현실을 반영한 '고향' 노래도 대거 등장했다. '고향역', '고향이 좋아', '고향 아줌마', '흙에 살리라', '님과 함께', '청포도 고향', '고향무정' 등은 대표적인 고향가요였다. 외국곡을 번역한 '웨딩케익' 등의 '번안가요'도 성행했다. 대중은 팝송, 샹송, 칸초네 등 외국 곡들에도 관심을 보였는데, 특히 영국의 그룹 '비틀즈'의 노래는 선풍적인 인기를 끌었다. 1962년에는 미국의 인기 가수 패티 페이지가 방한하여 공연했고, 1969년에는 영국의 팝가수 클리프 리차드가 방한하여 여성 팬들에게 환영을 받았다. 특히 후자의 이화여자대학교 대강당 공연 때 보여준 여학생들의 열광적인 모습은 한국 사회에 큰 파장을 일으켰다.

대중의 주요 휴식처는 다방이었다. 곤궁했던 시절이었으므로 다방은 사치 장소이기도 했다. 명동에는 문인들의 단골 다방이 등장했다. 학생들은 다방에서 커피 한잔을 시켜 놓고 오랫동안 앉아서 역사, 철학, 사랑을 논했다. 특히 트윈폴리오 등 청춘 가수들이 출연한 세시봉은 큰 인기를 끌었다. 또 대중에게 휴식을 제공한 것은 미술 전람회였는데, 특히 덕수궁은 외국의 명화를 전시하여 대중의 사랑을 받았다. 화랑들도 주요 문화시설이었다.

1960년대는 여가의 개념이 등장한 시기였다. 산업화에 따른 도시화로 시민들은 도시의 혼잡을 피해 도시 밖으로의 여행을 선호했다. 정부는 외국인 관광객을 유치하여 외화를 획득한다는 목표를 수립하고, 1961년 '관광산업진흥업'이라는 관광 법규를 공포했고, 이듬해에는 한국관광공사를 설립했다. 정부는 1967년 지리산을 국내 최초의 국립공원으로 지정했다. 1960년대는 국내여행 상품이 전부

덕수궁
덕수궁에서는 대한민국미술전람회(국전)를 개최하고, 외국의 명화를 전시하
는 등 각종 미술 전람회가 개최됐다.

였고, 본격적인 해외여행은 1990년대에 가서야 가능했다. 1963년의
경우 전주 금산사 — 구례 화엄사 — 부여 — 온천 코스의 여행 요금은
2,200원이었고, 산정호수 — 고석정 당일 코스는 280원이었다. 1960년
대 전반에는 자장면이 고급 음식에 속했는데 한 그릇 값이 15원이
었다. 그러므로 여행 상품은 고가에 속했다. 제주도여행 상품은 항
공료 포함, 3박 4일의 여행요금이 6,000원으로 자장면 한 그릇 값의
400배였다. 그러므로 제주도 여행 상품은 일부 부유층의 전유물이
었다. 여행 경비가 고가였으므로 무전여행 붐이 일기도 했다. 한편
정부는 월미도를 국방 요새로 구축하면서 1965년 국내 최대 규모의
해수욕장인 해운대해수욕장을 개발했다. 해운대해수욕장의 개장은
본격적인 해수욕장 시대를 열었다. 대표적인 해수욕장은 변산, 경
포, 대천, 만리포, 몽산포 해수욕장 등이다. 1960년대 후반 사람들은
철도와 국도의 교통 연계가 용이한 서해안으로 휴가를 갔다. 사람
들은 해수욕장, 계곡 등의 피서지에서 기타를 치며 '조개껍질 묶어',
'해변으로 가요'를 불렀다.
　　대중은 스포츠 관람으로 여가를 보냈다. 1966년 개장한 태릉선수

촌은 국가대표 중심의 엘리트체육의 전통을 확립했다. 1963년 개관한 장충체육관은 실내 스포츠를 활성화시켰다. 대중 사이에서 인기 있던 스포츠는 축구, 야구, 농구, 배구, 권투, 씨름, 레슬링 등이었고, 겨울에는 대관령 스키장이 인기를 끌었다. 축구의 경우 말레이시아의 메르데카컵, 태국의 킹스컵 등에서 우승하여 아시아 정상에 올랐다. 여자 농구도 세계여자선수권대회에서 2위에 입상하여 국민의 환호를 받았다.

대중의 문화생활은 다방면으로 넓어졌다. 1960년대는 부조리극과 서구 실험극 등 여러 장르가 선보였고, 1962년에는 국립무용단이 창단되어 첫 공연을 가졌다. 1966년에는 최초로 창작 뮤지컬 '살짜기옵서예'가 공연됐다. 베스트셀러로는 『흙속에 저 바람 속에』, 『데미안』, 『광장』, 『그리고 아무 말도 하지 않았다』 등이 있었고, 대중잡지는 『선데이서울』, 『주간경향』, 『일간스포츠』 등이 있었다.

2) 유신정권 시기

1970년대는 도시 인구의 증가로 수도권의 교통난이 심화됐다. 그에 따라 정부는 1974년부터 서울에 지하철을 운행했다. 1975년에는 국산 자동차 1호 '포니'가 등장했고, 무선 콜택시도 운행을 시작했다. 그 결과 서울의 주요 대중교통수단은 버스, 지하철, 택시로 구분됐다. 버스는 1977년부터 새로운 요금체계로 토큰제를 실시했다.

한편 서울의 인구 과밀문제는 심각했다. 1977년 판 『유엔인구연감』은 한국의 인구를 세계 22위, 서울의 인구를 세계 6위로 발표했다. 그런 가운데 중공업 우선정책의 부작용은 사회문제를 야기했다. 한국은 선진국에서 공해문제 등으로 사양 산업이 된 분야를 유치하였으므로 공해문제가 대두했다. 1977년에는 서울의 한강수질 오염이 WHO 기준치를 초과했다. 박대통령은 충청도 지역에 행정수도를 건설하여 수도권 인구를 재배치한다는 10개년계획을 추진했고, 과천에는 제2종합청사를 건축하기로 결정했다.

도시화, 산업화와 더불어 교통, 통신, 미디어의 발달은 대중문화가 꽃을 피우는 데 최적의 조건을 제공했다. TV 수상기는 1973년 총 122만 7,700여 대였고, 1977년에는 380만 4,500여 대로서 전체가구수의 54%를 차지했다. 1979년 TV 수상기는 596만여 대, 라디오는 1,300만여 대에 달했다. TV 방송사는 많은 제작비를 투입하여 사극 드라마를 방영했다. TV 인기 프로그램은 '웃으면 복이 와요', '청춘의 덫', '토요일 토요일 밤에', '쇼쇼쇼', '수사반장', '전설따라 삼천리', '노래하는 곳에' 등이 있었다. 1976년에는 주말드라마의 효시인 '결혼행진곡'이 방영됐다. 외국 드라마는 미니시리즈 '야망의 계절', '보난자', '형사 콜롬보', '미녀 삼총사', '육백만 불의 사나이', '원더우먼', '뿌리' 등이 인기였고, 주말에는 '명화극장', '주말의 명화'라는 코너가 외화를 방영했다. 대중은 TV 광고에 관심을 보였다. 특히 '흔들어주세요'의 음료수 광고, '형님 먼저 아우 먼저'의 라면 광고는 큰 인기를 끌었다. 1970년대의 대중문화는 향락주의적 성격을 보였다. TV는 오락 프로가 50% 이상을 차지했고 오락 프로는 대중의 탈정치를 촉진하여 체제 유지에 기여했다.

1970년대 TV의 대중화로 영화팬이었던 중년층은 영화관을 떠났다. 그에 따라 대중문화의 중심은 안방극장, 즉 TV로 이동했고, 한국 영화는 1980년대 중반까지 침체기에 접어들었다. 영화가 침체에 빠진 주요 이유는 TV 때문만은 아니었다. 정부의 과도한 검열은 표현의 자유를 위축시켰다. 유신정권은 1973년 영화법을 개정하여 영화제작사 설립 요건을 등록제에서 허가제로 전환했고 검열도 강화했다. 정부의 과도한 통제로 영화의 소재는 많은 제한을 받았다. 정부가 외화 수입권을 미끼로 정권 홍보영화를 강요한 것도 영화 침체에 일조했다. 정권은 영화에 유신이념을 반영한 것을 강요했다. 또 대중은 국가주의의 강화로 영화를 보기 전에 애국가가 연주되면 기립해야 했다. 홍보뉴스인 '대한 뉘우스'도 보아야 했다. 정부는 유신체제를 미화하거나 새마을운동을 홍보했다. 정부는 정권을 홍보하는 영화와 '우수영화'를 제작한 영화제작사들에게 외화 수입권을 분배했다. 또 의무제작편수를 채운 영화제작사들에도 외화 수입권을 분배했다. 외화 수입권은 영화제작사에 상당한 수익을 보장하는 도구였다. 영화제작자들은 외화수입권을 획득하고자 문예영화를 집중 제작했고, 의무제작편수를 채우고자 많은 영화를 졸속제작했다. 졸속 제작한 영화는 흥행에 참패했고, 문예영화들도 '토지', '소나기'를 제외하고는 대부분 흥행에 실패했다. 대중은 외화관람을 통해 영화를 보는 안목이 높아졌으며, 수준 이하의 작품은 외면했다. 한편 흥행에 성공한 영화도 있었다. '별들의 고향', '영자의 전성시대' 등은 수십만 관중을 동원했고, 그 결과 '호스티스영화'들이 속속 제작됐다. '호스티스영화'들은 고도성장의 그늘에서 몰락하는 여성들의 처지를 묘사했다. 1977년에 상영된 '겨울여자'는 1970년대 최고 흥행작으로서 56만 명을 동원했고, 1990년의 '장군의 아들' 때까지 최고 기록을 유지했다. 외국 영화로는 '007 시리즈', '새벽의 7인' 등이 인기를 끌었다. 대학생들은 프랑스문화원에서 특색 있는 프랑스 영화를 관람했다. 1978년 한국 영화는 동시 녹음을 개시했다.

대중의 여가 생활에서 중요한 몫을 차지했던 것은 대중가요였다. 이 무렵 한국에서는 록이 유행했는데, 록은 자유와 저항정신을 추구했다. 인기를 모았던 '미인'은 록과 한국 가락을 혼합한 곡이었다. 그 밖에 '어니언스', '둘 다섯', '사월과 오월', '세모와 네모', '논두렁 밭두렁' 등의 중창단이 대거 등장했으며, 통기타를 치고 부르는 '우리들의 이야기', '끝이 없는 길', '그리워라', '밤배', '목화밭', '빗속을 둘이서', '너', '토요일밤에', '길가에 앉아서' 등이 큰 인기를 끌었다.

그러나 포크 가수들은 1975년 대마초 사건으로 구속되면서 결정적 타격을 받았고, 한때 대중음악에 활기를 불어넣었던 포크송은 자취를 감추기 시작했다. 포크송을 대체하여 '어디쯤 가고 있을까', '그때 그 사람', '꽃순이를 아시나요'가 호응을 얻었으며 '밤차' 등 디스코도 유행했다. 1970년대 후반에는 'MBC 대학가요제', '젊은이의 해변가요제', '강변가요제' 등 대학가요제가 속속 개최되기 시작했다. 외국가수로는 '눈이 내리네' 등을 부른 샹송가수 아다모가 인기를 끌었으며, 'Love is blue' 등을 연주한 폴모리아 악단도 대중적 인기를 끌었다. 또 1970년대에는 고고장과 허슬춤이 유행했다.

한편 경부고속도로는 대중의 여가에 많은 변화를 가져왔다. 경부고속도로 개통과 고속버스의 운행은 전국을 1일 생활권으로 만들었고 관광지 개발을 촉진시켰다. 정부는 전국을 10대 관광권으로 구분하고 국립공원 선정, 역사 유적지 보호, 관광자원 개발을 추진했다. 그에 따라 경주의 보문단지와 제주도의 중문단지가 개발됐으며, 민속촌과 어린이대공원도 개장했다. 여행사 수도 급증했고, 여행사들의 상품도 다양해졌다. 여행사들은 동해안의 성류굴−온천−경주 코스, 제주도 코스, 홍도 코스, 수덕사 코스, 강화도 코스, 부여 코스, 해인사 코스, 한려수도 코스를 상품으로 내놓았다. 동시에 많은 외국인 관광객이 방한했는데, 특히 일본인이 대거 방한했다. 관광객은 제1차 오일쇼크로 1974년 일시 감소하기도 했지만, 1978년에는 국내 관광사상 처음으로 외국인 관광객 수가 100만 명을 돌파했다.

경제성장으로 여가 생활이 더욱 다양해졌다. 정부는 1975년 석가탄신일과 어린이날을 공휴일로 제정했다. 1976년의 경우 시민들의 여가는 유원지 소풍(39%), 유흥 및 오락(20%), 휴식(18%), 기타 등산, 낚시 순이었다. 휴식은 TV시청이 주류였고, TV연속극은 저녁 7~10시 사이 황금시간대에 방영됐다. 유흥 및 오락은 고스톱, 캬바

레, 나이트클럽이었다. 바캉스 문화가 대두하자 서해안의 연포, 동해안의 망상 해수욕장이 개발됐다. 신문·방송은 새로 개장한 해수욕장을 대대적으로 광고했다. 1975년 영동고속도로가 개통되자 피서 행렬은 동해안으로 대거 이동했고, 동해안의 경포, 망상 해수욕장 등은 북새통을 이뤘다. 설악산, 오대산 등지의 등반도 활기를 띠었으며, 이색적인 동굴 탐방도 인기였다. 야영활동이 새로이 등장했고, 바닥없는 A형 텐트가 유행했다.

정부는 1977년 12월 쌀 부족 사태로 금지했던 쌀 막걸리 제조를 허용했다. 막걸리는 1970년대 가장 대중적인 인기를 얻었으나 1980년대 들어서면서 소주에게 자리를 내줬다. 시민들은 그 밖에 보드카, 하야비치, 드라이진 등의 술을 즐겼다. 한편 대중 사이에서는 커피는 '미제커피'가 최고라는 인식이 강했고, 그에 따라 '짝퉁 커피'가 판을 쳤다. 이에 대응하여 정부는 '커피자율화 조치'를 단행했고, 그 결과 세계 최초로 '믹스 커피'가 개발됐다. 1978년에는 싼값에 편리한 커피 자동판매기가 대학가, 회사 등지에 설치된 결과 다방의 퇴조를 가져왔다.

박정권은 스포츠를 적극 장려했다. 1970년대 대중적 인기를 모은 스포츠는 축구로서, 마을마다 조기축구회가 조직됐다. 정부는 1971년 한국 최초의 국제 축구대회인 박대통령배 아시아 축구대회(박스컵)를 개최했다. 박스컵은 1976년에는 박대통령배 국제 축구대회로, 1980년에는 대통령배 국제 축구대회, 1995년에는 코리아컵으로 개칭되어 1999년까지 개최됐다. 박스컵에는 아시아권 국가들이 참여했고, 이후 미국, 브라질 등지의 프로축구팀도 참가했다. 스포츠 종목은 스타가 배출되면 활성화되고, 비약적으로 발달하는 경향을 보였다. 축구계의 스타였던 차범근은 1978년 당시 세계정상급이었던 독일 분데스리가에 진출하여 뛰어난 활약을 보여줬다. 남북대결은 축구도 예외가 아니었다. 북한은 1966년 영국 월드컵에서 8강에 올라 세계 축구팬에 충격을 주었다. 남북 대립을 반영하여 남북의 축구시합은 전쟁을 방불케 했다. 1978년 아시안게임 때 남북은 공동 우승을 했는데, 북한 주장은 남한 주장을 시상대에서 밀치기도 했다.

대중은 고교야구에도 폭발적인 응원을 보냈고, 고교 야구선수는 대중적 스타가 됐다. 고교 야구는 지역 대항전의 성격을 띠어 주민들의 열렬한 참여를 이끌어냈다. 화려한 묘기의 프로 레슬링도 인기였다. 스포츠인들은 국제대회에서 우수한 성적을 올렸다. 1966년 김기수는 한국 프로 권투 최초로 세계챔피언에 등극했고, 홍수환도 남아공과 파나마에 가서 세계챔피언 타이틀을 획득했다. 태권도는 1973년 세계선수권대회에서 우승했고, 여자 탁구도 1973년 세계탁구선수권대회 단체전에서 구기종목 사상 처음으로 우승했다. 양정모 선수는 1976년 몬트리올 올림픽 레슬링 자유형에서 사상 처음으로 한국에 금메달을 안겨줬다. 양궁도 세계선수권대회에서 1위를 했고, 배드민턴, 빙상, 농구도 우수한 성적을 거뒀다. 1977년에는 한국 등산 역사상 처음으로 에베레스트를 등정했다. 국제적 규모의 스포츠 경기장도 속속 들어섰다. 1976년 태릉 국제스케이트장, 1977년 잠실 학생체육관이 개장했고, 1979년 잠실 실내체육관이 개장했다. 그런 가운데 1978년에는 세계사격대회가 개최됐다.

이 시기 음악에서 주목할 것은 가곡의 인기였다. 방송국에서는 음악인들에게 감동을 주는 국민가요 창작을 주문했고, 그에 따라 많은 가곡이 창작됐다. 1974년에는 제1회 서울 비엔날레가 개막되어 미술을 사랑하는 사람들에게 주목을 받았다. 한편 대중에게 인기를 모은 베스트셀러는 『객주』, 『당신들의 천국』, 『삼포가는 길』, 『소문의 벽』, 『장마』, 『위기의 여자』, 『자유로부터의 도피』, 『난장이가 쏘아 올린 작은 공』, 『미래의 충격』, 『장길산』, 『전환시대의 논리』 등이 있었다.

3절 민주화운동의 전개

1. 민주화운동의 흐름

1) 노동자의 인권운동

경제 성장은 사회 계급의 분화를 가속화시켰다. 그 결과 농어민층은 산업화과정에서 노동자, 자영업자, 도시빈민으로 분화됐다. 그에 따라 농어민층은 1960년대 44.7%에서 1970년대 31.3%로 감소했고, 같은 기간 노동자층은 31.1%에서 40.3%로 증가했다. 1970년대 한국의 계급 구성을 보면 농어민 31.3%, 도시영세민 5.9%, 육체노동자 22.6%, 사무노동자(화이트칼라) 17.7%, 자영업자 20.8%, 중상계급 1.8%였다. 노동자는 1970년대 전반에 400만 명을 넘어서 사회의 근간이 됐고 1980년 43%로 급증했다.

고도경제성장으로 빈부차가 심화되기 시작했다. 상류층 사이에서는 소비문화가 유행했고, 일부는 향락에 빠졌다. 그 반대편에는 상대적 박탈감이 강했던 소외계층이 자리했다. 고도성장의 와중에도 노동자들의 노동 조건은 크게 개선되지 않았다. 1인당 하루 평균 노동시간은 1973년 8.6시간에서 1980년 9.1시간으로 늘어났다.

1977년 주당 노동 시간은 미국, 일본이 40.3시간인 데 비해 한국은 52.9시간이었다. 세계에서 가장 긴 노동시간이었다. 게다가 노동자들의 산업 재해도 많았다. 노동생산성 증가율은 1979년에서 1981년까지 11.1%였지만 실질임금 상승률은 7.8%에 불과했고, 그 때문에 노동자들은 최저 생계비에도 미치지 못하는 저임금을 받았다. 반면에 상위소득자 20%가 차지하는 소득점유율은 1970년 41.8%에서 1980년 46.7%로 증가하였다. 노동자들은 저임금으로 잔업과 특근을 해야 했고 그 같은 배경에서 노동운동이 본격화했다. 정부는 1960년대 후반부터 노동통제를 본격화했다. 노동자의 목소리는 철저하게 봉쇄됐다. 17세 때 대구에서 상경한 평화시장 재단사인 전태일은 하루 15~19시간의 중노동에 신음하는 동료들을 보고 노동자에 대한 인간적 대우를 요구했다. 그는 1970년 11월 13일 근로기준법 준수를 요구하여 분신했다.

그는 불길 속에서 '우리는 기계가 아니다! 일요일은 쉬게 하라! 근로기준법을 준수하라! 노동자들을 혹사하지 말라!'고 외쳤다. 이

전태일 동상(청계 7가 소재)
전태일은 1970년 11월 근로기준법 준수를 요구하여 분신했다. 이 사건은 한국의 노동운동을 촉발시켰다.

사건은 한국의 지식인, 노동자들에게 큰 충격을 주었고, 노동 운동을 촉발시켰다. 생존권이 박탈된 노동자는 유신의 직접 피해자였다. 노동 운동은 유신체제 출범 이후 한층 강한 억압을 받았다. 유신정권은 제3공화국과 같이 노동자배제적 정책을 실시했다. 유신정권은 노동3법을 개정하여 노동자의 권리 요구를 차단했고, 중앙정보부와 경찰을 통해 노동운동 세력을 탄압했으며 라디오 프로를 통해 노사협조를 계몽했다. 유신정권은 '선성장 후분배'를 주장하며 노동자의 인권을 유린했지만, 노동자들은 임금인상과 근로조건의 개선을 요구했다. 노동자들은 '시키는 대로 일하고 주는 대로 받아왔던' 관행을 거부하기 시작했다. 노동자들은 '민주노동조합'을 결성하여 노동조합을 민주적으로 운영했고 '노동교실'을 열어 깊이 있는 노동교육을 실시했다. 전태일의 분신을 계기로 노동운동이 거세게 일어났다. 파업, 농성, 시위 등 노동쟁의는 1975년부터 1979년 사이 연평균 109건에 달해 1966년부터 1971년까지 일어난 파업건인 66건의 7배에 달했다. 여성 노동자들은 1970년대 노조운동을 전개했고, 동일방직 노조에서는 1972년 처음으로 여성지부장이 탄생했다. 이후 여성 노동자들은 원풍모방, 반도상사 등에서 노조를 결성했다. 정권과 자본은 '구사대'를 동원하여 이들을 탄압했다. '블랙리스트'로 축출된 여성 노동자들은 더욱 강력한 노동운동을 전개했다. 중상류층 중심인 기존의 여성 단체들은 기층 여성운동을 거의 지원하지 않았다. 여성 노동자를 지원한 것은 도시산업선교회, 종교단체 등에서 일하던 여성 종교인, 여성 지식인들이었다. 여성 종교인, 여성 지식인들은 반독재 투쟁에도 참여했다.

2) 반독재 민주화운동

박정권에 저항하여 민주화운동을 전개한 집단은 학생층이었다.

학생들은 5·16 이후 한동안 정국을 방관했고, 그중 일부는 정권의 '민족주의' 선전에 지지를 보내기도 했다. 과거 정권의 지나친 친미 태도에 염증을 느꼈기 때문이었다. 학생들은 1964년 한일회담을 계기로 박정권과 충돌했다. 정부가 1964년 3월 한일회담 타결 방침을 천명하자 학생들은 굴욕적 회담이라며 강력히 반대했다. 3월 30일까지 37개 대학교와 163개 고등학교의 학생 21만여 명이 시위에 나섰다. 학생들은 정권의 '민족적 민주주의' 구호를 성토했다. 전남대학교 학생들은 5월 27일 박정권의 퇴진을 요구했고, 서울대학교 문리대 학생들은 5월 30일 교내의 4·19 기념탑 앞에서 단식 농성을 했다. 6월 3일에는 학생 2만 명이 거리에서 박정권 하야를 요구했고, 시민들도 합세했다. 4·19 이후 최대 규모의 시위였다. 청와대 근처에서는 학생들과 경찰간에 치열한 공방전이 전개됐다. 박정권은 6월 3일 서울 지역에 계엄령을 선포한 뒤 군대를 동원하여 학생들을 강제 해산시켰다. 이른바 6·3사태였다. 한일협정을 지지한 미국은 계엄령 선포에 동의했다.

학생들은 1965년 2월 20일 한일기본조약이 가조인되자 3월부터 한일협정반대운동을 전개했다. 그 과정에서 4월 16일 동국대학교 학생 김중배가 경찰의 곤봉으로 희생되자 박정권은 전국의 대학, 고교에 휴교령을 발포했다. 한편 미국이 박정권의 대일협상을 지지하자 학생들은 미국이 한일회담에 개입하지 말라고 비난하는 성명을 발표했다. 8월 14일 한일협정이 국회에서 통과되자 학생의 반대 운동은 격화됐다. 무장 군인들은 고려대학교에 들어가 학생들을 폭행했고, 정부는 8월 26일 위수령을 발동하여 군인을 대학에 주둔시켰다.

한국의 민주주의는 4·19를 경과하면서 민족주의와 결합했고, 그 같은 경향은 한일협정반대운동을 경과하면서 더욱 강화됐다. 그리고 급격한 산업화 속에서 민중의 문제가 등장했다. 학생과 지식인들은 전태일사건을 계기로 민중의 주장을 대변하기 시작했다. 한국

의 민중운동은 베트남전쟁 반대 운동과 유럽의 '68혁명' 이후 전개
된 세계 반권위주의운동의 한축을 이루었다.

유신정권은 국민의 대표선출권을 박탈하는 등 민주주의를 유린
했다. 국민은 동원의 대상인 한편 저항의 주체였다. 국민의 1/3은 유
신체제를 지지했지만, 국민의 2/3는 저항했다. 국민은 정권의 정책
에 호응할 경우 수혜를 받았지만, 저항할 경우에는 탄압을 받았다.
독재권력은 국민에게 두려움을 주었다. 학생은 국민을 대표하여 유
신반대운동의 선봉에 섰다. 1971년부터 1978년까지 구속된 정치범
의 60%가 학생이었다. 1960년대까지 10만 명 수준에 머무르던 대
학생 수는 1970년대 중반 20만 명을 넘어섰고, 1980년에는 33만여
명에 이르렀다. 유신정권은 학생 운동을 통제하려고 군사교육을 강
화했다. 정권은 1975년 긴급조치 9호를 발포하여 학생회를 학도호
국단으로 개편하고, 서클 등 학생자치조직을 대부분 해산시켰다.
1970년대 대학생은 자유민주주의 원칙을 중시했지만, 점차 자유주
의적 속성에서 벗어나서 민중지향적인 사상운동으로 전환했다.
1971년 대학의 교련교육이 대폭 강화되자 학생운동이 더욱 격렬해
졌다. 유신정권은 10월 서울지역에 위수령을 발포했고, 1973년에는
'학생의 날'을 폐지했다. 계엄령 선포로 대학에는 군부대가 주둔했
고, 군인들은 교정에서 텐트를 치고 식사를 했다.

학생들은 국민이 유신의 칼날 아래 숨죽이며 있던 시절 정권에
강력하게 항거했다. 1973년 10월 학생들은 유신헌법의 철폐를 외치
며 시위를 벌였고, 학생들의 시위는 전국적으로 확산됐다. 장준하
등은 12월 서울 지역에 '헌법개정청원운동본부'를 결성하고, '백만인
개헌청원 서명운동'을 전개했다. 서명운동은 시작한 지 10일 만에
30만 명이 서명할 정도로 국민의 지지를 받았다. 박정권은 서명운
동을 즉각 중지할 것을 요구하는 담화문을 발표하고 서울의 고교,
대학에 대해 조기방학을 실시했다. 하지만 유신반대운동은 종교인,

지식인, 언론인에 이르기까지 각계각층으로 확산됐다.

한편 재야세력도 반유신운동을 주도했다. 재야는 '자유주의 이데 올로기'를 전면에 제시하고 민주화담론의 확산에 주력한 연합체였 다. 재야운동은 시민사회운동을 주도하여 정당과 대등한 위상을 차 지했다. 재야 운동은 민의를 정치적으로 대표하는 기능을 했고, '민 주 대 반민주' 구도를 만드는 데 성공했다. '민주회복국민회의'는 긴 급조치 9호 이전까지 중앙과 지방, 정치권과 재야를 아우른 반독재 투쟁의 선도자 역할을 했다. 반독재에 치중한 재야는 민주주의에 대한 인식을 헌정주의 제도화로 결정했다. 그에 따라 재야는 자유 민주주의 헌정질서 수호와 공명선거를 통한 정권교체를 추구했고, 이를 가능하게 할 개헌투쟁을 전개했다. 반복되는 저항운동으로 수 만 명의 반정부 인사가 양산됐고, 이들은 전국적으로 유대를 맺었다.

야당인 신민당도 유신헌법 철폐운동에 가담했다. 신민당은 1971년 대선 이후에 파벌 간의 당권투쟁으로 극도의 분열상을 드러 냈다. 신민당이 한동안 재야, 학생과 행동 통일을 하지 못한 것은 보수성이 강한 명망가정당이기 때문이었다. 그러나 유신체제하 야 당은 선명성을 기치로 내세우며 정권에 도전했다. 야당의 당권 경쟁 은 파벌 다툼이 아니라 대중정당정치에 기반을 둔 노선 투쟁으로 변모했다.

박정권은 체제 수호를 목적으로 9번의 긴급조치를 발동했다. 1974년 1월 8일 발포된 1호는 유신헌법의 개정과 폐지를 주장, 발 의, 청원하는 것을 금지했고, 유언비어의 유포를 금지했으며 이러 한 사실을 보도하는 것도 금지했다. 또 긴급조치위반자는 법관의 영장 없이 체포, 구속할 수 있으며. 15년 이하의 징역에 처할 수 있 었다. 긴급조치 1호로 장준하 등이 구속됐다. 술자리에서 '긴급조 치'를 거론해도 구속됐다. 그 결과 한국 사회에서는 '긴급조치'라는 말이 금기시 됐고 '입조심을 하라'는 말이 유행했다.

학생들은 1974년 새 학기를 맞이하자 '전국민주청년학생총연맹' (민청학련)을 결성했고, 정부는 대응조치로 4월 3일 긴급조치 4호를 발포했다. 정부는 시위의 배후에 인민혁명당이 있다고 주장하면서 많은 학생, 종교인, 지식인들을 구속했다. 학생들은 시위를 계속했고, 천주교, 기독교 등의 종교인, 언론인, 문인들이 합세했다. 학생들은 1975년 새 학기를 맞이하자 격렬하게 시위했다. 결국 정부는 1975년 고려대학교에서의 집회를 금지하는 긴급조치 7호를 발동했고, 대학 교정에 무장 군인들을 진주시켰다. 1975년 4월 11일에는 서울대학교 학생 김상진이 유신헌법의 철폐를 요구하여 자결했다. 한편 4월 30일 베트남이 공산화되자 정부는 기자협회보를 폐간하는 등 언론 통제를 강화했고, 5월 13일에는 긴급조치 9호를 발동하여 출판물 15종을 판금 조치했다. 또 경찰을 대학에 상주시켜 사찰하게 했고, 시위를 원천봉쇄했다. 정부의 혹독한 탄압으로 학생운동 조직은 지하화했고, '이념서클'이라는 비밀조직이 저항을 주도했다. 한편 민주화운동을 주도했던 장준하는 '의문사'를 당했고, 1976년 3월 1일에는 김대중, 문익환, 함세웅 등이 유신 철폐를 요구하며 '민주 구국선언'을 발표했다. 그런 가운데 1978년 12월 12일 국회의원 선거에서 신민당의 득표율이 공화당에 1.1% 앞섰다. 선거결과는 민심이 정권을 떠났다는 것을 의미했고, 새로 선출된 신민당 총재 김영삼은 유신체제에 정면 도전했다.

학생들의 시위도 계속됐다. 학생들은 '타는 목마름으로', '우리 승리하리라', '새', '흔들리지 않게', '농민가', '해방가' 등을 부르며 독재정권에 저항했다. 이에 맞서 정권은 녹색제복을 입고 방패, 몽둥이로 무장한 전투경찰을 투입시켰다. 전투경찰은 대학교정에 무수히 많은 최루탄과 페퍼포그를 발사했고, 그때마다 교정은 난장판이 됐다. 한편 1979년 6월 방한한 미국 대통령 카터는 인권 문제를 거론함으로써 박정권을 긴장시켰다. 8월 11일에는 신민당사에 농성하던

YH 여공이 경찰의 강제 진압과정에서 희생됐다. 그 과정에서 정권은 김영삼을 국회의원에서 제명했다. 10월 16일 부산대학교, 동아대학교 학생들은 유신체제의 철폐를 요구하며 대규모 시위를 전개했다. 시민들도 가세하여 언론사 등을 파괴하는 등 격렬한 시위를 전개했다. 부마항쟁은 끊임없이 계속돼온 반유신 민주화운동을 계승했다. 정부는 10월 18일 부산 지역에 계엄령을 선포했지만 마산, 창원 등지에서 격렬한 시위가 발생했다. '부마사태'를 목격한 김재규 중앙정보부장은 10월 26일 저녁 궁정동에서 박정희 대통령을 저격하여 유신체제에 종말을 고했다.

2. 민족문화운동의 전개

1공화국 때부터 시작된 전국민속예술경연대회는 전통문화의 계승에 기여했다. 이 대회는 민속예술을 탈춤, 농악, 민속 무용과 놀이, 민요로 구분하여 경연을 하게 했다. 참가자들은 잊혀졌던 민속을 선보이며 전통 문화의 폭을 넓혔다. 시·군 대항 농악경연대회에서도 많은 농악이 선을 보였다. 봉산탈춤은 1977~1978년 미국 전역과 유럽 6개국, 일본 등에서 공연됐다. 국악 교육기관, 공연기관도 잇달아 창설됐다. 이화여자대학교, 한양대학교, 추계예술대학교 등의 대학에서는 국악과를 창설했고, 새로 창립된 국립창극단, 서울시립국악관현악단은 민속악 등을 공연했다.

한편 미술인들은 전통 문화의 재창조를 시도했다. 그 결과 한국의 전통 소재를 발굴하고 재조명하는 미술이 유행했다. 한편에서는 전통의 답습을 기반으로 하는 '전통 동양화'가 유행했고, 다른 한편에서는 서구 모더니즘 미술을 수용한 '실험 동양화'가 유행했다. 후자는 모더니즘은 곧 서구화라는 고정 인식을 탈피하여 모더니즘의 한국적 수용을 시도했다. 이들은 단청, 도자기, 탈, 갓, 연, 기와, 한옥, 민속공예품, 신라 토기, 청동기 등 한국적인 것을 소재로 한국의 이미지를 창조했다. 문학계에서도 전통 문화의 재조명을 시도했다. 1976년 발표된 소설『서편제』는 서편제 소리꾼의 활약을 묘사했다. 서편제는 섬진강 서쪽 지방인 광주, 나주, 보성 등지에서 많이 불렸다.

1970년대 연극인들은 서구 번역극을 벗어나 전통극적 표현기법을 수용했고, 그에 따라 마당극, 민중극이 발달했다. 1976년에 창간된『뿌리 깊은 나무』는 한글을 전용하면서 민중생활과 다양한 민족문화를 소개했다.『분단시대의 역사인식』(1978)은 분단체제에 매몰된 역사학을 반성하면서 통일민족주의를 고취했다. 대학생들은 분단의 현실을 고민하면서 민족주의를 탐구했다. 그에 따라 대학가에서는 국악에 대한 관심이 고조됐다. 대학가에서는 탈춤반, 국악반, 농악대 등 전통 문화를 탐구하는 서클(동아리)이 속속 창립됐고, 서클들은 공연을 통해 전통문화를 소개했다. 그런데 대학생들이 추구한 민족주의는 정권의 민족주의와는 성격을 달리했다. 정권이 민족주의를 강압적 통치에 이용한 것과는 달리, 대학생들이 지향한 민족주의는 '대동'을 표방하면서 민족구성원들의 평등을 강조했다. 정권의 민족주의는 권위주의의 성격을 띠었고, 대학생들의 민족주의는 민주주의를 내포했다.

한편 남사당의 후예들이 개발한 사물놀이는 국악의 대중화에 크게 기여했다. 1978년 2월 '제1회 공간 전통음악의 밤' 행사에서 공연자들은 꽹과리, 장고, 북, 징을 사용한 사물놀이를 처음으로 공연했다. 연주자들은 농악 가락을 새롭게 구성하여 사물놀이를 창작한 것이다. 그때까지 농악은 여러 춤동작과 같이 선반으로 공연했는데, 사물놀이는 처음으로 앉은반 공연 방식을 취했다. 또 사물놀이는 사람들에게 국악을 신명나는 음악으로 인식시켰다. 사물놀이 연

주자들은 국악관현악단, 피아노 연주자, 무용, 연극인들과 합동공연
을 가졌고, 대학가에서는 사물놀이를 적극 수용했다.

제6장 민주주의 성취와 세계화(1979~1997)

1980년대부터 미국을 중심으로 신자유주의가 부상했다. 미국은 세계를 향해 개방을 요구했고, 한국도 예외는 아니었다. 5공화국, 6공화국, 문민정부는 대외적 개방정책을 추구했다. 그에 따라 한국의 금융, 주식시장 등이 속속 개방됐다. 한국 경제는 개방으로 한때 호황을 맞이했다. 한국 사회에서는 경제성장으로 해외여행의 급증, 레포츠 등의 여가문화가 발달했다. 하지만 역대 정권들은 3공화국 때의 정경유착 관행을 버리지 않았고, 경제 개혁도 거의 하지 않았다. 그 과정에서 치밀한 준비 없이 단행된 세계화는 IMF를 초래했다.

　한편 한국 사회는 점진적으로 민주화가 진척됐고, 그 계기를 마련한 것은 광주민주화운동이었다. 광주민주화운동은 4·19혁명을 계승한 민주주의운동이었고, 6월 항쟁으로 계승됐다. 6월 항쟁으로 대통령 직선제와 지방자치제가 실시됐다. 그러나 '제왕적 대통령'의 유산은 청산되지 않았다. 6공화국은 올림픽의 성공적 개최, 학생들의 통일운동 등을 계기로 북방정책을 추구하여 소련·중국과 수교하는 한편 북한과 남북기본합의서를 체결했다. 남북은 통일을 향한 발걸음을 한 발 내디뎠다.

1절 정권의 지배정책

1. 국제정세의 변동

  이란에서는 1979년 팔레비왕조에 대항하여 혁명이 발발했다. 이란의 혁명은 서구에 대항하는 '이슬람 근본주의'의 부흥이었다. 이란은 혁명에 성공하자 석유 가격을 대폭 인상했고, 그에 따라 제2차 오일쇼크가 발생했다. 한편 1979년 총선에서 승리한 영국의 보수당은 신자유주의 정책으로 정부의 지출 축소, 복지제도의 축소, 규제 완화, 세금 인하, 국영기업의 민영화 등을 단행했다. 한편으로는 노동조합법을 제정하여 파업을 감행했던 노동조합을 약화시켰다. 보수당은 학자금 융자를 축소하고, 복지예산을 축소하는 등 빈곤층의 부담을 가중시켰다. 신자유주의적 개혁은 사회안전망을 와해시켰으므로 영국 국민의 반발에 직면했다. 한편 노동당은 케인즈주의적 입장을 고수했으므로 보수당과 이념 갈등이 심화됐다. 보수당은 대외적으로는 친미반소노선을 강화하면서 막대한 국방비를 지출했다. 한편 사민당이 집권한 서독은 산업에 대한 국가 통제가 강화됐고 실업수당 증대로 정부 지출이 증가됐다. 1983년 집권한 기민당은 공공지출을 축소하여 인플레를 감소시켰고, 무역에서도 흑자를

보았다. 서독은 경제력의 우위로 동독과의 체제 경쟁에서 앞서 나
갔다.

미국은 1981년 공화당이 집권하자 신자유주의 노선을 채택했다.
신자유주의는 경제적 자유주의로서 자유경쟁을 기본원리로 간주했
다. 산업화 때 구자유주의가 국가의 개입을 반대한 반면 신자유주
의는 독점자본의 이익을 수호하기 위하여 국가의 개입을 일정 정도
지지했다. 신자유주의는 세계적 자유경쟁을 추구하므로 자유무역,
외환, 자본이동의 자유화를 강요했다. 그 때문에 신자유주의자는 세
계화, 개방화를 주장했다. 신자유주의는 필연적으로 국내시장과 세
계시장을 긴밀히 연결시켰으므로 세계경제 사정은 각국에 즉각적
인 영향을 줬다. 신자유주의는 '정리해고' 등 자본가의 자유만을 강
조하여 고실업, 저임금을 야기했다. 미국 정부와 기업들은 1980년
대 전반부터 자국의 노동자들에게 신자유주의를 강요했다. 미국의
신자유주의노선에 동참한 것은 남미국가들이었다.

한편 소련은 1979년 아프가니스탄을 침공했는데, 아프가니스탄전
쟁은 미·소 관계를 냉각시켰다. 미국의 레이건 대통령은 소련을
'악의 제국'으로 지명하면서 소련과의 '데탕트'에 관심을 보이지 않
았다. 미국 정부는 아프가니스탄 저항군의 군비를 지원하는 동시에
'Star Wars 계획'을 발표하는 등 소련을 압박했다. 결국 소련은 아프
가니스탄에서 철군해야 했고, 경제도 침체에 빠졌다. 소련 공군은
1983년 9월 한국 민항기 KAL기를 격추시켜 미·소 관계를 더욱 냉각
시켰다. 한편 폴란드의 자유노조는 정치적 자유를 요구했다. 폴란
드 공산 정권은 계엄령을 선포하는 동시에 자유노조를 강제 해산시
켰다. 그러나 폴란드의 자유노조운동은 공산주의 블록에 균열을 가
져왔다. 미국과의 경쟁에서 밀린 고르바초프 소련공산당 서기장은
소련체제를 현대화하고자 페레스트로이카(개혁), 글라스노스트(개
방)를 추구했다.

1988년의 서울올림픽은 동서진영의 국가들이 대거 참가함으로써 냉전체제에 균열을 가져왔다. 한편 고르바초프는 미국의 지원을 얻고자 부시 대통령과 '몰타회담'을 하는 과정에서 냉전의 종료를 선언했다. 1989년부터 1991년 사이 세계사적인 격변이 연쇄적으로 발생했다. 1989년 8월 폴란드에서는 동구 국가 중에서 처음으로 비공산당정권이 수립됐으며 12월에는 루마니아의 공산정부가 민중 봉기로 붕괴됐다. 11월 9일에는 냉전의 상징이었던 베를린 장벽이 붕괴됐고 1990년 10월 3일에는 독일이 통일됐다. 1991년 7월에는 동구 공산국가들의 동맹인 바르샤바조약기구가 해체됐다. 소련 공산당의 보수파는 8월 쿠데타를 시도했지만 시민들에 의해 좌절됐고, 이후 소련에서는 공산당이 불법화됐다. 1991년 12월 소련의 해체로 독립국가연합이 출범했으며, 소련 붕괴로 동구에서는 사회주의국이 자취를 감췄다. 그런 가운데 미국의 정치학자는 『역사의 종말』이라는 책을 통해 자유민주주의가 사회주의에 승리했다고 선언했다.

냉전에서 승리한 미국은 세계 유일의 군사, 경제 강국을 자처했다. 그런 가운데 중동지역에서는 1991년 이라크가 쿠웨이트를 침공하여 걸프전이 발발했다. 미국은 쿠웨이트의 이웃 국가인 사우디아라비아에 군사기지를 설치하고, 영·프 및 아랍동맹들과 다국적군을 편성하여 쿠웨이트를 지원했다. 이라크가 주요 산유국 쿠웨이트, 최대 산유국 사우디아라비아를 점령할 경우 미국의 석유 공급에 막대한 차질을 빚을 것으로 예측했기 때문이다. 걸프전에서 승리한 미국은 1995년 아프가니스탄에 개입했다. 미국은 석유, 천연가스를 확보할 필요가 있었기 때문이었다. 한편 미국은 1993년 이스라엘과 팔레스타인 해방기구 사이에 평화협정을 체결하게 했다. 미국의 정치학자가 쓴 『문명의 충돌』(1996)은 미국은 냉전 이후 이슬람 세계 등 비서구 문명권과 대립할 것이라 예측했다. 그 예측대로 미국은 중동문제에 적극 개입하여 이슬람 국가들과 갈등을 빚었다.

미국은 소련이 붕괴하자 전세계에 신자유주의를 강요했다. 신자유주의를 채택한 국가는 노동자들에게 지급하던 정부 지출 중에서 임금을 대폭 축소했다. 정부 지출에서는 교육예산, 복지예산, 실업수당, 공공주택, 대중교통, 식량보증금 등이 삭감 대상이었다. 반대로 기업과 은행에 대한 규제는 대폭 철폐시켜 기업의 이윤 극대화를 지원했다. 신자유주의는 노동자에 대한 정리해고와 실업을 정당화했고 일자리를 유지한 노동자에게는 저임금을 강요했으며 노동조합에 대한 탄압을 지지했다. 신자유주의 정부는 부자들과 기업에 대한 세금을 인하했고, 공공 자산과 서비스 시설을 민영화, 사유화했다. 일각에서는 신자유주의 세계화를 미국과 미국 기업들이 타국의 기업과 정부를 지배하려는 시도로 인식했다. 즉 미국 정부와 기업이 자유무역을 주장하면서 실상은 외국 시장을 개방시켜 미국의 이익을 극대화하려 한다고 인식했다. 그러한 시각에서 IMF, NAFTA, WTO, 세계은행, 미국의 연방준비제도이사회 등은 신자유주의의 도구로 간주됐다. 그에 따라 이들 기관을 반대하는 운동이 거세게 일어났다. 신자유주의 세계화 반대시위는 멕시코에서 발생했는데 시위대는 NAFTA 협정을 반대했다.

한편 일본은 제국주의적 사관을 고수함으로써 아시아 국가들과 큰 마찰을 빚었다. 일본 정부는 1982년 침략을 미화하는 교과서를 제작하려다가 한국, 북한, 중국, 홍콩, 필리핀, 인도네시아, 베트남 등으로부터 강한 반발을 샀다. 일본은 고도성장을 계속했지만 1985년 '플라자협정'을 계기로 '버블경제'가 형성됐다. 버블경제의 붕괴는 일본의 경제사정을 악화시켰다. 일본은 신자유주의적 세계화를 추구한 결과 양극화가 심화됐고, 그에 따라 '중류사회'는 붕괴됐다. 아시아에서는 민주화운동이 거세게 일어났다. 필리핀 민중은 1986년 '피플파워'로 독재정권을 타도했다. 한국도 1987년 '6월 항쟁'으로 신군부 정권으로부터 대통령 직선제를 쟁취했다. 한편 중국은 개혁,

개방을 강조하면서 상해, 천진 등을 개방도시(경제특구)로 선정하고, 외국의 자본과 기술을 적극 유치했다. 중국에서는 경제성장으로 사회적 불평등이 심화되자 1989년 민주화를 요구하는 '천안문사건'이 발생했다. 중공은 사회주의 원칙을 고수하며 시위자를 강경하게 탄압했다. 한편 냉전의 해체는 동아시아에도 영향을 줬다. 중국은 1992년 한국과 수교를 하고, 통상을 확대했다. 일본은 민주화가 진행되자 과거의 침략에 대해 사과를 표명했지만 관료들의 반발로 배상하지는 않았다.

2. 정권의 통치

1) 제5공화국

한국 국민은 10·26사태를 계기로 민주주의의 회복을 기대했다. 그런 사회 분위기에서 문교부는 1981년도 초·중·고교 교과서에서 유신에 대한 내용을 삭제하기로 결정했다. 국민은 민주주의의 회복이 가시화되고 있음을 인식했다. 그런 가운데 통일주체국민회의는 12월 6일 국무총리 최규하를 제10대 대통령으로 선출했다.

한편 전두환, 노태우를 중심으로 하는 신군부는 12월 12일 최대통령의 재가를 받지 않고, 육군참모총장 겸 계엄사령관이었던 정승화를 체포했다. 신군부는 '하나회'라는 군내 사조직을 기반으로 세력을 강화했고, 12·12 쿠데타로 실권을 장악했다. 최규하는 명목상의 대통령에 지나지 않는다는 평을 받았다. 12·12 이후 향후의 정치일정에 대해 한치 앞을 가늠하기 어려운 '안개정국'이 시작됐다. 특별한 소요가 없었음에도 불구하고 계엄령은 해제되지 않았고, 언론통제도 변함이 없었다. 그런 가운데 국군보안사령관 전두환은

1980년 4월 14일 중앙정보부장 서리에 취임했다. 전두환이 군·민의 정보기구의 수장을 겸직한 것은 사실상의 정권 장악을 의미했다. 이후 광주항쟁을 진압한 전두환은 5월 31일 국가보위비상대책위원회(국보위)를 창설하고 상임위원장에 취임했다. 전두환이 실권을 장악하고 있었으므로 국보위는 사실상 정부 역할을 수행했다. 국보위는 순화교육의 명목으로 2만 명에 이르는 사람들을 군부대가 운영하는 삼청교육대에 보내 인권을 유린했다. 신군부는 국가보위입법회의, 사회정화위원회를 통해 정국을 주도했다. 그 와중에서도 세종문화회관에서는 미스 유니버스 선발대회가 개최됐고, 미인들은 광화문 거리를 행진했다.

신군부는 7월 사회정화의 명목으로 월간지, 계간지, 주간지 등 정기간행물 중에서 172종의 등록을 취소 조치했고, 8월에는 2,500여 개의 출판사 중 617개의 출판사의 등록을 취소했다. 또 '언론기본법'을 공포하여 『신아일보』, 『내외경제』, 『국제신문』, 『영남일보』, 『전남일보』, 『시사통신』, 『합동통신』 등을 폐간시켰으며, TBC TV, 동아방송 등도 폐업시켰다. 또 신군부는 정권에 비판적인 대학교수들을 대거 해직했고, 정치인들의 정치활동도 규제했다. 8월에는 최규하가 사임하고 전두환이 유신헌법으로 대통령에 당선된 뒤 9월 1일 11대 대통령에 취임했다. 10월에는 임기 7년 단임제의 제5공화국 헌법이 제정됐다. 전두환은 11월 민주정의당을 창당했고, 1981년 2월 25일 간선제 선거에서 대통령에 당선된 뒤 3월 3일 12대 대통령에 취임했다.

1981년 3월 25일 총선에서 민정당은 과반수보다 13석 많은 151석을 차지했고, 민주한국당이 81석, 국민당이 25석을 차지했다. 전두환 정권은 국가의 요직을 군 출신이 장악했고, 시종일관 권위주의적 통치 행태를 보였다. 전정권은 독재와 가혹한 인권 유린으로 국내외 비판을 받았고, 국민의 관심을 스포츠, 영화 등에 돌리고자 '3S

정책'을 실시했다. 전정권은 반공이데올로기를 강조하면서 민주화운동을 탄압했고, 국민적 저항에 직면하자 평화적 정권교체를 천명했다. 한편 미국 정부는 동아시아에서 소련을 봉쇄하고자 한·미·일 삼각군사협력을 추진했다. 그 때문에 미국 정부는 전두환이 대통령 자리에 오르는 것을 반대하지 않았다. 한편 일본은 냉전을 이용하여 재무장을 강화했다. 일본 정부는 미·일 군사협력을 강화했고, 한국에는 '안보경제협력차관'을 제공하여 군사협력을 추진했다. 전두환도 광주학살로 국민의 지지를 받지 못하자 삼각군사협조에 동조했다. 그러나 전정권은 집권기간 내내 국민적 저항을 겪었다.

2) 제6공화국의 정책

한국은 민주화운동으로 1987년 민주헌법을 쟁취했다. 그 직후인 1988년 서울올림픽의 성공적 개최로 국민은 기대에 부풀었다. 국민은 그동안 정부의 요구대로 허리띠를 졸라매고 경제발전의 견인차 역할을 묵묵히 수행했다. 국민은 인간다운 대접을 요구하며 민주화를 요구했다. 한편 노태우 정권은 민주헌법으로 출범하기는 했지만 5공 출신 정치인들이 강고한 세력을 가지고 있던 정권이었다. 따라서 노정권은 외형적으로는 민주주의의 틀을 갖추기는 했지만 과거의 권위주의적 잔재는 그대로 남아있었다. 노정권은 1988년 4·26 총선으로 여소야대 국회가 등장하자 '보수대연합'을 추구했다. 한편으로 노정권은 1988년 6월 '전쟁기념관' 건립을 결정하는 등 반공정책을 강화해 나갔다.

노정권의 강압 통치에 맞서 국민의 권리를 요구하는 운동이 대두했다. 민주화운동 단체들은 1988년 '전국민족민주운동연합'을 결성했고, 교사들은 1989년 전국교직원노동조합을 결성했다. 민주화세력에 밀리던 수구기득권층은 '방북사태'를 이용하여 '공안정국'을 조성했다. 안기부, 검찰 등이 모여 '공안합동수사본부'를 설치하고 민주화세력을 탄압했다. '공안정국'으로 기선을 제압한 노정권은 '보수대연합'을 강행했고, 그 결과 1990년 1월 22일 평민당을 제외한 민정당, 민주당, 공화당 3당이 합당했다. 3당 합당은 여소야대를 지지한 국민의 선택을 배반한 것이었다. 3당 합당으로 등장한 민자당은 재적의 2/3가 넘는 214석을 차지했다. 야당은 평민당과 민주당의 잔류인사의 '꼬마 민주당'이었다. 3당 합당은 민주화세력을 분열시켰고 지역주의를 심화시켜 한국 민주주의의 발전에 심각한 지장을 주었다. 즉, 군사정권하에서 권위주의적 행태를 보여 온 세력이 민주화세력에 편승하여 계속해서 권력을 장악하게 했다. 친일 잔재의 미청산과 함께 독재 잔재의 미청산은 수시로 한국 민주주의를 파행으로 몰고 갔다. 민자당은 야당과의 대화, 타협을 거부하고 날치기를 하는 등 일방적으로 국회를 운영했다. 민자당은 1990년 7월 14일 방송관계법을 통과시켰고, 정부는 전교조 교사 천여 명을 해직시켰다. 그런 가운데 보안사가 민간인을 사찰했다는 사실이 폭로되자 노정권은 뜬금없이 1990년 10월 폭력배를 소탕해야 한다며 '범죄와의 전쟁'을 선포했다. 노정권은 '범죄와의 전쟁'으로 격렬하게 전개됐던 시위를 잠재우는 등 국면전환에 성공했다.

전민련, 전노협, 전대협 등 재야단체들은 '국민연합'을 결성했다. 그중 전대협은 1991년 4월 '반민자당 투쟁'을 개시했다. 그 과정에서 4월 26일 명지대학교 학생 강경대가 경찰의 쇠파이프를 맞고 참변을 당하자 1991년 5월 1987년 이래 최대 규모의 시위가 발생했다. 보수 진영은 전대협을 '좌경용공 단체'로 몰아붙이며 총공세에 나섰다. 그런 가운데 1991년 3월, 6월의 기초 및 광역단체 지방의회 선거에서 민자당이 의석의 65%를 획득하여 승리했다. 선거에 패배한 야당은 민주당으로 통합했고, 민주화 단체는 1991년 12월 '민주주의민족통일전선연합'을 결성했다. 1992년 3월 24일의 총선 결과는 민자당의 참패, 민주당의 승리, 국민당의 약진이었다. 민자당은 과반 석에서 1석 미달인 149석이었고, 진보 진영의 민중당은 한 석도 얻 지 못했다. 총선은 지역주의적 투표 경향을 보였다.

3) 문민정부

1992년 12월 18일 대통령선거 결과 민간인 출신 김영삼이 14대 대통령에 당선됐다. 김영삼은 '변화와 개혁'을 부르짖으며 정치, 경 제, 군사 등 분야에서 개혁을 추진했다. 김정권은 먼저 '하나회' 출 신 군장성들을 정리했고, 율곡사업 비리를 규명했으며, 1994년에는 '국군평시작전통제권'을 환수했다.

한편 문민정부가 들어서면서 군사정권의 만행에 대한 수사를 요 구하는 움직임이 일어났다. 이 무렵 방영된 TV 드라마 '모래시계'는 5·18을 배경으로 함으로써 광주민주화운동에 대한 국민적 관심을 불러 일으켰다. 대학생들은 '전·노 체포조'를 결성하여 틈만 나면 연희동을 습격했다. 그러나 검찰은 1995년 '성공한 쿠데타는 처벌할 수 없다'며 '공소권 없음' 결정을 내렸다. 민주세력은 김영삼 정부와 검찰을 강력히 비판했다. 결국 1995년 10월 민주당 의원이 국회 대 정부질의 과정에서 노태우의 비자금 계좌를 폭로한 것을 계기로 12·12와 5·18에 대한 재수사가 이루어지게 되었다. 1996년 8월 1심 공판에서 전두환은 사형, 노태우는 22년 6월의 형을 언도받았고, 12월 항소심에서는 전두환은 무기, 노태우는 17년을 언도받았다. 문민정 부는 '광주민주화운동에 관한 법률'을 제정했고, 광주 시민의 민주 주의운동은 정당한 역사적 평가를 받게 됐다.

문민정부의 중요한 개혁으로는 금융실명제를 들 수 있다. 문민정 부는 금융실명제가 정치, 경제, 사회 등 다른 개혁의 기초가 된다고 인식했다. 문민정부는 1993년 8월 12일 20시부터 '대통령 긴급재정

경제명령' 제16호에 의거하여 금융실명제를 전격적으로 실시하고 금융기관의 모든 금융거래를 실명으로 하도록 조치하였다. 실명확인율은 1995년 12월까지 97.8%를 기록했고, 가명예금은 1995년 12월까지 98.7%가 실명으로 전환됐다. 금융실명제는 금융실명거래 관행의 정착, 금융거래의 정상화, 조세형평성의 제고, 사회부조리 제거라는 성과를 거두었다.

한편 군사정권하의 압축 성장에 따른 부작용으로서 후진국을 방불케 하는 대형사고가 빈발했다. 그 대표적인 예는 1994년의 성수대교 붕괴, 1995년의 삼풍백화점 붕괴, 대구지하철 도시가스 폭발사고 등이었다. 민자당은 1995년 지방자치선거에서 패배한 뒤 12월 신한국당으로 개칭했다. 1996년 4월 11일 실시된 총선 결과는 신한국당 139석, 국민회의 79석, 자민련 50석, 민주당 15석으로, 일반의 예측과는 달리 신한국당이 선전했다. 신한국당의 선전에는 민주당과 국민회의의 분열이 결정적으로 작용했다. 수도권 지역의 경우 거의 모든 선거구에서 민주당과 국민회의가 후보를 냈고, 그 결과 서울 47석 중 27석, 인천 11석 중 9석이 신한국당에게 돌아갔다. 이 총선은 지역주의적 투표경향이 재연됐고, 예전과 달리 도시의 중산층에서 여권지지 성향이 높게 나타난 게 새로운 특징이었다. 한편 김영삼은 1997년 대통령 선거 직전 신한국당을 탈당했다. 이후 신한국당과 민주당이 합당하여 한나라당을 창당했다.

3. 개방화 정책

1) 제5공화국

한국 경제는 제2차 오일쇼크로 상당한 타격을 받아 1981년 기계,

철강, 석유화학, 비료, 자동차 등의 가동률이 50~60%대로 급감했다. 그런 가운데 전정권은 물가를 42.3% 인상하여 서민 생활을 곤궁하게 했다. 국가의 대외 부채도 증가하여 1981년 한국의 외채는 350억 달러로 세계 5위였고, 1985년에는 468억 달러로 급증했다. 그에 따라 한국 사회에서는 '외채망국론'이 대두했다. 전정권은 중복 과잉 투자된 중화학 공업의 구조조정을 실시했고, 그 과정에서 재벌에 8조원을 지원했다. 특히 1986~1988년 사이의 부실기업 정리조치 때는 부실기업의 대부분을 재벌이 인수하게 함으로써 재벌의 경제지배력을 더욱 강화하게 했다. 그 결과 독점자본은 1980년대 비약적으로 성장했다.

한편 전정권은 경제위기를 탈피하고자 대내적으로는 안정화 조치, 대외적으로는 개방화조치를 선택했다. 안정화 조치로 물가의 상승은 한자리수로 동결됐다. 또 정부는 자본시장을 개방하고자 했는데 외국인 직접투자가 상환부담이 없고, 기술이전이 용이하다고 판단했기 때문이었다. 그에 따라 정부는 1981년 국내 산업 중 보호 가능한 품목의 자유화를 결정하고 컴퓨터 등 56개 업종의 외국인 투자를 허가했으며, 1983년에는 '외자도입법'을 개정하여 외국인 투자제한을 철폐했다. 그 결과 외국 자본이 본격적으로 국내 자본 시장에 진출하게 됐고, 외국인 투자는 1987년 10억 달러로 급증했다. 한편 정부는 1981~1983년 한일, 제일, 신탁, 조흥은행 등 시중은행을 민영화하고, 정부 보유의 지분을 법인과 개인에게 공매했다. 하지만 민영화 조치에도 불구하고 은행 경영의 자율화는 이루어지지 않았으며, 관치금융의 관행도 청산되지 않았다. 그런 가운데 정부는 금융시장 개방화조치를 취해 1983년 처음으로 한·미 간의 합작은행인 한미은행이 개점했고, 그 뒤를 이어 초국적은행이 한국에 본격진출했다. 전정권은 금융개혁을 완료하지 않은 상태에서 금융시장을 개방한 것이었다. 전두환은 기회가 있을 때마다 '선진조국창조'라는 구호를 내세웠는데 후진적인 정치·경제 구조를 가지고 선진국을 창조하자는 이야기였다.

전정권은 개방화조치로서 국제회의를 적극 유치하고자 했고, 그에 따라 세계여성단체협의회, 아시아·태평양통신사기구(OANA) 이사회, 국제청소년회의소(JCI)세계대회, 국제의회연맹(IPU), 아시아·태평양의회연맹 총회, 서울국제무역박람회(SITRA), IMF·세계은행 총회 등을 개최했다. 또 정부는 대학생의 해외연수를 허가하는 등 해외여행을 부분적으로 자유화했다. 해외유학개발원에서는 미국, 일본, 대만, 프랑스, 호주 등지의 유학, 연수생을 모집하여 유학 붐이 일기도 했다. 전정권은 개방화 조치의 하나로 올림픽을 유치하고자 했다. 전두환은 광주민주화운동을 무력으로 진압하고 집권했으므로 민심을 무마할 필요가 있었다. 정부는 국민에게 올림픽을 치르면 개발도상국가에서 선진국으로 도약할 수 있다고 선전했다. 올림픽 총회는 1981년 9월 30일 독일 바덴바덴에서 열렸다. 한국 대표단은 총력전을 펴면서 올림픽 유치에 매진했다. 대표단은 올림픽 준비상황을 담은 홍보영화를 제작했고, 한복을 곱게 차려입은 미스코리아와 스튜어디스들은 올림픽 전시관 내 서울관에 올림픽 관계자들을 안내했다. 오스트리아의 멜버른, 일본의 나고야, 그리스의 아테네를 비롯해 대한민국의 서울까지 총 4개 도시가 올림픽 개최를 신청했다. 오스트리아와 그리스가 일찌감치 포기했으므로 투표는 한국과 일본의 대결이었다. 총회의 투표 결과 서울과 나고야가 52대 27로 서울이 제24회 올림픽 개최지로 결정됐다. 한국은 아시아에서는 2번째, 세계적으로는 16번째로 올림픽을 개최하게 됐다. 정부는 올림픽에 대비하여 체육부를 신설하고, 서울올림픽 종합계획과 한강 종합개발을 추진했으며 예술의 전당, 올림픽대로, 올림픽공원을 건립했다. 한편 전정권은 올림픽에 대비하여 빈민촌을 대거 철거했는데, 영화 '상계동 올림픽'은 강제 철거를 고발했다.

한편 무역 적자에 허덕이던 한국 경제의 숨통을 트게 해준 것은 '3저 호황'이었다. 1981년부터 고금리정책을 구사하던 미국은 계속해서 적자를 보자, 1985년 자본주의 선진국과 달러에 대한 엔화 절상을 골자로 하는 '플라자협정'을 체결했다. 그 결과 저금리, 저환율, 저유가의 '3저 현상'이 등장했고, 한국은 3저 현상으로 호황을 누렸다. 한국은 1986년부터 1988년까지 수출이 급증했고, 이 기간 동안 연평균 경제 성장률은 13%에 이르렀으며 경상수지도 1986년 46억, 1987년 99억, 1988년 142억 달러로 급증했다. 그 결과 중화학공업의 과잉투자문제는 상당 부분 해소됐다. 미국은 한국이 지속적으로 무역 흑자를 보자 대폭적인 개방을 요구했다. 전정권은 성장의 축을 수출에 두었으므로 칼라 TV, 전기밥솥 등 235개 품목의 수입을 자유화하는 등 상품시장을 대폭 개방했다.

한편 선진국에 대한 농산물 개방은 농민층에 큰 피해를 주었다. 앞서 유신정권은 1970년대 후반부터 증산정책을 중단하고 외국 농산물 수입을 확대했다. 전정권도 안정화정책을 펴면서 농축산물 개방화정책을 가속화했다. 정부가 '상대적 고미가정책'을 포기하자 1982~1984년 농가의 부채가 급증했으며, 1980년대 후반 정부의 수입 개방으로 농가의 부채는 더욱 급증했다. 농민은 주기적으로 발생하는 상품작물의 가격파동으로 경제상황이 더욱 악화됐다. 1986년 영상집단이 제작한 '파랑새'는 농민 경제를 곤궁에 빠뜨린 '소값 파동'을 소재로 했다. 농민들은 농축산물의 수입개방을 반대하며 시위를 전개했으며 정부는 농어가 부채 경감을 발표했다.

2) 제6공화국

서울올림픽은 개방화정책을 가속화시켰다. 서울올림픽은 1988년 9월 17일부터 10월 2일까지 서울과 주요 도시에서 개최됐다. 정부는 올림픽에 대비하여 경륜장, 역도경기장, 펜싱경기장, 체조경기장, 테니스경기장, 수영장 등 주요 경기장들을 건립했고, 예술의전당 내에 음악당, 축제극장, 미술관 등을 개장했다. 인터콘티넨탈 호텔도 국제회의, 올림픽 관람객 유치 등을 목적으로 개장됐다.

서울올림픽에는 사상 최대국인 162개국이 참가했다. 서울올림픽 이전에 열렸던 두 차례의 올림픽은 반쪽이었다. 1980년의 모스크바올림픽은 소련의 아프가니스탄 침공에 항의하여 서방국들이 보이콧했고, 1984년 로스엔젤레스올림픽은 동구권 국가들이 보이콧했다. 분단국가인 한국에서 개최된 서울올림픽에는 동서 진영이 모두 참가함으로써 동서화합의 분위기를 연출했다. 서울시는 올림픽에 맞춰 자동차 2부제를 시행했고, 올림픽에 맞춰 "내 인생에 영원히 남을 화려한 축제여"라고 절규하는 가요 '서울 서울 서울'도 만들어졌다. 올림픽 마스코트는 아기호랑이를 디자인한 '호돌이'였다. 개막식 행사에서는 한 어린이가 경기장 잔디에서 굴렁쇠를 굴리며 평화로운 미래를 염원했고, 올림픽 개막식 노래 '손에 손잡고'는 벽을 넘어서 평화를 누리고자 호소했다.

서울올림픽의 표어는 평화·조화·전진이었다. 서울올림픽에서는 160개국 13,304명의 선수들이 159개 종목에서 경쟁했고, 세계신기록 33개, 올림픽신기록 227개가 수립됐다. 올림픽성적 순위를 보면 1위는 금메달 55개의 소련, 2위는 금메달 37개의 동독, 3위는 금메달 36개의 미국, 대한민국은 금12개, 은10개, 동11개로 4위를 차지했다. 서울올림픽은 장애자올림픽도 개최했다.

서울올림픽은 동서화합의 장을 마련했다는 평을 받았다. 실제로 서울올림픽 직후 냉전체제가 막을 내렸다. 노태우 정권은 1988년 '7·7선언'을 발표하는 등 적극적인 대북정책을 추구했고, 북한 및 공산권 자료를 공개하는 등 공산권 외교를 가속화했다. '북방정책'을 개시한 것이었다. 한국의 극우파는 북방정책에 반대했다. 정부는

1988년 공산권 국가로는 처음으로 헝가리와 수교했고, 이어 폴란드, 체코 등 동구권 국가들과 수교했으며, 1990년 10월에는 소련과 수교함으로써 모든 동구권 국가와 수교했다. 노태우는 소련을 방문하여 고르바쵸프와 정상회담했고, KAL기는 1990년 소련 영공을 공식적으로 통과했다. 한국은 소련과 투자협정을 체결했고, 직통전화도 개통했다. 또 소련의 오케스트라가 내한 공연을 가졌으며, 소련 3대 도시에서는 '한국영화주간'을 개최했다.

한편 한국은 중국과의 수교에 난항을 겪었다. 중국이 동맹국 북한의 반발을 의식했기 때문이다. 한국과 중국이 국가 간에 처음으로 공식 접촉했던 것은 1983년 5월 춘천기지에 불시착한 피납 중국 민항기문제 때문이었다. 중국협상단은 중국민항기 송환을 교섭 차 방한했고, 한·중은 협상 끝에 합의각서를 교환했다. 1984년에는 한국 기자가 처음으로 중국에 입국했고, 한국 테니스선수단도 데이비스컵 예선에 참가하고자 중국을 방문했다. 같은 해 중국 농구선수단은 아시아 청소년농구대회에 참석하고자 한국을 방문했다. 정부는 1985년 소·중 등 공산권 국가들과 우편물을 교환할 것이라고 발표했다. 한국은 수교를 주저하는 중국을 설득하여 1992년 8월 수교에 성공했다. 한·중 수교는 40년 이상 지속된 적대관계에 종지부를 찍었다. 수교를 전후한 시기 한국에서는 처음으로 '붉은 수수밭'이라는 중국 영화가 개봉됐다. 중국은 그동안 북한을 일방적으로 지지하던 자세에서 벗어나 남북관계를 균형적으로 보기 시작했다.

서울올림픽은 세계 여행의 자유화를 가져왔다. 정부는 서울올림픽과 해외여행 자유화시대에 대비하여 제2민항인 아시아나항공의 취항을 인가했다. 또 1989년 1월 해외여행이 자유화됐고, 그에 따라 대학생들 사이에서는 유럽 배낭여행 붐이 일었다. 이 무렵 '세계로 가는 기차'라는 노래가 많이 불려졌다. 정부는 반공교육을 이수한 일반인에게 여권을 발급했다. 올림픽 이후 항공 수요가 급증했지만 김포공항은 포화상태였다. 국외에서는 세계 물류의 운송, 여객의 환승지로서 허브공항 건설 붐이 일었다. 정부는 1990년 6월 영종도를 국제공항 건설지로 선정했다.

한편 노정권은 전정권과 유사한 개방정책을 추구했다. 노정권은 한층 더 자본시장을 개방한 결과 대규모 외국자본이 국내로 유입됐으며 외국인 투자는 1987년 10억 달러, 1989년 65.7억 달러로 급증했다. 정부는 1988년 외화 보유, 송금을 자유화했고, 1991년에는 외국보험사의 국내사무소 설치를 허가했으며 1992년에는 주식시장을 개방하여 외국인 주식 투자를 확대했다. 노정권은 공기업의 민영화를 추진하여 1990년 한국전력, 외환은행 등 8개의 공기업을 민영화하기로 결정했다. 한편 정부는 상품 시장을 더욱 개방했고, 그에 따라 1990년 수입자유화율은 96.3%에 달했다. 한편 정부는 1991년 GATT에 우루과이라운드(UR) 농산물협상계획서를 제출하는 등 농산물 개방을 추구했고, 그 결과 1991년경 공산품은 99.9%, 농축산품은 88.5%까지 개방됐다. 농산물 개방은 농민들의 경제를 더욱 악화시켰고, 농촌 인구의 감소를 야기했다.

한편 한국 경제는 1989년부터 후퇴하기 시작했다. 경제 성장율은 6.8%로 감소했고, 경상 수지도 1990년 21억 달러, 1991년 87억 달러의 적자를 기록했다. 그러나 호황심리가 잔존했고 정부의 내수진작 정책으로 1991년 소비자물가는 9.3%로 증가했다. 부동산 투기도 심화됐다. 3저 호황으로 여유 자금을 확보한 재벌은 기업 확장, 부동산 투기에 앞장서 여의도의 14배에 달하는 1,130만 평을 구입했다. 부동산 투기는 땅값 폭등을 가져와 1986~1990년 땅값은 141.2%, 집값은 58.8%, 전셋값은 99.8% 상승했다. 서민 경제는 나락으로 빠졌다. 정부는 부동산투기를 막기 위해 1988년 부동산 투기지역을 추가 고시했고, 1990년에는 5·8 부동산종합대책, 토지공개념의 도입 등을 검토했지만 흐지부지되었다. 그런 가운데 1991년 해방 이후 한국 사회에서 전개된 부동산 투기, 정경유착을 소재로 한 TV 드라마 '땅'이 인기리에 방영됐다. 그러나 이 드라마는 50회 분량을 준비했지만 정치권의 외압으로 15회 만에 막을 내렸다. 재벌들은 3저 호황에서 벌어들인 돈을 증권, 부동산, 기업 확장에 썼고, 그 결과 한국 경제의 체질은 점점 더 약화되어갔다. 산업구조조정도 노동자를 더욱 곤궁하게 했다. 구조 조정으로 일용직 노동자가 급증하여 그 수는 1989년 전체노동자의 17.3%였다. 그 결과 1990년에는 생활비가 최저생계비를 밑도는 빈곤층이 331만여 명으로 전인구의 7.70%를 상회했다. 화려한 개방의 이면에는 서민의 곤궁이 자리했다.

3) 문민정부

문민정부 들어서 한국인의 해외여행이 본격화했고, 해외 유학도 급증했다. 배낭여행 붐으로 300만 명이 해외를 방문했고, 외국인의 방한도 급증했다. 1993년 예술의전당 내의 서울오페라극장이 개관하자 교향악단이 대거 내한공연을 가졌다. 1993년 8월에는 '대전 EXPO'가 개최됐는데, 개발도상국에서는 처음으로 개최된 국제박람회였다. 대전 EXPO에는 한국의 200여 개의 기업이 참가했고, 외국에서도 동구권 국가들을 포함, 많은 국가들이 참가했다. EXPO는 94일 동안 열렸고, 내외국인 1,400만 명이 관람하는 등 성공을 거뒀다. 정부는 이에 힘입어 '94 한국 방문의 해' 사업을 발표하는 등 관광의 국제화를 추진했고, 관광객의 유치를 촉진하고자 1993년 관광특구제도를 실시했다. 그에 따라 제주도, 경주, 설악산, 해운대, 유성, 아산 온천, 수안보 온천, 보령 해수욕장 등이 관광특구로 지정됐다. 1995년에는 제1회 광주 비엔날레가 개최됐다.

한편 문민정부는 6공화국의 개방정책을 계승했다. 정부는 1993년

쌀개방을 발표하면서 우루과이라운드 협상을 타결했다. 외국의 농산물이 대거 유입되자 한국에서는 국산 농산물을 애용하자는 취지의 '신토불이'라는 가요가 크게 유행했다. 정부는 1994년 자동차 진출을 허가했고, 1996년에는 31개 품목의 수입을 자유화했다. 1997년 6월에는 농축산품 개방을 99.6%까지 확대했고, 식량안보의 최후의 보루인 쌀마저 개방했다. 한편 정부는 1993년 외국인 투자 취득 요건을 완화했고, 1994년에는 외국인들의 주식 투자한도를 확대했다. 문민정부의 개방화 정책은 UN에 대한 적극적 참여와 연계됐다. 한국은 유엔평화유지군(PKO)에 참여하여 1993년 소말리아, 1995년 앙골라에 파병했고 1995년에는 유엔 안전보장이사회의 비상임이사국으로 선출됐다.

　문민정부는 1994년 '시드니 세계화구상'을 발표하고, 1995년 '세계화추진위원회'를 출범시켰다. 마침내 문민정부는 1996년 12월 경제선진국의 모임인 OECD에 가입했다. 하지만 한국의 OECD 가입은 시기상조였다. 한국은 1995년 수출 1,000억 달러를 돌파했고, OECD 25개국 가운데 GDP 규모 9위, 무역량 10위였다. 그러나 국민의 실질적 삶의 지수는 1인당 보건지출액 23위, 연간 영화 관람회수 18위 등 하위권 수준이었다. 경제 상황도 좋지 않았다. 문민정부 시기 물가는 연평균 5% 이상 상승했고, 경상 수지도 1994년 45억 달러, 1995년 89억 달러, 1996년에는 사상 최대인 231억 달러의 적자를 기록했다. 외채도 1992년 439억 달러에서 1996년 1,045억 달러로 급증했고, 1997년에는 1,208억 달러로 증가했다. 외채가 1,000억 달러를 초과한 것이다. 1인당 GNP도 1995년 10,823달러에서 1997년 9,511달러로 감소했다. OECD 가입은 선진국 수준으로 시장을 개방해야 하는 등 부담을 안겨줬다. 한국은 경제 수준을 뛰어넘는 시장 개방을 해야 했다. OECD 가입은 새로운 세계경제질서의 형성과정에 능동적으로 참여하여 국가의 위상을 제고한다는 의도였지만, 국제적 경제 위기에 연동을 초래했다. 외환 시장의 개방은 대규모 투자 재원의 확보·금융선진화가 목적이었지만, 과잉 투자를 야기하여 외국 자본에 종속을 야기했다. 문민정부는 치밀한 준비도 없이 세계화를 추진한 것이었다. 영국의 『파이낸셜 타임스』는 한국이 샴페인을 너무 일찍 터트렸다고 평가했다.

한편 문민정부 들어서도 부동산 투기는 기승을 부렸고, 물가는 연평균 5% 이상의 상승률을 기록했다. 재벌들은 과잉·중복 투자를 거듭했고, 그 과정에서 기업의 부실은 점점 더 심해졌다. 30대 재벌의 부채 비율은 1996년 386.5%에서 1997년에는 518.9%로 급증했다. 1997년 상반기부터 한보철강, 기아자동차 등 대기업들의 부도가 연쇄적으로 발생했다. 1997년 말 8개 시중은행의 무수익여신(돈을 빌려 주었다가 이자를 못 받게 된 대출금)은 총 여신의 14.2%인 35조 7,700억 원에 달했다.

2절 한국인의 일상생활

1. 의식주 생활

1980년 경제기획원의 집계에 따르면 한국의 총인구는 3,760만 명을 상회했고, 1983년에는 4,000만 명을 돌파했다. 그에 대한 대책으로 전정권은 1980년 주택 500만 호 건설 계획을 발표했고, 노정권은 1989년 주택 200만 호 건설 계획을 발표했다. 택지비의 절감차원에서 주거단지의 고밀화, 초고층화가 심화됐고, 그에 따라 20층 이상의 아파트가 건설됐다. 공간 구성 등의 면에서 기존의 아파트와는 구분되는 신도시 개념의 아파트들이 등장했다. 자고 나면 아파트가 건축됐다고 해서 '벌떡 아파트'라고 불렀다. 소규모 건설업체들은 단독주택 사이에 불쑥 '나 홀로 아파트'를 건설했다. 때마침 별빛이 흐르는 다리와 갈대 숲 건너에 있는 아파트를 노래한 대중가요 '아파트'가 큰 인기를 끌었다. 농촌에서도 1980년대 후반부터 소규모 건설업체들이 '논두렁 아파트', '밭두렁 아파트'를 건축했다. 한편으로는 중, 저소득층을 겨냥한 다세대, 다가구 주택과 상류층을 겨냥한 고급 연립주택(빌라)도 건축됐다. 또 오피스텔이 등장했으며, 초고층 원룸 아파트가 선을 보였다. 한편 '달동네'는 1980년대 후반까지도 도시빈민층의 주거지였다.

올림픽 개최를 계기로 1987년 커피 수입이 자율화됐다. 난다랑, 자뎅, 도토루 등 원두커피 전문점이 속속 개장했고, 백화점에는 수입 원두커피가 진열됐다. 1984년에는 미국의 KFC와 버거킹이 한국에 상륙하여 종로에 1호 매장을 개설했으며, 맥도날드는 서울올림픽 직전인 1988년 3월 한국에 상륙했다. 올림픽 개최는 한국 사회의 개방을 유도했다. 24시간 편의점이 개장됐고, 갈비집, 뷔페 등 외식 산업도 발달했다. 청소년들은 패밀리 레스토랑의 주고객이었다. 서울올림픽 때 선수들은 생수를 사용했었는데, 1994년부터 일반인들에게 생수 시판이 허가됐다. 한편 종래 성행했던 장시는 점차 퇴조하기 시작했다. 대중교통의 발달과 슈퍼마켓 등 유통산업의 등장 때문이었다. 지방 사람들은 도심지의 상설 시장과 백화점 등을 이용하기 시작했다.

3저 호황으로 GNP가 2,000달러를 넘어서자 개방은 가속화됐다. 외국 브랜드가 속속 국내에 유입됐고, 패션의 국제교류도 활기를 띠었다. 한국 디자이너들은 밀라노, 파리, 뉴욕, 도쿄 등으로 해외 진출을 본격화했다. 여행 자유화는 세계 패션의 최신 유행을 동시에 접하게 했고, 아시안 게임과 올림픽 개최는 패션산업을 더욱 발전시켰다. 스키웨어 붐이 일어나는 등 스포츠 웨어가 유행했으며, 다양한 스커트, 캐주얼, 주니어 패션, 스노우진, 오리털 파카, 배꼽티, 쫄바지 등이 유행했다. 헤어스타일은 퍼머의 전성시대였다. 젊은이는 다양한 색깔로 염색했고, 무스, 헤어스프레이도 등장했다.

한편 컬러TV 등장으로 여성 화장은 혁명적으로 변화했다. 여성들은 립스틱, 새도우 등으로 보다 과감한 표현을 추구했다. 1990년대는 미혼여성 같은 '미시족'이 등장했고, 차밍스쿨도 문을 열었다.

2. 청소년 생활

전두환 정권은 박정희 정권과 동일한 교육목표를 추구했다. 전두환 정권은 학생들에게 새마을정신, 반공, 충효, 국가지상주의를 요구했다. 그 때문에 학생들은 '국기에 대한 맹세'를 외우지 못하면 곤욕을 치러야 했다. 반공과 충효를 강조한 '횃불'이라는 만화는 5공의 교육 목표를 잘 보여줬다. 초등학교에서는 학생들에게 이 만화를 읽고 독후감을 제출하게 했는데, 이 만화는 새마을정신으로 의식을 개혁해야 올림픽을 성공적으로 치를 수 있고, 복지국가도 도래한다고 강조했다. 그리고 이 만화는 복지국가가 도래하면 모든 국민이 고등학교까지 무상교육을 받을 수 있고 대학도 적은 등록금으로 다닐 수 있다고 선전했다. 한편 어린이들은 '아기공룡 둘리', '공포의 외인구단' 등의 만화를 좋아했고, '뽀뽀뽀'라는 TV 프로를 즐겼다. 한편 TV의 대중화로 어린이들이 좋아하는 노래에도 변화가 있었다. 동요를 즐겨 부르던 아이들은 TV의 CM송을 따라 부르거나 쇼 프로의 가요들에 심취했다. 특히 '아니 벌써', '개구쟁이' 등의 동요풍 노래들은 어린이들의 인기를 독점했으며, '풍선'이라는 노래도 동심을 자극하여 어린이들의 사랑을 받았다.

전정권은 민심을 얻고자 중학교 의무교육을 실시하고, 중고교의 두발과 교복을 자율화했다. 또 '과외망국론'이 대두하자 대학입시 본고사제도 폐지, 졸업정원제도 실시, 과외 금지를 결정했다. 정부는 대학생 과외를 금지한 대안으로 'TV 가정 고교'를 방영했고, 교육방송국도 개국했다. 그렇지만 TV 과외는 한국의 교육을 한층 획일적으로 만들었다. 중고교도 유신정권 때와 동일한 체벌이 행해졌다. 학생들은 성적, 수업 분위기 유지 등을 이유로 체벌을 받았으며, 소지품 검사 등도 학생들의 인권을 침해했다. 고교 3학년생은 방송으로 하는 0교시에 맞춰 오전 7시까지 등교해야 했고, 하교 시간은 야간자율학습이 끝나는 오후 11시였다. 학생들은 하교 후 학원을 갔으므로 새벽 1, 2시에 귀가하는 것이 보통이었다. 그러므로 수면 시간은 4, 5시간에 불과하여 '잠 안 재우기 고문'이라는 비판도 제기 됐다. 학생들은 아침밥도 먹지 못해 도시락 2개 이상을 들고 서둘러 학교에 갔고, 지각할 경우 복도에서 기합을 받았다. 한 달에 한 번 학생부는 두발검사를 하곤 했다. 그러나 멋을 내기를 원한 학생들은 3센티를 반대하며 두발 자유화를 요구했다. 억압적인 상황에서 학생들의 숨통을 트게 해준 것은 영화였다. 청소년들의 인기를 끈 영화는 '깨소금과 옥돌매', '사랑만들기', '고래 사냥', '그해 겨울은 따뜻했네', '기쁜 우리 젊은 날' 등이었다. 학생들은 '고교생일기', '호랑이 선생님' 등의 TV 프로를 즐겨봤으며, 대중문화의 활력을 반영하듯이 연예인, 스포츠 선수 등의 직업을 선호했다.

대학생들은 전두환 정권의 독재정치에 비판적인 반응을 보였고 역사, 철학, 문학, 사회과학 동아리에 가입하여 한국 사회의 현실을 분석했다. 전정권은 대학생의 동향에 촉각을 곤두세웠으므로 대학 캠퍼스에 '짭새'라 불리는 사복체포조를 투입시켰다. 학생들은 시위 현장에서 '임을 위한 행진곡', '흔들리지 않게' 등을 불렀고, 경찰은 최루탄과 페퍼포그를 난사했다. 학생들은 가스에 눈물을 흘렸고, 시위가 끝나면 막걸리 등을 마셨다. 전정권은 대학당국의 협조로 학생들의 성향을 파악했고, '운동권' 학생들을 강제로 군대에 입영시켰다. 1980년부터 1983년까지 학생시위로 1,400명이 구속, 제적됐다.

한편 민주화 이후에도 한국의 교육은 변함없이 획일적이었다. 1990년 상영된 미국 영화 '죽은 시인의 사회'는 창의적인 교육을 제시하여 공감을 얻었다. 이 영화에서 주인공인 교사는 주입식 교육을 반대하고, 명문대 입시에 주력하는 학생들에게 주체적인 사고를 할 것을 촉구했다. '서태지와 아이들'은 '교실 이데아'(1994)라는 노래에서 한국 교육에 대해 '매일 아침 일곱 시 삼십분까지 우릴 조그만 교실로 몰아넣고 전국 900만 명의 아이들의 머리 속에 모두 똑같은 것만 집어넣고 있어'라고 묘사했다. 여기서 전국 900만의 아이들은 초등학교, 중등학교, 고등학교 학생을 모두 합산한 것이었다. 고교를 자퇴한 서태지는 대학입시를 통과하고자 성적 경쟁으로 일관하던 한국의 획일적인 교육을 비판했다.

노정권 때는 '특수목적고등학교'가 본격적으로 개교했다. 특목고는 외국어고등학교, 과학고등학교, 영재고등학교 등을 지칭했다. 특목고의 기원은 전정권 때인 1980년대 전반까지 거슬러 올라간다. 1983년 한 과학고등학교의 개교를 시작으로 몇 개의 외국어학교가 개교했다. 이때의 외국어학교는 학력을 인정받은 각종 학교의 지위였다. 그런 가운데 강남 8학군 학교들이 대학 진학에 우수한 성적을 거두자, 일부 학부형들이 자녀들을 강남 학교에 입학시키려고 편법을 써 사회적 물의를 일으켰다. 이에 노정권은 1991년 '고교평준화제도 개정안'을 발표하고, 외국어고등학교를 정규 외국어고로 전환시켰다. 문제는 외고의 입시자격을 중학교 상위 5%이내로 규정한 점이었다. 그 때문에 외고는 '어학영재육성'이라는 취지보다는 명문대학 진학의 통로로 기능했고, 결국 고교 평준화의 근간을 흔들었다. 특목고는 명문대 진학을 많이 시켰고, 특목고 졸업생은 국가고시에서 우수한 성적을 보였다. 과거 1960~1970년대 '명문' 고교가 부활한 것이었다. 그에 따라 특목고는 큰 인기를 끌기 시작했고, '특목고 입시'가 등장했다. 중학생들은 3학년에 진급하기 직전의 겨울방학 때 외국어고등학교, 과학고등학교를 준비하는 학원에 다녔다.

문민정부는 주입식 교육을 탈피하고자 1994년부터 대학수학능력시험을 실시하는 한편 '세계화 시대의 무한경쟁'을 강조하면서 경쟁력 강화, 수월성 교육 등을 선전했다. 일부 학부모들은 이에 편승하여 자식들에게 경쟁을 고취했고, 학생들도 경쟁에 휘말려 들었다. 그에 따라 토론, 협동은 뒷전으로 물러났다. 학생들은 학과 성적이라는 잣대로 평가됐고, 적성, 특기, 희망은 무시됐으며, 다원적 가치관도 무시됐다. 획일적인 가치관이 득세했다. 학생들은 공부하는 과정을 통해 성취감을 느끼기보다는 성적표의 결과에 공부의 목적을 뒀다. 그러므로 급우들은 협동의 대상이 아니라 경쟁에서 승리해야 할 대상이었다. 특히 고등학교는 학생의 인성 발달보다는 '명문대학' 합격에 노력을 집중했다. 고교에서는 학교 정문에 '명문대학' 합격생의 명단을 게시했고, 언론사는 '명문대학' 합격자 수로 고교의 서열을 정했다. 대학입시의 과열은 계속됐다. 대학졸업 여부에 따라 임금 차이가 컸기 때문이었다. 입시 교육은 공교육을 흔들었고, 학생들은 학교보다는 '족집게'학원에서 공부했다. 그에 따라 '교실붕괴'라는 신조어도 탄생했다. 교육문제의 해결을 위해서는 학력별 임금 격차의 해소, 다원적 가치관 존중, 학생의 개성 존중 등이 선행되어야 한다는 주장이 강력히 제기됐다.

　문민정부는 '세계화정책'에 따라 문법 중심의 영어 수업에서 말하기, 듣기를 중시하는 영어 수업으로 전환했다. 기업에서도 영어 능통자를 우대했으므로 토플, 토익 시험에 응시하는 이들이 증가했다. 하지만 원어민 영어 교육자가 드물었으므로 학생들은 학원에 다녀야 했다. 문민정부 시기의 대학생들은 대체로 1970년대 출생했고, 교복 두발자율화 세대였으며, 1990년대 대학에 입학했다. 대학생들은 현실주의적 성향이 강해 혁명 구호를 외면했지만 탈지역주의, 탈냉전주의, 탈권위주의를 지향하며 부패한 기존 정치계의 개혁을 원했다. 대학생들은 인터넷을 자유자재로 다뤘고, '서태지와 아이들'에 성원을 보냈다. 학생들은 워크맨으로 음악을 들었고 노래방을 선호했으며 맥주를 즐겼다. 또 취업에 대비하여 영어, 중국어, 일본어 등의 회화, 컴퓨터 기능을 익혔으므로 영어회화, 컴퓨터 등의 동아리들이 인기를 끌었다. 대학생들은 해외여행 자유화로 유럽배낭여행을 선호했고, 유학도 중시했다. 대학가 주변 하숙집은 주방 시설, 붙박이장, 에어컨이 설치됐고, 사생활이 보장되는 원룸도 대거 들어섰다.

3. 대중문화

1) 1980년대의 대중문화

1980년대에는 시민자율버스가 등장했고, 그에 따라 만원 버스에서 고생하던 버스 차장은 거리에서 사라졌다. 1982년에는 야간통행금지가 해제됐고, 네온사인도 부분적으로 허용됐다. 부산은 지하철 1호선을 기공했고, 서울은 지하철 3, 4호선을 개통했다. 자동차 보유대수는 1985년 100만 대를 돌파했고, 서울 거주 인구는 1988년 1,000만 명을 돌파했다. 경찰이 1980년부터 음주운전 단속을 시작했음에도 불구하고 교통사고 사상율은 세계 1위였다. 그에 따라 안전벨트 착용이 의무화됐고, '안전벨트를 맵시다'라는 캠페인이 실시됐으며, 교통방송국이 개국했다.

5공화국은 국민의 여가 시설을 일부 확충했다. 정부는 창경궁을 복원하면서 동물원을 과천의 서울대공원으로 이전했다. 1981년에는 국립공원이 14개로 확대됐고, 안보유적 15개소가 지정됐다. 이 무렵 북한산이 국립공원으로 지정됐다. 1986년에는 국립현대미술관이 덕수궁에서 과천으로 이동했다. 3저 호황으로 소득이 증대되자 여가문화가 더욱 강조됐다. 전국은 1일 여가권으로 들어갔고, 관광도 대중화됐다. 여행사들은 제주도, 울릉도, 홍도 등을 상품으로 내놓았다. 해외여행 자유화가 시행되자 여행사들은 '꿈의 해외여행'이라는 캐치프레이즈를 내세우며 대만, 필리핀 등의 해외여행 상품을 내놓았고, 해외여행 상품을 경품으로 내놓기도 했다. 통행금지 해제는 유흥문화를 촉진시켰다. 관광호텔 바는 영업을 새벽 2시까지 연장했다. 아시안게임과 올림픽 개최는 한국에 대한 이미지를 개선시켜 관광객 수는 200만 명을 돌파했다.

1980년 12월부터는 본격적으로 칼라TV 방송이 시작됐다. 1981년에는 오일 쇼크로 중단된 지 7년여 만에 TV 아침방송이 재개됐다. 1984년 TV 수신기 수는 총 813만여 대였는데, 그중 칼라 TV가 373만여 대, 흑백 TV는 437만여 대였다. TV 프로 중에서 '전원일기', '사랑과 야망', '우정의 무대', '전설의 고향', '열전 달리는 일요일', '한지붕 세가족' 등이 인기를 끌었고, TV 광고는 '봉봉 오렌지'가 히트했다. 5공화국은 개방화정책을 추구하면서 1982년 영화법을 개정하여 영화제작 등록제를 실시했다. 또 외화수입을 자유화했으며 영화검열도 부분적으로 완화했다. 그에 따라 영화는 사실주의적인 소재를 다뤘고 실험적인 경향도 등장했다. 사극, 종교, 청춘영화 등이 다수 제작됐고, 군사, 반공, 계몽 영화는 거의 자취를 감췄다. 사극 영화는 '피막', '물레야 물레야', '어우동', '뽕' 등이 대표적이었는데, 그중 '어우동'은 흥행에 크게 성공하여 사극제작을 주도했다. 사극 영화는 억압적인 제도에 항거하는 민중을 주인공으로 등장시켜 폐쇄적인 한국 사회를 비판했다. '색깔 있는 여자', '자유부인 81', '무릎과 무릎 사이', '애마부인 시리즈' 등 에로 영화도 등장했다. 당국은 '애마부인'에 대해 처음으로 심야 상영을 허가함으로써 '3S정책'이라는 비판을 받았다. 일부 한국 영화는 해외에서 호평을 받았다. '피막'은 베니스영화제 본선에 진출했고, '만다라'와 '길소뜸'은 베를린 영화 본선에 올랐으며, '만추'는 마닐라 국제영화제에서 여우주연상을 수상했다. '그들도 우리처럼', '자녀목'도 외국에서 좋은 평가를 받았다. 그러나 전반적으로 영화는 칼라 TV의 등장으로 침체상태였다. 1980년대 대중의 사랑을 받은 것은 비디오방이었다. 이 무렵 가정에는 비디오(VCR)가 많이 보급되지 못했으므로, 칼라TV에 비디오만 있어도 부잣집으로 취급될 정도였다. 비디오가 없는 이들을 위하여 동네마다 '비디오방'이 문을 열었다. 비디오방은 칼라TV와 비디오를 구비하고, '인디아나 존스', '007 시리즈', '람보' 등을 보여줬다.

1980년대 대중음악은 다양한 장르가 유행했다. 칼라TV로 보여주는 쇼프로는 한층 가수를 화려하게 만들었다. 대중은 가요에 열띤 반응을 보였다. '송골매' 등 대학가요제 입상자들이 기성 가요계에 진출하여 스타로 부상했다. 1980년대는 '어쩌다 마주친 그대', 'J에게', '어느 소녀의 사랑이야기', '잊혀진 계절', '종이학', '그대는 봄비를 좋아 하나요', '가까이 하기엔 너무 먼 당신' 등의 발라드가 강세를 보였으며, '모두가 사랑이에요' 등의 포크 음악도 유행했다. 트로트는 겨우 명맥을 유지했는데, '쌍쌍파티', '비내리는 영동교', '신사동 그 사람', '사랑의 미로', '내 마음 별과 같이' 등이 인기를 끌었다. 언더그라운드 그룹은 방송 출연보다는 대학가의 소극장에서 공연하여 많은 팬을 확보했다. 한편 1980년대는 '오빠부대'라 부르는 팬클럽이 본격적으로 등장했다. '오빠부대'를 몰고 다닌 가수는 '창밖의 여자', '촛불', '단발머리' 등을 부른 조용필이었다. 그는 다양한 장르의 곡을 발표하여 폭넓은 팬을 확보했다. 1980년대에는 디스코 열풍이 불어 디스코텍이 성행하기도 했다.

대중의 여가생활에서 큰 비중을 차지한 것은 스포츠 관람이었다. 야구는 1982년 잠실종합운동장 야구장에서 열린 세계야구선수권대회에서 우승했다. 축구는 1983년 멕시코 세계청소년 축구대회에서 4강에 올랐다. 아시아에서 처음으로 출범한 프로축구는 한국축구의 수준을 향상시켜 1986년 멕시코 월드컵 본선 출전을 가능하게 했다. 대중은 프로야구에도 열광했다. 프로야구는 종전부터 인기 있던 고교야구를 기반으로 출범했으므로 많은 지역 팬을 확보했다. 1980년대 국민적 인기 스포츠는 권투였으며, 장정구와 유명우는 세계챔피언 타이틀을 각각 15차례, 17차례 방어했다. 그 밖에 농구,

배구, 탁구 등도 대중의 사랑을 받았다. 한국은 1984년 LA올림픽에서 금메달 6개를 획득하는 등 10위를 차지했다.

1980년대는 인터넷이 등장하기 전이어서 대중은 독서에 많은 관심을 보였으며, 그 결과 '베스트셀러'가 양산됐다. 『어둠의 자식들』, 『인간시장』, 『낮은 데로 임하소서』, 『젊은 날의 초상』, 『자기로부터의 혁명』, 『단』, 『해방 전후사의 인식』, 『나의 라임 오렌지 나무』, 『홀로서기』, 『노동의 새벽』, 『원미동 사람들』, 『왕룽일가』, 『우리들의 일그러진 영웅』, 『남부군』, 『영웅문』 등은 대표적 베스트셀러였다. 특히 대하소설 『태백산맥』은 분단 전후의 한국 현대사를 정면으로 다뤄 대중의 주목을 받았다.

2) '민주화' 이후의 대중문화

한국의 교통수단은 지하철과 버스로 대별됐다. 서울은 1995년 지하철 5호선을 개통했고, 광주는 1996년 지하철 1호선을 기공했다. 자동차 보유대수는 1988년 100만 대, 1994년 500만 대, 1997년 1,000만 대를 돌파했다. 그에 따라 1992년 승용차 10부제, 1995년 버스전용차로제가 실시됐다. 1995년에는 버스카드 등장으로 요금이 자동으로 정산됐다. 한편 자가용 증가는 자가용 드라이브 시대를 열었다. 민주화에 발맞춰 시민들의 여가 공간도 크게 늘어났다. 드림랜드, 서울랜드, 롯데월드 등 테마파크가 속속 들어서 가족, 연인에게 쉼터를 제공했다. 6공은 남산 제모습찾기 운동을 전개했으며, 용산가족공원을 조성했다. 문민정부는 남산의 안기부 청사를 철거했고, 자하문과 인왕산을 개방했으며, 경희궁도 복원했다. 또 여의도광장에 '서울공원'을 기공했고, 동네마다 공원을 조성했다. 볼거리가 늘어나자 서울버스는 '시티투어'를 개시했다. 1995년 한국은 1인당 국민소득이 1만 달러를 넘었고, 그에 따라 한국 사회는 대중소비시대로 접어들었다. 가정에는 칼라 TV, VTR, 비디오, 오디오, 카메라, 세탁기, 진공청소기 등 고급 가전제품이 보급됐다.

이 무렵 대중의 사랑을 받은 통신은 무선 호출기인 '삐삐'였다. 삐삐는 1980년대 등장했지만 대중화된 것은 1993년경이었다. 진동을 하는 삐삐는 촉각을 다투는 업무에 종사하는 이들이 허리춤에 차고 다니며 이용했는데, 특히 8282는 긴급 호출을 요구하는 신호였다. 데이트하는 남녀들도 삐삐를 애용했다. 남녀는 '8282 1004 8'이라는 숫자가 뜨면 가까운 공중전화부스를 찾아 뛰어갔다. 삐삐는 광역서비스로 직장인, 학생에게 필수였고, 1997년에는 가입자가 1,500만 명에 육박했다. 한편 대중에게 중요한 영향을 준 것은 컴퓨터였고, 특히 PC는 가정에까지 보급되어 일상생활을 지배했다. PC의 대중화로 한국은 1990년대 중반 '정보화 사회'로 진입했다. 1995년 PC 보급은 500만대를 돌파했고, '한글 윈도우 95'의 시판이 시작됐다. PC 통신 가입자는 150만 명을 돌파했고, 『컴퓨터 길라잡이』가 베스트셀러에 올랐다. 컴퓨터의 보급으로 1995년 타자검정시험이 폐지됐다.

민주화 이후 예술 분야에서는 무대공연물 각본, 대본 사전심사제가 폐지되는 등 일련의 자유화 조치가 취해졌지만 영화제작에는 많은 제약이 남아 있었다. 당국은 '도시로 간 처녀', '파업전야' 등에 대해 상영 중지를 명령했다. 진보 진영은 3년간 재판을 벌였고, 결국 대법원으로부터 영화법의 위헌을 이끌어냈다. 이 사건을 계기로 검열제도가 폐지되고 등급제가 도입됐다. 『태백산맥』은 당국으로부터 제작중단 압력을 받아 제작이 중단되기도 했지만 문민정부 출범으로 제작이 가능했다. 민주화 분위기를 타고 분단현실을 그린 '남부군', 베트남전을 소재로 한 '하얀전쟁' 등이 상영됐다. 대학가에서는 '늘근도둑이야기', '칠수와 만수' 등 사회풍자극이 인기를 끌었다. '늘근도둑이야기'는 군사정권이 국민을 기만한 것을 코믹하게 풍자했고, '칠수와 만수'는 도시 서민의 애환을 그렸다. '네온 속으로 노을 지다', '무소의 뿔처럼 혼자서 가라' 등의 '페미니즘' 영화가 주목을 받았고, '나의 사랑, 나의 신부' 등 로맨틱 코미디 영화도 인기를 끌었다. '아다다'는 몬트리올국제영화제에서, '아제 아제 바라아제'는 모스크바국제영화제에서, '씨받이'는 베니스국제영화제에서, '은마는 오지 않는다'는 몬트리올국제영화제에서 각각 여우주연상을 수상했다.

한편 한국 영화계는 'UIP직배 파동'으로 혼란스러웠다. 정부는 1987년 국내 영화시장을 개방하기로 결정하고, 1988년 미국 영화사인 UIP와 20세기 폭스사의 국내 영업허가를 발표했다. 국내 영화인들은 UIP영화 직배반대 궐기대회를 개최하는 등 강력하게 저항했다. 그런 가운데 씨네하우스와 서울극장은 1989년 복합상영관을 개관했다. 복합상영관은 기존의 단일관을 증축하여 여러 개의 상영관을 만든 것이었다. 문민정부 들어서 민주화 조치가 잇달자 영화는 호황을 맞이했다. 문민정부는 영화관에서 '대한뉴스'를 폐지했으며, 헌법재판소는 1996년 영화 사전심의 의무조항에 대해 위헌판결을 내렸다. 한편으로는 복합상영관, VTR, 케이블 TV 등장으로 영화 수요가 대폭 증대했다. 그 과정에서 1990년대 중반 대기업 자본이 영화 제작에 투입됐고, 자본의 논리에 종속된 영화가 다수 제작됐다. 한편으로는 자본의 지배를 탈피하고자 한 달 이내의 짧은 기간에 제작을 끝내는 '저예산 영화'가 등장했다. 일련의 변화 속에서 새로운 감각을 가진 신인 감독들도 대거 등장했다.

대중은 풍성해진 영화관을 찾았다. 1993년 개봉된 '서편제'는 100만이상의 관객이 관람했고, '투캅스', '테러리스트', '은행나무 침대', '취화선' 등도 흥행에 성공했다. 분단현실에 도전했던 '태백산맥', 노동문제를 파헤친 '아름다운 청년 전태일', 광주민주화운동을 배경으로 한 '꽃잎', 사회 소외층을 묘사한 '장미빛 인생' 등도 주목을 받았다.

식민지시기 종군위안부들의 이야기를 기록영화로 제작한 '낮은 목소리'는 사회적 파장을 일으켰다. 예술영화를 좋아하는 사람들은 서울아트시네마를 찾았다. 한편 지방자치제 실시의 영향으로 대도시에서는 국제영화제들이 속속 창설됐다. 부산은 제1회 국제영화제를 개최했고, 부천 등지에서는 여성, 인권 주제의 영화제를 신설했다. '장미빛 인생'은 낭트국제영화제에서, '화엄경'은 베를린국제영화제에서 각각 수상했다. 한국 영화는 본격적인 세계화시대에 접어들었다.

1980년대 서구에서는 성 문제가 정치이슈화되어 여권신장이 이루어졌다. 한국 여성들도 인권을 요구하는 운동을 전개했다. 여성들은 민주화운동을 우선시하면서도 '페미니즘'운동에 관심을 보이는 등 남녀평등을 요구했다. 여성 단체는 인기를 끌던 '사랑받는 아내 교실'을 비판했고, 가족법 개정을 강력히 요구했다. 1980년대 여성들은 더욱 적극적으로 사회활동을 전개했다. 많은 여성들이 전문직에 진출하면서 남성과의 평등을 요구했다. 여성 등반대는 히말라야 고봉을 등정했고, 많은 여성들이 전문직에 진출했다. 한편으로는 『여성과 사회』 등의 여성 전문지, 여성신문 등이 창간되어 여성의 사회활동을 소개했다. 남녀평등을 추구한 영화는 '결혼이야기', '아래층 여자와 위층 남자' 등이 대표적이었다. 특히 '그대안의 블루'는 한국 최초의 '페미니즘' 영화라는 평을 얻었다. 문단에서도 여성작가의 활약이 두드러졌다. 그 중에서 고학력 전업주부의 문제를 제기한 『무소의 뿔처럼 혼자서 가라』 등은 여성들에게 큰 인기를 끌었다. 그 밖에 '안개기둥'은 방송 PD를 소재로 했고, '모래성'에는 시나리오 번역가가 등장하는 등 영화들은 여성들의 사회 참여를 보여줬다.

TV 프로 중 인기를 모은 것은 '여명의 눈동자', '모래시계', '땅' 등이었다. 특히 5·18을 배경으로 했던 '모래시계'는 시청률이 50%를 상회했고, 드라마 방영시간에는 거리가 한산할 정도여서 '귀가 시계'로 불릴 정도였다. '모래시계'의 촬영지인 정동진은 비둘기호만 정차하던 간이역에서 새마을호가 정차하는 곳으로 격상됐다. 이 시기 TV는 기존의 '멜로드라마'와는 확연히 구분되는 '트렌디드라마'를 방영하기 시작했다. '트렌디드라마'는 도시 공간에서 경쾌한 음악을 배경으로 전개되는 남녀의 사랑이야기가 주류를 이루었다. 대표적인 드라마는 '사랑을 그대 품안에', '마지막 승부' 등이 있었다. 이 무렵 한국의 TV 프로와 광고 중 일부는 해외 프로그램을 모방했다는 평가를 받았다. 한편 1995년에는 케이블 TV가 방송을 시작하여 다양한 프로를 선보였다.

대중음악도 황금기를 맞이했다. 대중은 '너에게로 또 다시', '희망사항', '사랑일뿐야', '입영열차 안에서', '안녕이라고 말하지마', '미소 속에 비친 그대', '슬픈 그림 같은 사랑' 등 발라드 음악과 '인디안 인형처럼', '널 그리며', '어젯밤 이야기', '꿍따리 샤바라' 등 댄스 음악을 선호했다. '마법의 성', '타타타', '만남', '신인류의 사랑', '핑계', '잘못된 만남' 등도 인기를 모았다. 발라드, 댄스음악의 열기 속에서 트로트는 정체 상태를 보였다. 한편 1970~1980년대 큰 인기를 끌었던 가곡은 퇴조를 보였다. 1994년 TV '열린 음악회'는 다양한 장르의 음악을 대중에 선사했다. 대중음악의 혁명적 변화를 야기했던 것은 반바지 차림에 모자를 거꾸로 쓴 '서태지와 아이들'의 등장이었다. 이 댄스 그룹이 한국어로 랩을 한 '난 알아요'는 음악 팬들에게 충격을 주었다. '서태지와 아이들'은 파격적인 댄스뮤직을 선보이며 구세대의 가요문화를 일거에 전복했다. 그는 신세대의 폭발적인 반응을 불러일으키면서 '문화대통령'이라는 애칭까지 얻었다. '서태지와 아이들'은 파격적인 의상 등을 선보이며 힙합문화를 유행시켰다. 이들의 음반 출시 전략은 발표-중단-컴백 방식이었다. '서태지와 아이들'은 기획사가 아니라 가수가 가요시장을 주도할 수 있다는 것을 처음으로 보여줬다. 댄스음악 그룹이 대거 등장하면서 팬클럽의 영향력이 막강해졌다. 한편 10대들은 팝송을 외면하기 시작했고, 가요에 열광했다. 한편 '아! 대한민국', '92년 종로에서'를 부른 가수 정태춘은 5년 동안 사전 심의를 거부하는 한편 헌법소원을 통해 사전심의제도 철폐운동을 전개했다. 결국 국회는 1995년 11월 식민지시기 이후 지속되어 온 사전심의제도를 철폐했다.

1991년 등장한 노래방은 한국인들의 여가 문화를 변화시켰다. 직장인들과 학생들은 회식 뒤풀이 행사로 노래방을 애용했다. 노래방 선곡은 구세대와 신세대를 가르는 기준이었는데, 특히 랩이 결정적이었다. 한편으로는 노래방에서 따라 부르기 쉬운 단순한 대중가요가 많이 작곡됐다. 그 밖에 젊은층 사이에서는 '락카페', 'DDR' 등이 유행했다.

스포츠 중에서 대중에게 큰 인기를 모은 것은 올림픽이었다. 한국은 1992년 바르셀로나 하계올림픽에서 금메달 12개 등을 획득함으로써 종합 7위를 차지했고, 황영조 선수는 마라톤에서 금메달을 획득하여 주목을 받았다. 1996년 애틀랜타 하계올림픽에서는 금메달 7개를 획득하는 등 종합 10위를 차지했다. 1992년 알베르빌 동계올림픽에서는 쇼트트랙 선수들이 금메달을 획득했고 1994년 릴리함메르 동계올림픽에서 남녀 쇼트트랙 선수들이 금메달을 획득했다. 쇼트트랙 선수들의 화려한 묘기는 국민의 인기를 독차지했다.

한편 인터넷의 등장으로 축구 팬들은 유럽축구에 대해 많이 이해하게 됐다. 축구는 1990년 이탈리아 월드컵, 1994년 미국 월드컵에 연속 출전하여 대중을 열광시켰고, 1996년에는 월드컵의 한일공동개최를 성사시켰다. 실업팀과 대학팀이 참가한 '농구대잔치'도 많은 인기를 끌었다. 한국 선수들은 권투, 유도, 레슬링에서 서구 선수에게 빈번히 승리했다. 그것은 소수 엘리트선수를 집중적으로 육성하는 스포츠 정책 때문이었다. 그 때문에 한국 체육이 대중의 일상

체육과 괴리되는 등 지나치게 엘리트 중심이라는 지적도 제기됐다.

한편 여가활동의 새로운 현상으로 '레포츠'가 등장했다. 레포츠는 레저와 스포츠를 합친 것으로서 래프팅, 서바이벌, 스쿠버다이빙, 패러글라이딩, 산악자전거 등을 뜻했다. 그 밖에 골프장의 대대적인 개장으로 골프의 대중화 시대가 도래했다. 1990년대 연극은 사회문제보다는 일상생활을 소재로 하였다. 한편으로 뮤지컬이 대중적인 연극 장르로 부상했는데, '미스 사이공'은 대표적 작품이다.

한편 젊은층은 애니메이션을 선호했다. 그런 가운데 1995년에는 국제만화페스티벌이 개최됐고, 8개 대학에 만화학과가 설치됐다. 대중에게 인기를 끈 베스트셀러로는 『나는 소망한다 내게 금지된 것을』, 『무궁화 꽃이 피었습니다』, 『서른, 잔치는 끝났다』, 『마음을 열어주는 101가지 이야기』, 『고등어』, 『개미』 등이었다.

3절 민족민주운동의 전개

1. 민주화운동의 고조

1) 광주민주화운동

12·12의 주역인 전두환은 1980년 4월 국군보안사령관직을 유지하면서 중앙정보부장서리에 취임함으로써 군과 민의 정보기구를 장악했다. 시민들은 군이 정치에 개입하려 한다는 것을 명확히 인식하기 시작했다.

학생들은 계엄 해제, 전두환 퇴진 등을 요구했고, 5월 15일에는 10만 명의 학생이 서울역에 모여 대규모 시위를 하고 자진 해산했다. 그러나 정부는 5월 17일 자정을 기해 비상계엄을 전국적으로 확대했다. 계엄사는 김대중 등을 연행했고, 김영삼은 가택 연금했다. 대학은 문을 닫고 긴 휴교에 들어갔다. 이렇게 '서울의 봄'이 끝났다.

한편 광주에서는 강력한 시위가 발생했다. 전남대학교 학생들은 5월 18일 계엄해제와 전두환 퇴진을 요구했다. 정부는 공수부대를 투입하여 무력 진압을 시도했고, 5월 21일 계엄군의 도청 앞 집단 발포로 다수의 학생, 시민들이 희생됐다. 한 독일 외신기자는 이 참극을 광주 현장에서 취재했고, 독일 NDR 방송은 5월 22일 광주의 참상을 세계에 알렸다. 시민들은 예비군 무기고 등에서 무기를 꺼내 계엄군과 교전했다. 계엄군은 광주에서 철수한 뒤 광주를 포위했고, 광주는 고립된 섬과 같은 처지에 놓였다. 정부는 '광주사태'가 북한 간첩의 사주를 받은 것이라고 선전했고, 일부 언론은 광주 시민들을 '폭도'로 매도했다. 시민들은 언론의 진상 보도를 기대했지만 허사였다. 고립무원 상태였던 시민들은 극한 상황이 언제까지 지속될지 몰랐다. 시민들은 자체적으로 치안을 유지하면서 서로 의지했고, 음식 등을 나눠 먹었다. 시민들은 절망적 상황에서도 도덕적으로 행동했다. 총기류를 소유했지만 금융기관, 금은방은 무사했고, 범죄도 발생하지 않았다. 광주 시민들은 성숙한 공동체 정신과 수준 높은 민주주의 의식을 보여줬다. 계엄군은 5월 27일 광주로 진입하여 도청의 시민들을 진압했다. 정부는 희생자를 195명으로 발표했지만, 소재가 파악되지 않은 행방불명자들도 많았다.

광주민주화운동은 한국 사회에 심대한 영향을 주었다. 많은 시민들이 비디오, 서적 등을 통해 광주의 참상을 알게 됐고, 학생들은 미국이 계엄군의 진압을 지지했다고 인식했다. 그에 따라 반미운동의 무풍지대였던 한국에서는 미국의 역할에 대한 의구심이 고개를 들기 시작했다. 해마다 5월이 되면 전국의 대학가에서는 '임을 위한 행진곡' 등이 불려졌다. '바위섬', '빙빙빙' 등은 광주의 비극을 은유적으로 노래했다. 대학가는 광주문제의 진상 규명을 요구하는 시위로 들끓었다. 광주민주화운동은 4·19혁명을 계승한 민주주의운동이었고, 훗날 6월 항쟁으로 계승되어 한국 민주주의의 기틀을 마련했다. 광주민주화운동은 '오 꿈의 나라', '화려한 휴가', '꽃잎' 등 많은 영화의 소재가 되기도 했다.

2) 6월 항쟁

1980년 5·17 계엄확대로 휴교에 들어간 전국 대학은 109일 만에 개교했다. 학생들은 독재로 치닫는 전두환 정권에 대항했고, 그 과정에서 1983년 9월 '민주화운동청년연합'을 결성했다. 김영삼은 1983년 5월 18일 5·18 3주년을 맞아 민주화를 요구하며 단식에 들어갔다. 한편 전정권은 12월, 5·17 이후 제적된 학생들에 대한 복교허용조치를 발표했다. 전정권이 탄압일변도의 강경책에서 '학원자율화'라는 유화책으로 전환한 것은 KAL기 격추사건과 미얀마 테러사건으로 민심을 수습할 필요가 있었기 때문이다. 또 86아시안 게임과 88올림픽의 유치도 국면전환의 계기가 됐다. 인권탄압국가라는 이미지를 가지고는 전지구적인 잔치를 치를 수 없었다. 그러나 무엇보다 중요한 이유는 강경책으로는 더 이상 학원문제를 해결할 수 없었기 때문이다. 정권의 폭압적 탄압에도 불구하고 학생 시위는 증가 일로에 있었다.

1984년 서울의 12개 대학생들은 '광주민중항쟁 4주기'를 맞아 시위를 전개했고, 김영삼, 김대중은 공동으로 '민주화추진협의회'를 결성했다. 9월에는 5·17 이후 처음으로 고려대학교에서 학생회가 부활하였다. 대학생들은 11월에는 11년 만에 부활한 '학생의 날'을 기념하여 연합대회를 개최했고, 260여 명의 대학생이 민정당사를 점거했다. 학생들은 정권의 부정부패를 비판하는 한편 정권의 학원, 노동탄압 중지를 요구했다. 진압 과정에서 학생들은 부상자가 속출했고, 전원 연행됐다. 1985년 4·19 25주년 기념식 때는 전국 56개 대학생 2만 6,000여 명이 교내외에서 반정부 시위를 전개했다. 또 5월 17일에는 '광주민중항쟁, 5주기를 맞아 전국 80개 대학생 3만 8,000여 명이 광주민중항쟁의 진상 규명을 요구하며 시위를 전개했다. 야당인 신민당도 5월 18일 광주민중항쟁의 진상 규명을 요구하는 성명서를 발표했다. 비슷한 시기 총 23개의 민주운동단체가 모여 민주통일민중운동연합(민통련)을 결성했는데, 치안본부는 민통련의 해산을 요구했다.

미국문화원(서울 특별시청 을지로 청사)
1985년 5월 73인의 대학생들은 서울 미국 문화원을 72시간 동안 점거하고 농성했다. 이들은 광주사태 당시 미국의 신군부 지원에 대한 사과를 요구했다.

한편 1985년 5월 민족통일민주쟁취민중해방투쟁위원회(삼민투) 학생 73명은 광주 학살에 대한 미국의 사과를 요구하며 72시간 동안 서울의 미국문화원을 점거했다. 전정권은 7월 학원시위를 원천 봉쇄하고자 '학원안정법'을 제정하려 했지만 이종찬 등 '온건파'의 반대로 포기했다. 11월에는 '전태일 15주기'를 기념하여 전국 22개 대학생 2,800여 명이 격렬하게 시위했다. 치안본부는 전국 9개 대학에 경찰을 투입하여 '삼민투' 학생들을 연행했다. 1986년 2월에도 서울 지역의 학생 1,000여 명이 격렬하게 시위를 벌였다. 3월 서울대학교 집회에서는 '반전반핵 양키고홈'이 등장했고, 10월에는 건국대학교에서 전국 26개 대학생 1,000여 명이 격렬하게 시위했다. 경찰은 시위에 참여한 대학생 전원을 연행했다.

한편 영화인들은 사회비판적인 영화를 다수 제작했고 영화 주인공은 사회 하층민들과 피억압자들이 주류를 이뤘다. 대표적 영화는

'백구야 훨훨 날지 마라', '낮은 곳으로 임하소서', '바보들의 행진', '바람불어 좋은 날', '난장이가 쏘아올린 작은 공', '꼬방동네 사람들', '어둠의 자식들', '도시로 간 처녀', '구로 아리랑' 등이다. 억압받는 민중을 대변하는 '민중가요'도 등장했다. '노래를 찾는 사람들'은 '사계', '광야에서', '솔아 솔아 푸르른 솔아' 등을 발표했다.

민중미술가들은 당국의 탄압에 저항하고자 '민족미술협의회'를 창립했다. 미술인들은 노동자, 농민 등 민중의 생활을 사실적으로 묘사하면서 광주민중항쟁, 통일, 반미반핵반독재, 반공해 등을 주제로 걸개그림, 판화, 만화 등을 그렸다. 정부는 1986년 민중미술가들의 전시회, 벽화작품들을 강제 철거했고, 1987년에는 『반쪽이 만화집』을 전량 압수했다. 당국은 전시장소의 대관을 철회시키고, 작품을 파괴·압수했고, 작가를 구속하는 등 강력히 탄압했다.

한편 정치활동이 금지됐던 인사들은 신민당을 창당하고 선거에 참여했다. 국민은 1985년 2월 12일 총선에서 야당에 표를 몰아줌으로써 민주화의 의지를 보여줬다. 그 결과 신민당은 지역구 50석을 포함, 67석을 획득하여 제1야당이 됐다. 이후 민한당 인사들이 입당하여 신민당 의석수는 재적의원의 1/3이 넘는 103석으로 증가했다. 신민당은 1985년 2·12총선을 계기로 부활했고, 국민의 관심을 이끌어내고자 대중적 투쟁을 전개했다. 신민당은 대통령직선제를 요구하면서 1986년 2월 12일 개헌추진 1,000만 명 서명운동을 전개했다. 반유신투쟁을 계승한 것이었다. 경찰은 참가 시민들을 '도로교통법위반'으로 구속하겠다고 경고했다. 3월 광주결성대회에는 30만 명이 참석했고, 대구, 대전, 청주에서도 대규모 결성대회가 열렸다. 5월 3일 인천대회에서는 격렬한 시위가 전개됐다. 그 과정에서 전 정권은 민통련을 해산시켰고, 민주인사를 구속했다.

전정권은 독재체제를 수호하고자 언론을 철저하게 통제했고, 1986년 '보도 지침'을 폭로한 언론인들을 탄압했다. 한편 KBS는 국민의 민주화 열망을 외면하고 정부의 정책을 일방적으로 보도했다. KBS는 항상 뉴스의 시작에 전두환의 동정을 보도함으로써 이른바 '땡전뉴스' 논란을 불러 일으켰다. 또 정부, 여당에 편향적인 방송을 강행함으로써 왜곡보도시비를 야기했다. 야당은 'KBS 시청료 납부 거부운동'을 전개했고, 주부 단체들을 비롯한 시민들도 동참했다. 시청료 거부운동에는 52%의 국민이 참여했다.

대한성공회 대성당
대한성공회 대성당은 1987년 6월 민주항쟁 당시 '6 · 10 국민대회'의 1차 집결지이자 대회장소였다.

공안 당국은 민주화운동가를 용공주의자로 규정하고 가혹하게 탄압했다. 6월 부천경찰서의 '여대생 고문사건'은 사회적으로 큰 파장을 일으켰다. 5공 때는 인권 유린이 비일비재하여 가족도 행방을 알 수 없는 '의문사'가 매우 많았다. 1987년 1월 14일 서울대학교 학생 박종철이 치안본부 남영동 대공 분실에서 물고문을 받고 사망했다. 경찰은 박종철이 탁자를 탁 치니 억하고 사망했다고 조작했다. 전정권은 국민의 비판이 높아가는 가운데 4월 13일 호헌 조치를 발표하여 또다시 간선제로 대통령을 선출하겠다는 의사를 분명히 했다. 천주교정의구현사제단은 5월 18일 경찰의 고문조작 사실을 발표하여 사회적 충격을 주었다. 5월 28일 향린교회에서는 민주세력이 총집결하여 '민주헌법쟁취 국민운동본부'를 결성했고 기자협회도 언론자유 수호를 결의했다. 6월 10일부터 전국에서는 '독재타도', '호헌철폐' 구호를 외치는 시위가 빈발하여 6월 29일까지 지속됐다. 특히 6월 26일부터 6월 29일까지 전개된 국민평화대행진 때는 연인원 180여만 명이 참여했다. 넥타이를 맨 직장인, 시장 상인, 택시기사들도 참여했다. 그 과정에서 연세대학교 학생 이한열이 직격 최루탄을 맞고 사망했다. 만화를 즐겨 그리던 학생이 시대의 격랑에 휘말려든 것이었다. 민정당 대통령후보 노태우는 6월 29일 직선제 수용을 핵심으로 하는 '6 · 29선언'을 발표했다.

시민들은 민주화운동이 성공했다고 환호했다. 이후 충남대학교에서는 전국 95개 대학생들의 대표조직인 전국대학생대표자협의회(전대협)가 결성됐고, '민주사회를 위한 변호사 모임(민변)'도 결성됐다. 노동자들은 민주화운동에 가세했다. 전정권은 노조설립 요건을 강화하여 노조설립을 방해했고, 직권중재제도를 이용하여 모든 쟁의를 중단시키는 한편 '민주노조'를 해산시켰다. 노동자들은 학생층과 연대하여 노동운동을 지속하다가 1987년 7월 '노동자 대투쟁'을 전개했다. 노동자들은 3,337건의 쟁의를 일으켰고, 120여만 명이 쟁의에 참여했는데 대기업의 75.5%가 가담했다. 노동자 계급은 운동을 계기로 노동운동의 주체로 부상했고, 대부분의 대기업에는 노조가 결성됐다. 노조에는 생산직은 물론 사무직도 참여했다. 노동운동은 '전국노동협의회' 결성으로 전국적인 연대에 들어갔고 노조운영의 민주화도 가속화됐다. 시 〈노동의 새벽〉은 이 무렵 노동자의 의식을 반영했다.

국민은 1987년 12월 16일의 대통령 선거를 앞두고 야당 후보의 단일화를 요구했다. 민주화운동의 완성을 기대했기 때문이었다. 그러나 두 김씨는 승리를 장담하고 10월 각각 출마를 선언했다. 그 와중에 'KAL 858기 폭파사건'이 발생했고, 테러범으로 체포된 북한 여성이 대선 하루 전에 입국했다. 일부 국민은 KAL기 폭파사건으로 충격을 받고 군 출신인 노태우를 지지했다. 두 김 씨의 득표는 55.1%였고, 노태우는 유효투표의 36.6%로 당선됐다. 1988년 4월 26일 총선에서 노태우의 민정당은 과반수에 미달하는 124석, 김대중의 평민당은 70석, 김영삼의 민주당은 59석, 김종필의 공화당은 35석을 획득했다. 선거는 지역주의의 경향을 보였고 '여소야대'를 가져왔다. 야당은 1988년 11월 '광주학살청문회'와 '5공비리청문회'를 개최하여 전두환 정권의 비리를 파헤쳤다. 전두환은 청문회가 개최되는 가운데 백담사로 '유배'됐다.

3) '민주화'의 진전

국민은 군사정권 시기 중앙정치에서는 대통령직선제, 지방정치에서는 지방자치제를 요구했다. 노태우는 6·29선언으로 국민에게 두 가지를 조속히 실시할 것을 약속했다. 노정권은 일련의 민주화 조치를 취해 그동안 국민에 군림했던 사회정화위를 폐지했고, 16년 만에 국정감사를 재개했으며, 1991년에는 지방자치 기초의원 선거를 실시했다. 그러나 지방자치단체장은 중앙정부가 임명했고, 행정체계는 국고보조금에 의지했으므로 본격적 지방자치시대는 요원했다. 6공화국은 대통령이 신군부 출신이었으므로 군사정권의 색채가 강했다. 1992년에는 정권의 방송장악에 맞서 방송인들의 '방송민주화투쟁'이 전개됐다.

국민은 1993년 출범한 문민정부에 군부 권위주의 체제를 청산할 것을 요구했다. 문민정부는 권위주의를 청산하고 문민성을 확립하려 했다. 김영삼은 대통령에 취임하자마자 군 주요 포스트에 포진한 '하나회' 군인들을 정리했고, 정치군인인 하나회 군인들의 숙청은 민주주의의 발전을 가져왔다. 민간인 대통령은 군을 통제할 수 있게 되었다. 그 밖에 문민정부는 안기부, 경호실, 국군기무사 등을 개혁했으며, 대통령을 비롯한 공직자의 재산을 공개했고, 공직자 재산등록제, 정치자금법을 제정했다. 문민정부는 1995년 6월 4대 지방선거를 동시에 실시하고 지방자치단체에 중앙정부의 권한을 이양했다. 그러나 문민정부는 국회를 무시하고 권위주의적 통치로 일관하여 '문민독재'라는 비판을 받았다. 김영삼은 집권여당의 총재로서 국회의원 공천권을 행사했고, 야당과의 타협에 인색하여 '제왕적 대통령'이라는 평을 받았다. 그는 국무총리의 권한을 행사하려던 이회창을 해임함으로써 대통령 중심의 국정운영을 추구했다.

문민정부 들어 일련의 개혁조치가 있자 중산층은 민주화운동에 거리를 두었고, 학생들은 개인주의를 선호하여 학생운동을 멀리했다. 결국 시민운동이 민주주의운동의 대안으로 등장했으며, 경제정의실천연합, 환경운동연합, 참여연대 등 시민단체들이 속속 창립됐다. 한편 학생운동은 문민정부 들어서 퇴조했다. 1993년 4월 183개 대학 5,000명은 전대협을 계승한 한국대학총학생회연합(한총련)을 결성했다. 한총련은 단과대학까지 망라했지만 전대협보다는 활동이 미약했다. 점진적이나마 민주화가 진행되자 학생운동은 통일운동에 치중했다. 문민정부는 강경 보수의 대북정책을 구사하여 '범민련대회' 등 모든 대북 접촉을 불법으로 규정했다. 1996년 8월 연세대학교에서 발생했던 '한총련사건'으로 학생운동은 침체하기 시작했다. 김정권은 연세대학교에 경찰을 투입하여 학생 5,700여 명을 연행했고 465명을 구속했다. 김정권은 한총련을 이적단체로 규정하고, 탈퇴하지 않은 학생들을 구속했으므로 많은 대학이 한총련을 탈퇴했다.

2. 민족통일운동의 전개

1) 민족주의의 고조

1982년에 발생한 일본 교과서사건은 한·일 관계를 냉각시켰다. 일본 정부는 침략을 미화한 고교 사회교과서의 검정을 승인했다. 이 같은 조치는 집권당인 자민당의 역사인식을 반영한 것이었다. 한국 정부는 7월 일본 정부에 일본 교과서의 시정을 요구하면서 일본이 시정을 거부할 경우 과거 일본의 죄악상을 공개하고, 동남아 국가들과 시정공동기구 설치를 추진할 것이라고 천명했다. 문교부는 중고교 국사교과서를 보충하는 등 민족사 재정립을 발표했다. 한국에서는 격렬한 반일시위와 함께 독립기념관을 건립하고자 국민성금운동이 전개됐다. 그 결과 독립기념관은 1987년 개관했다. 교과서 왜곡사건이 발생하자 학생들 사이에는 '독도는 우리 땅'이라는 노래가 선풍적인 인기를 모았다.

일본 문부성은 교과서 시정의 거부의사를 밝혔다가 11월 시정을 약속했다. 2차대전의 전범인 일본 국왕 히로히토는 1984년 일본을 방문한 전두환에게 과거의 한일관계에 대해 유감을 표시하면서 '통석의 념'이라는 애매모호한 표현을 사용했다. 이후에도 일본 문부상은 1986년 '교과서 망언'을 했다. 일본의 보수세력은 제국주의사관에 빠져 자국의 침략을 미화했다. 한편 일본의 진보적 정치인들은 제국주의사관을 비판하고 일본의 과거의 오류를 반성했으며, 특히 무라야마 총리는 한국에 대한 식민통치를 사과했다.

한국에서는 '일제청산논쟁'이 불붙었다. 미술계에서는 친일잔재의 청산을 요구하면서 파고다 공원의 3·1독립기념탑 복원을 제의했다. 문민정부는 1995년 국민학교를 초등학교로 개칭했고, 1996년에는 조선 총독부 건물을 철거했으며 중국의 중경에 소재하는 대한

민국 임시정부의 청사를 복원했다. 1996년에는 독도학회가 발족됐고, 독도기념관도 개관됐다.

한편 한국 사회는 미국에 대한 일방적 지지의 경향에서 탈피하기 시작했다. 대학생들은 미국이 신군부의 광주학살을 방조했다고 주장하면서 '반미자주화운동'을 전개했다. 그 결과 1982년 부산에 소재한 미국문화원이 방화됐고, 1983년에는 대구 미국문화원이 폭탄을 맞았다. 1985년에는 73명의 대학생들이 서울 소재 미국문화원을 점거하고 농성했다. 이들은 광주민주화운동 당시 미국의 신군부 지원을 사과할 것을 요구했다. 서울대학교 집회에서는 '양키 고홈'이라는 구호가 등장했다.

2) 전통문화 계승운동

전두환 정권은 개방에 치중하여 박정희 정권에 비해 전통문화에 대한 지원은 미미했다. 전정권은 1985년 구정을 '민속의 날'이라고 명명하면서 공휴일로 지정했고, 안동의 하회마을 등 전통 가옥을 민속자료로 지정했다. 국립중앙박물관은 유럽을 순회하면서 '한국 미술 5천년전'을 개최했다. 하지만 전정권은 1986년 구총독부 건물에다가 국립중앙박물관을 배치했는데 민족말살의 소굴에 민족 문화의 정수를 보관한 꼴이었다. 이 같은 정권의 조치는 식민 잔재를 청산하지 않는 등 역사의식이 분명하지 않은 소치였다. 전정권은 예술의 전당의 오페라하우스 지붕에 갓을 덮어씌운 것으로 전통문화 계승을 과시했다. 노태우 정권 역시 개방에 치중하여 전통문화에 대한 지원은 미미했다. 1991년 정신문화연구원이 『한국 민족 대백과사전』을 발간한 것이 주요 사업이었다. 노정권은 1990년 한글날을 공휴일에서 제외했다.

전통문화 계승운동은 민간에서 활기를 띠었다. 대학가에서는 전통문화를 계승하여 '대동제'라는 축제를 고안해냈다. 대동제 프로그램 중 줄다리기 등의 전통 놀이는 학생들을 하나로 묶어 줬다. 학생들은 전통문화를 재창조하여 민주화운동에 활용했다. 한편 한국의 불교 사상을 소개한 '달마가 동쪽으로 간 까닭은?'이라는 영화는 로카로노영화제에서 그랑프리를 수상했다.

문민정부는 민족 문화의 세계화를 강조하면서 1993년 '문화창달 5개년계획'을 발표했고, 1994년에는 문화산업국을 설치하여 부가가치가 높은 문화산업 진흥을 강조했다. 하지만 재정경제원이 문화산업의 예산을 대폭 삭감했으므로 문화산업국의 예산은 문화체육부 예산 중 2%를 차지하는 데 그쳤다. 그에 따라 '문화창달 5개년계획'은 거의 실천되지 못했다. 문민정부 시기는 지방의 민속축제들이 여럿 창설됐다. 정부는 지방축제의 활성화를 천명하면서 안동민속축제 등을 지원했으며, 1995년에는 국내 처음으로 국악전문박물관을 개관했다. 국제 사회는 한국의 문화유산을 높이 평가했다. 유네스코는 팔만대장경, 종묘, 불국사, 해인사, 수원 화성, 창덕궁 등을 세계문화유산으로 등록했고, 뉴욕 소더비경매장에서는 고려 불화가 고가에 낙찰되기도 했다.

민간에서도 전통 문화 계승운동이 전개됐다. 사물놀이는 1982년 미국 댈러스시에서 개최된 '세계 타악인 대회'에서 기립박수를 받았다. 그를 계기로 외국 음반사에서는 사물놀이 공연을 음반으로 제작했으며, 그 음반은 밀리언셀러로 등극했다. 그에 따라 사물놀이는 세계 속에 한국을 대표하는 전통문화로 부상했다. 사물놀이는 매년 세계 순회공연을 했고, '사물노리안'이라는 많은 팬을 확보하는 등 세계적 음악으로 부상했다. 영화 '서편제'는 한국의 서정미가 물씬 풍기는 들판에서 진도아리랑을 부르는 장면, 판소리 가락을 부르는 장면을 보여주어 관객의 호응을 얻었다. 그 때문에 '서편제'는 서울에서만 100만 명 이상의 관객을 동원했다. 『나의 문화유산

답사기』도 한국의 주요 문화재를 생동감 있게 소개하여 대중에게 전통 문화유산에 대한 관심을 고조시켰다. 대중 사이에서는 이 책에 소개된 문화재들을 순방하는 붐이 일기도 했다. 또 청소년들에게 최고의 인기를 누리던 댄스그룹 '서태지와 아이들'은 '하여가'라는 가요에 태평소 등의 농악을 사용하여 청소년들에게 국악에 대한 관심을 가지게 했다.

3) 남북통일운동의 전개

1970년대 중반부터 냉각됐던 남북관계는 1980년대 접어들어 해빙기를 맞이했다. 북한 당국은 1980년 1월 남한에 대화를 제의했고, 남한 당국은 북한의 대화 제의를 수락했다. 그에 따라 남북간 교섭이 진행됐고, 남북 간의 직통전화가 3년 만에 재개통됐다. 한편 남한에서는 1983년 6월부터 11월까지 '이산가족을 찾습니다'라는 특별 생방송이 진행됐는데, 이때 '누가 이 사람을 모르시나요'라는 가요가 크게 유행하기도 했다.

한동안 남북관계는 답보상태를 거듭했다. 그러던 중 1983년 중국 조종사가 미그 21기를 몰고 귀순한 사건이 발생했다. 서울 경기 일원에는 휴전 뒤 처음으로 실제 공습경보가 발령되어 시민들은 대피소동을 벌였다. 같은 해 10월 발생한 미얀마 테러사건은 남북관계를 크게 냉각시켰다. 그런 가운데 북한은 남한이 올림픽을 개최하는 것을 지지하지 않았다. 북한은 남한이 올림픽을 개최할 경우 국제 사회는 남한을 북한보다 우위로 인정할 것이라고 경계했다. 서울이 올림픽 개최지로 최종 발표되자 북한은 남북한 공동개최를 제의했지만 기대했던 성과를 거두지 못하자 1984년 서울올림픽 개최를 반대한다고 공식 발표했다. 다른 한편으로 북한은 서울올림픽에 대응하여 세계청년학생축전을 개최하고자 시도했다.

꽁꽁 얼어붙었던 남북관계에 물꼬를 튼 것은 북한의 수재물자 지원 제의였다. 북한은 1984년 9월 남한에서 대홍수가 발생하자 남한 당국에 수재물자 지원을 제의했다. 1982년 한국의 GNP는 북한의 4.8배였다. 그럼에도 불구하고 남한 당국은 북한의 제의를 수락했고, 북한의 쌀, 시멘트를 실은 트럭이 판문점을 통과했다. 그런 가운데 대한적십자사는 1984년 북한에 이산가족찾기 회담을 제의했다. 남북은 협의를 거쳐 적십자회담, 경제회담, 체육회담을 개최했다. 1985년 1월 남한은 북한에 남북정상회담을 제의했고, 북한도 동의했다. 남북이 정상회담을 추진한 배경은 서로 달랐다. 남한은 서울올림픽을 성공적으로 개최하는 것이 목표였고, 북한은 주한미군의 철수가 목표였다. 남북은 정상회담을 성사시키고자 1985년 9~10월 특사를 교환했고, 9월에는 남북고향방문단을 성사시키기도 했다. 북한은 북에 위협을 준다는 이유로 정상회담의 전제조건으로 '팀 스피리트 86훈련'의 취소를 요구했고, 남한의 친미극우파는 정상회담을 강력히 반대했다. 결국 남북정상회담은 무산됐다.

남북정상회담의 무산은 남북관계를 냉각시켰다. 그 과정에서 야당 국회의원은 1986년 국회에서 '국시는 반공보다 통일이다'라고 발언했다가 구속됐다. 전정권은 10월 북한이 남한의 올림픽 개최를 방해하려고 금강산에 방대한 규모의 댐(금강산댐)을 만들고 있다고 발표했다. 정부는 금강산댐은 서울을 물바다로 만들 수 있을 정도라고 강조했고, 한 토목공학과 교수는 TV에 출연해 서울시의 모형을 전시해 놓고 북한이 금강산댐으로 수공을 할 경우 63빌딩까지 물에 잠겨 서울시 인구의 1/4이 희생될 것이라고 주장했다. 정부는 북한이 금강산댐을 이용하여 수공작전을 전개하려 한다고 주장하면서, 금강산댐에 대응하는 댐, 즉 '평화의 댐'을 만들기 위한 운동을 전개했다. 전국의 각급 학교는 '평화의 댐' 성금을 모금했다. 정부는 1987년 '평화의 댐' 공사를 착공했고, 1988년 5월 1단계 공사를 완료했다.

한편 학생운동은 6월 항쟁으로 민주화를 쟁취했다고 인식하고 통일운동으로 이행했다. 전대협은 '북한바로알기운동'을 전개했고, 1988년 6월에는 북한 측에 판문점에서 '8·15 남북학생회담' 개최를 제의했다. 4·19혁명 때의 남북학생회담 제의를 계승한 것이었다. 북한의 '조선학생위원회'는 제13차 세계청년학생축전에 전대협을 초청했다. 노태우 정권은 남북학생회담을 강력히 저지했지만, 전대협은 한양대학교 학생 임수경을 1989년 7월 평양세계청년학생축전에 파견했다. 임수경의 자유분방한 행동은 북한 주민에게 깊은 인상을 남겼다. 재야도 범민련을 조직하고 군축, 불가침을 제의했으며, 소설가 황석영을 북한에 파견했다.

노정권은 올림픽이 성공적으로 개최되자 대북정책을 전향적으로 검토했다. 노정권은 학생들의 통일운동에 자극을 받고 보다 적극적인 대북정책을 추진했다. 노정권은 1988년 월북 작가들의 작품을 해방 이전의 순수예술에 한해 해금하는 한편 '북방정책'으로 북한의 동맹국들과 수교했다. 북방정책은 북한을 자극했다. 체제 위기를 느낀 북한은 핵무기 개발을 경고하는 한편 1990년 5월 남한에 고위급 회담을 제의했다. 남북은 1990년 서울, 평양을 오가며 고위급회담을 개최했다. 남북은 직교역에 합의했고, 남한은 북한에 '통일 쌀' 5,000톤을 지원했다. 1990년 미국 뉴욕에서는 제1회 남북영화제가 개최됐고, 그 자리에서 북한 영화인 '참된 심정'이 상영됐다. 서울의 전통예술단은 평양에서 개최된 '민족통일 음악회'에 참석해 공연했으며, 일본 도쿄에서는 남북 화합음악제 '한겨레의 울림'이 개최됐다. 남북의 교류 때는 예외 없이 '우리의 소원은 통일'이 합창됐다. 1991년에는 탁구 남북단일팀이 일본 지바에서 열린 세계선수권대회 여자단체에서 중국을 격파하고 우승했다. 축구도 남북단일팀인 '코리아팀'을 구성하여 세계청소년대회에서 8강에 올랐다. 그 과정에서 북한은 그 동안의 반대를 접고, 1991년 9월 17일 남한과 함께 UN에 동시 가입했다. 남북은 1991년 12월 '남북 사이의 화해와 불가침 및 교류·협력에 관한 합의서'(남북기본합의서)를 체결했고 1992년 발효시켰다. 이 때 남북은 상대방을 합법 정부로 인정했고, 한반도 비핵화를 약속했다. 남북은 1992년 '기계화를 위한 한글 로마자 표기법 통일안'에 합의했다. 남한의 예술의 전당에서는 '북한미술전'을 개최했고, 1992년 서울대학교에서 개최된 범민족대회에는 4만여 명이 참가했다.

김영삼은 1993년 대통령 취임사에서 "어느 동맹국도 민족보다 더 나을 수는 없다"며 전향적인 대북정책을 예고하였다. 문민정부는 '민족공동체 통일방안'을 발표함으로써 6공의 '한민족공동체 통일방안'을 보다 진전시켰다. '서태지와 아이들'은 1994년 '발해를 꿈꾸며'라는 노래를 발표하여 한반도의 평화와 통일을 염원했다. 또 구철원 지역에 있는 구조선노동당사에서 뮤직비디오를 찍음으로써 청소년들에게 통일의식을 고취했다. 문민정부의 대북접근은 북한핵 문제로 난관에 부딪혔다. 북한은 1992년 NPT에 서명했지만 영변 핵 시설 사찰건으로 미국과 대립했다. 북한은 미국에 맞서 핵무기 개발로 안보를 추구했으며, 미국은 1992년 뉴욕에서 북한과 고위급회담을 개최했다. 1차 북핵 위기는 1993년 3월 12일 북한이 NPT 탈퇴를 선언하면서 시작됐다. IAEA는 북한에 미신고지 2개의 사찰을 요구했지만, 북한은 군사시설이라는 이유로 IAEA의 요구에 응하지 않았다. 미국은 북한 핵시설을 파괴하고자 1994년 6월 북한 공격을 검토했고, 그 과정에서 남한에서는 생필품 사재기 소동이 벌어졌다. 일촉즉발의 전쟁 위기 속에서 6월 카터 전 미국 대통령이 방북하여 남북정상회담을 중재했다. 하지만 남북정상회담은 7월 8일 북한 주석 김일성의 돌연한 사망으로 무산됐다. 이후 미·북은 협상을 계속하여 1994년 10월 '제네바기본합의서'를 교환했다. 그 내용은 북한 경수로 건설의 지원, 북한에 대한 중유 지원, 북·미 관계의 정상화 등이었다. 남한은 북한과 KEDO 경수로 공급 협상을 체결했고, 북한에 쌀 15만 톤을 지원하기로 합의했다. 그러나 남북관계는 1996년 북한 잠수함 강릉침투사건으로 크게 경색됐다.

남북기본합의서 국면에서 한반도 정세는 남·북이 주도했다. 하지만 핵문제가 발생하자 한반도 정세는 미·북이 주도했다. 문민정부 때 남북의 접촉은 15회에 불과했다. 5공 때 9회, 6공 때 82회에 비해 현격히 감소했고, 고위당국자 간의 접촉은 거의 없었다. 문민정부의 대북정책은 일관성 부재, 즉흥적 대응, 여론 추수적이라는 비판을 받았다. 그 배경으로는 대통령의 대북 인식의 혼란, 장관의 빈번한 교체, 부처간 갈등, 비공식적 정책 결정 구조 등이 지적됐다. 남한에서는 보수-진보 진영 간의 이념 대립이 격화됐고, '주사파 발언'은 정국을 냉각시켰다.

제7장 IMF 사태와 세계화의 향방(1997~2007)

IMF 사태는 한국전쟁 이래 한국 사회에 가장 큰 충격을 주었다. IMF와 미국 정부는 한국 정부에 '신자유주의 세계화'를 강력히 추진할 것을 요구했다. 신자유주의 세계화는 중산층을 붕괴시켜 한국 사회의 양극화를 야기했다. IMF 사태는 한국 사회의 직업관을 바꾸는 등 한국인의 의식 구조를 변모시켰다. 한편으로 인터넷의 발달, 외국 기업의 한국 진출, 한국 기업의 외국 진출, 인천국제공항의 개항, 이민의 급증, 해외유학 증가, 월드컵 개최 등으로 한국의 세계화는 한층 가속화됐다.

IMF 사태 직후 치러진 대통령 선거에서는 한국 정치사상 처음으로 여야 간에 수평적으로 정권이 교체됐는데, 민주주의의 진전을 의미했다. 민간정부 들어서 민주주의는 더욱 발전했다. 국민의 정부는 국가인권위원회를 신설하여 국민의 인권을 신장시켰으며, '남녀차별금지법'을 제정하고 여성부를 신설했다. 참여 정부는 '제왕적 대통령제'를 폐기하는 등 정치면에서 많은 개혁을 단행하여 한국 민주주의를 더욱 발전시켰다. 국회는 호주제 폐지를 주요 내용으로 하는 '민법개정안'을 통과시켰으므로 여성들의 권익은 더욱 신장됐다. 그리고 민주주의의 발전은 '한류'를 탄생시켰다.

아시아 금융위기는 아시아 국가 간에 경제협력을 모색하는 계기를 마련했다. '동아시아 협력론'은 세계화에 대한 동아시아지역 차원의 대응이었다. 남북한의 교류와 협력을 통한 한반도의 평화 추구도 동아시아 협력론의 일환으로 평가됐다.

1절 정권의 지배정책

1. 국제정세의 변동

미국은 소련과의 냉전에서 승리하자 세계 각국에 '신자유주의 세계화'를 요구했다. 자본가 계급은 자국 노동자에 대한 우위를 가져다 줄 것으로 보고 신자유주의를 환영했다. 전통적으로 중도 좌파를 대표했던 영국 노동당, 프랑스 사회당, 독일 사민당 등 유럽의 사회민주주의 정당들은 신자유주의를 지지했다. 그것은 이들 정당들이 소련 붕괴를 계기로 우경화했기 때문이다. 유럽의 사민당들은 '제3의 길'을 채택했는데, '제3의 길'은 극좌, 극우를 뛰어넘는 개혁을 주장했다. 영국의 노동당은 보수당의 신자유주의적 개혁을 계승했다. 1997년 집권한 노동당은 생산수단의 국유화를 규정한 당규를 포기했고, 세금 인하와 규제 완화를 추구했다. 또 노동당은 금융시장의 규제 완화, 기업 우대를 추구한 반면 국유화, 계급정치, 소득 평등 등 사민당의 핵심 가치들을 포기했다. 독일의 사민당은 1990년대 후반 신자유주의적 개혁에 합의했다. 사민당은 노동시장의 유연화와 사회복지 축소를 실시하는 등 사민당의 핵심 가치들을 포기했다. 한편 전통적인 중도 좌파 지지자들은 '제3의 길'을 신자유주의의 아류라고 지적하면서 사민당의 노선 전환을 비판했다. 이들은 단기 수익과 주주 이익 중심의 경영을 비판했고, 기업의 사회적 투자 확대를 요구했다.

브라질, 아르헨티나, 베네수엘라, 에콰도르 등의 국가들은 신자유주의가 미국의 패권을 강화시킬 것으로 보고 경계했다. 노동자계급은 대부분 신자유주의 세계화를 반대하는 입장을 보였다. 1999년 12월 미국의 시애틀에서는 WTO에 반대하는 대규모 반세계화 시위가 발생했다. 반세계화 시위는 스페인, 유럽, 아시아, 남미 등 전세계에서 발생했다. 이탈리아에서는 2001년 7월 G7정상회의에 반대하는 시위가 일어났고, 반스타벅스운동도 전개됐다.

한편 냉전이 해체되자 민족주의적 경향이 대두했다. 동구권의 세르비아는 1999년 코소보를 침공하고 '인종청소'를 자행했다. 세계의 경찰을 자처한 미국은 지상군을 투입하여 세르비아를 패퇴시켰다. 미국은 중동에도 깊숙이 개입했다. 아랍인들은 미국이 팔레스타인 문제에서 이스라엘을 지지한다고 인식했으므로 미국 군대가 '이슬람 성지'에 주둔하는 것을 반대했다. 아랍의 테러 집단은 2002년 9월 11일 미국 뉴욕의 빌딩을 공격하여 3,000여 명의 인명을 살상했다. 미국은 '9·11테러'를 미국에 대한 도전으로 간주하고 '테러와의 전쟁'을 선언했다. 미국은 1차로 테러집단의 본거지로 인식한 아프가니스탄과의 전쟁을 시작했고, 2차로 테러지원국이라 지목한 이라크를 침공했다. 서방 유럽국들은 미국의 전쟁에 거의 동조하지 않았다. 독일, 프랑스, 이탈리아는 미국의 군사지원 요청을 거부했고, 영국의 런던에서는 40만 명이 반전 시위에 참여했다. 영국 역사상 최대 규모의 시위였다.

미국의 독주가 계속되자 비동맹그룹의 결속은 더욱 강화됐다. 120개국의 비동맹국들은 미국의 '일방주의 외교'에 비판을 가했다. 비동맹국은 아시아, 아프리카, 라틴아메리카 등지에 포진했다. 한편 러시아, 중국, 인도, 브라질 등은 Bricks로 불리며 미국의 패권에 도전했고, 유럽도 EU체제를 강화하며 독자적 외교를 추구했다. 중국은 서방국들과의 경제협력을 추구했다. 그 과정에서 중국은 1997년 영국으로부터 홍콩을 반환받았고, 2001년에는 WTO에 가입했다.

한편 일본에서는 국가주의가 강화됐다. 일본 정부는 침략의 상징이었던 국기와 국가를 부활시켰고, 각료들은 신사참배를 강행했다. 또 일본은 미국의 테러전쟁에 적극 협조하는 등 미국에 치중하는 외교를 전개했다. 일본의 극우파는 '자유주의 사관'에 입각하여 과거의 침략을 미화하는 교과서를 제작했지만, 2001년 채택률은 0.04%에 그쳤다. 일본의 우경화가 가속화되자 아시아 각국은 반발했다. 특히 한국과 중국은 일본의 제국주의적 역사인식을 강력하게 규탄했다. 한편 동아시아정세는 북한 핵문제로 새로운 국면으로 접어들었다. 2003년 중국의 북경에서는 남북한, 미·중·러·일이 참여하는 '6자회담'이 개최됐고, 2005년에는 '9·19 공동성명'이 발표되기도 했다. 하지만 미·북은 불가침조약 체결을 둘러싸고 이견을 보였으며, 그런 가운데 북한이 미사일을 발사하자 6자회담은 일시 중단됐다. 6자회담은 북핵문제 해결에서 한걸음 더 나아가 한반도의 항구적 평화체제 수립을 논의하고자 했다.

2. 정권의 통치

1) 국민의 정부

'IMF위기'는 한국전쟁 이후 최대의 국난이었다. IMF 사태 직후 1997년 12월 치러진 대통령 선거에서는 야당의 김대중 후보가 대통령에 당선됐다. 국민의 정부는 민주주의와 시장경제의 발전을 국정

과제로 제시했다.

국민의 정부는 IMF위기 탈출이라는 과제 속에서 '노사정위원회'를 구성하여 노사 간의 타협을 이끌어내고자 하였다. 국민의 정부는 공기업 민영화정책을 추구했고, 8개의 공기업을 민영화했다. 공기업 민영화에 대해서는 찬반론이 격렬했다. 찬성하는 이들은 외국인의 투자유치, 선진경영기법의 도입, 국내자본시장의 확대를 지적했고, 반대하는 입장에서는 알짜기업의 양도로 국부의 유출을 경계했다. 국민의 정부는 21세기 국가간 경쟁에 대처하고자 BK21 사업을 시행했는데, 이 사업은 과학기술분야의 발전을 야기했다. 국민의 정부는 인터넷과 통신 분야의 기업에 재정을 지원하여 'IT 강국'을 만들었고, NT, BT, 문화산업, 금융산업도 집중 육성했다. 그 결과 이들 분야에서 근대화 이래 처음으로 일본을 추월했다는 평가를 받았다. 정부는 경제의 활성화를 강조하면서 벤처, 창업, 신지식인을 육성하고자 했다. 한편으로는 '개방형 임용제'를 실시하여 3급 이상 고위직에 민간전문가를 영입하고자 했는데 실제 민간 전문가가 영입된 비율은 12%였다.

국민의 정부는 언론의 개혁을 추진했다. 한국 언론은 불공정거래, 사실왜곡, 여론조작, 편집권종속, 인권침해 등이 개혁 대상으로 지적됐다. 국민의 정부는 신문사에 노사가 함께 참여하는 편집위원회를 구성하여 편집권을 독립시키고자 했고, 또 ABC제도 정착, 신문공동판매제 도입으로 신문시장 질서를 확립하고자 했다. 국세청도 경영투명성을 개선한다며 세무조사를 실시했다. 그러나 편집권 독립은 제도안 마련에 실패했고, 세무조사도 일회성에 그쳤다. 세무조사를 받은 신문사는 비판적인 언론에 족쇄를 채우기 위한 것이라고 반발했다. 반면 일각에서는 정부가 언론개혁에 대한 의지가 부족하다고 비판했다.

한편 IMF위기에 대처하는 과정에서 대규모의 구조조정과 그로 인한 실업사태가 발생했다. 그 과정에서 일용직, 임시직 등 비정규직 노동자의 비율이 급격히 증가했고, 중산층이 몰락하여 빈부차가 심화했다. 사회의 각계각층에서 사회적 안전망에 대한 대책이 필요하다는 주장이 제기되었다. 국민의 정부는 경제 위기로 몰락한 계층을 보호하고자 사회복지제도를 대폭 정비했다. 국민기초생활보장법을 도입하여 생계비를 지급했고, 국민연금법을 개정하여 전국민 연금적용시대를 열었으며, 고용보험, 산재보험, 의료보험을 확대했다. 정부의 사회복지정책은 성장만을 생각하였던 국민에게 분배의 중요성을 인식하게 했다. 그러나 여전히 광범위한 사회보험의 사각지대가 존재했다.

국민의 정부는 국가적 재난인 IMF위기를 성공적으로 극복했지만, 그 과정에서 헐값으로 기업과 은행을 외국자본에 판매했다는 비판을 받았다. 또 국민의 정부는 카드 발행 자유화로 '카드대란'을 야기하는 등 과도한 경기부양책을 시행했다는 비판을 받았다.

이 시기 여성들의 권익은 더욱 신장됐다. 국민의 정부는 1999년 '남녀차별금지법'을 제정하고, 2001년에는 여성부를 신설했다. 세계에서 유일하게 한국에만 있다는 평가를 받은 여성부는 여성의 지위 향상에 크게 기여했다. 여성부는 여성들의 권익 보호, 성폭력 방지, 남녀차별 시정 등에 주도적 역할을 담당했고, 여성 인격을 침해하는 대표 사례였던 '성희롱 문제'에도 적극적으로 대처했다. 종전에는 남녀 차별, 성희롱 사안에 대해 권고, 주의 정도로 그쳤지만 여성부 등장 이후부터는 행정조치로 시정됐다.

여성들의 사회 진출도 더욱 활발해졌다. 주부들은 산소 같은 사회를 만든다는 취지로 1999년 '아줌마 헌장'을 제정했으며 2000년 총선에서는 낙선운동에 참여했다. 여성들의 고위 공직 진출도 활발하여 참여정부 때는 4명의 여성장관이 탄생했고, 여성 국무총리도 등장했다. 국회는 2005년 호주제 폐지를 주요 내용으로 하는 '민법개정안'

을 통과시켰다. 그 결과 여성들이 남성과 동등한 지위를 차지하게 됐다.

2) 참여 정부

새천년민주당의 노무현은 '국민참여경선제'라는 새로운 방식으로 대통령 후보로 선출됐고, 2001년 12월 대통령선거에서 당선됐다. 노무현의 당선은 '3김 시대'를 정리하고 새로운 정치사를 여는 계기가 되었다. 노무현 대통령은 '제왕적 대통령'이라는 권위적인 리더십을 탈피하겠다고 선언하는 한편 국민이 참여할 수 있는 '참여정부'를 만들겠다고 약속했다. 또 그는 국정원, 검찰, 경찰, 국세청 등 권력기관을 권력의 도구로 이용하지 않겠다고 천명했고, 야당을 상대로 한 정치사찰, 표적수사, 그리고 야당에 정치자금을 제공한 기업에 대한 세무사찰을 하지 않겠다고 선언했다. 참여정부는 야당의 요구를 수용하여 대북송금에 대한 특별검찰을 실시했고, 대통령선거 자금에 대해서도 수사하도록 했다.

참여정부는 대통령과 그 직속 산하기관은 장기적 국가 전략과제 및 주요 혁신과제에 집중했고, 국무총리실은 국정 현안을 담당했다. 한편으로 참여정부는 국토의 균형발전을 추구했다. 서울 인구는 총인구의 25%에 달했고, 서울 중심은 갈수록 심화됐다. 참여정부는 지방의 발전을 위하여 기업도시, 혁신도시의 설립을 추진했고, 중앙행정기관을 포함하는 공공기관을 지방으로 이전하려고 했다. 그 결과 2003년 12월 국회는 '신행정수도건설특별법', '국가균형발전특별법', '지방분권특별법' 등 지방분권 3대 특별법을 통과시켰다. '신행정수도건설특별법'은 행정수도의 충청권 이전을 위해 마련한 법안이었다. 그러나 참여정부는 헌법재판소가 위헌 판결을 내리자 행정수도 건설을 포기하고 행정도시 건설을 추진했다. 그 결과 충남 연기·공주 지역에 중앙정부 부처 12부 4처 2청을 이전하고, 177개 공공기관을 전국에 분산 배치하는 '행정도시특별법'이 여야 합의로 통과됐다.

한편 2004년에는 국회가 대통령을 탄핵하는 헌정사상 초유의 '탄핵사태'가 발생했다. 노대통령은 언론사 토론에서 열린우리당을 지지하는 발언을 했다. 그에 대해 민주당은 대통령이 헌법과 법률을 위반했다고 주장했고, 한나라당도 대통령 탄핵을 포함해 모든 조치를 검토하겠다고 강조했다. 중앙선거관리위원회는 노대통령이 선거중립의무를 위반했다고 유권해석을 내렸다. 한나라당과 민주당은 탄핵공조논의에 착수했고, 청와대는 야당의 정략적 압력에 굴복하지 않겠다고 밝혔다. 한나라당과 민주당은 3월 9일 의원 159명이 서명한 탄핵소추안을 국회에 제출했고, 열린우리당은 국회 본회의장 점거농성에 들어갔다. 노대통령은 탄핵정국과 관련해 대국민사과문을 발표했지만, 국회의장은 질서유지권을 발동해 탄핵소추안을 상정, 가결시켰다. 국민은 촛불집회를 열어 '탄핵 무효'를 외쳤고, 열린우리당은 4·15 총선에서 과반수를 넘는 152석을 얻었다.

헌법재판소
참여정부 때 대통령 탄핵과 행정수도문제를 재판한 곳이다.

여당인 열린우리당은 국가보안법 개폐, 과거사 청산, 언론 개혁, 사립학교법 개정 등 '4대 개혁'을 추진했다. 여당은 국가보안법이 인권유린의 소지가 있다고 주장하고 개혁을 추진했다. 과거사 청산은 식민지시기의 강제동원, 한국전쟁 당시의 학살, 군사정권 시기의 의문사 등의 진상을 규명하자는 것이었다. 사립학교법 개정문제는 막대한 국고의 지원을 받고 있던 사립학교의 투명한 운영을 추구한 것이었다. 일부 사립학교는 '족벌체제'를 구축하여 폐쇄적인 재정 운영을 자행했고, 비민주적인 학교 운영을 하고 있다는 지탄을 받고 있었다. 그에 따라 여당은 '개방형 이사제'를 도입하고, 학교운영위원회의 권한을 강화하고자 했다. 언론 개혁은 소수 언론의 여론 독과점을 규제하여 다양한 여론 수렴을 도출하려는 취지였다. 여당은 신문고시의 강화와 신문공동배달제, 지역신문 발전지원법을 추진했다. 여당의 개혁이 순조롭게 추진된다면 불합리한 관행을 개선하여 한국 사회의 수준을 한 단계 높일 수 있었다. 국민은 국가보안법에 대해서는 신중한 처리를 요구했지만, 다른 분야에 대해서는 대체로 동의했다. 하지만 보수기득권층은 개혁에 격렬히 저항했고, 야당도 강력히 개혁을 저지했다. 여당도 '개혁파'와 '실용파'로 분열하여 개혁의 추진력이 약화됐다. 그 결과 과거사 청산을 제외한 다른 개혁은 특별한 성과를 거두지 못하고, 차후의 과제로 넘겨졌다. 노 대통령은 국정에 협조를 얻고자 야당에 '대연정'을 제의했지만 성사되지는 않았다.

　한편 2003년부터 소득 상위 20%와 하위 20%의 격차는 꾸준하게 증가하여 2006년에는 6.95배로 증가했다. 참여정부는 '양극화 해소'를 주요 국가의제로 설정하고, 일자리 창출을 추진하는 한편 사회안전망 구축에 나섰다. 참여정부는 4대 보험을 보편화하는 방식으로 전 국민의 복지서비스를 확대하고자 했고, 노인복지, 장애인복지, 여성복지, 사회보험 등의 복지정책을 시행했다. 또 저소득층의 사교육비를 해결하고자 '방과 후 학교', TV 수능강의 등을 도입하는 등 공교육을 강화하고자 했다. 한편 2006년에는 '비정규직보호법'을 제정했지만 실제 비정규직을 보호하는 데는 한계가 있다는 비판을 받았다. 한편 참여정부는 한국의 국내총생산(GDP)에서 무역이 차지하는 비중을 강조하면서 한미 FTA를 추진했다. 하지만 진보진영에서는 한미 FTA를 '신자유주의 세계화'로 규정하고, 미국에 대한 예속을 강화시키는 것이라 비판했다.

참여정부는 경제면에 있어서 상당한 성과를 거뒀다. 강력한 기업 구조조정으로 재무건전성을 향상시켰고, 단기적 경기부양을 자제함으로써 경제체질을 강화시켰다. 그로 인해 미국의 서브프라임모기지 사태 등 악재에도 불구하고 5년간 4% 중반의 경제성장률을 유지했다. 국민소득은 2만 달러를 돌파했으며, 수출도 3,200억 달러를 달성했다. 주가 지수도 350에서 2,000까지 오르는 등 한국 증시 개장사상 최고의 상승률을 기록했다. 외환 보유액은 2,600억 달러를 돌파함으로써 세계에서 6번째의 외환 보유국으로 성장했다. 참여정부는 행정도시, 혁신도시 건설, 국방 개혁 등 중장기적 국가 과제에 집중하여 단기적 민생문제에 적절히 대처하지 못했다는 비판을 받았다. 특히 부동산문제와 양극화문제를 적절히 해결하지 못했다는 지적을 받았다. 참여정부는 외교와 내정에 있어 보수와 진보 어느 쪽에도 치우치지 않는 '실용적 노선'을 추구했다는 평가를 받았다. 그 때문에 참여정부는 보수 진영과 진보 진영으로부터 협공을 받기도 했다. 전반적으로 참여정부는 한국의 민주주의 수준을 한 단계 격상시켰다는 평가를 받았다.

3. IMF 사태와 신자유주의 세계화

1) IMF 사태

1990년대 후반의 IMF 사태는 한국에 상당한 충격을 주었다. IMF는 International Monetary Fund의 약자로, 한국어로는 국제통화기금으로 번역된다. IMF는 세계무역의 안정을 목적으로 설립된 국제금융기구로서 세계무역의 안정된 확대를 통하여 가맹국의 고용증대, 소득증가, 생산자원 개발을 추구하고, 주요활동으로는 외환시세 안정, 자금 공여 등을 들 수 있다. 한국에서 IMF는 또 다른 의미로 쓰이는데, IMF에 구제 금융을 요청한 1997년 외환위기를 'IMF 사태'라 일컫는다.

아시아의 금융위기는 1997년 5월 개시됐다. 태국에서 시작된 외환위기는 말레이시아, 인도네시아 등 주변 국가로 확대됐고, 그 과정에서 홍콩, 대만 증시가 폭락했다. 국제자본은 아시아에 투자했던 자본을 회수하기 시작했다. 한국은 한보, 기아, 삼미, 진로, 대농 등 대기업이 연쇄 도산했고, 금융업체들도 잇달아 도산했다. 미국의 신용평가기관이 한국의 국가신용등급을 내리자 국제 자본은 한국의 주식을 대거 매도하기 시작했다. 한국은 외채만기일을 연장하기가 곤란했고, 정부가 보유한 외화는 37억 달러로 바닥을 드러냈다. 외국의 투자자본은 그 사실을 알고 더욱 빠른 속도로 자본을 회수했다.

한국 정부가 11월 21일 IMF에 구제 금융을 요청한 가운데 '검은 월요일'이 찾아왔다. 11월 24일 주식은 10년 만에 최저치를 기록했고, 주가지수는 300선으로 폭락했다. 무디스 등은 한국 정부와 주요 은행의 회사채를 등급 외 채권수준으로 격하했다. 재경원 장관은 미국 워싱턴으로 가서 IMF가 요구하는 프로그램에 사인했고, 11월 30일 서울에서 IMF대표와 예비협약에 동의했다. 이 예비협약은 미국 정부와 월가가 합의한 것이었다. 12월 23일 국회는 IMF협정에 대한 정부안을 통과시켰고, 향후 수년 동안 한국 정부는 경제시장에 대한 감독권을 상실했다. 한편 한국과 같은 금융위기를 겪던 말레이시아는 구제금융 제의를 거부했다. 말레이시아가 구제금융을 거부할 수 있었던 것은 영토 내에 주둔하는 미군이 없었고, 또 외부의 정치경제적 간섭이 없었기 때문이라는 분석이 있다.

IMF가 한국에 빌려준 구제금융 액수는 570억 달러였다. IMF, 국제자본, 신용평가기관 등은 구제금융을 조건으로 '신자유주의 개혁'을 요구했다. 신자유주의 세계화를 해오던 한국 정부에 더욱 강력한 신자유주의 체제 도입을 요구한 것이다. IMF는 '글로벌 스탠더드'를 표방하면서 한국의 대기업, 공기업에 대해 구조조정과 민영화를 요구하는 한편 한국은행을 철저히 조사했고, 주요 기업의 재무제표를 검토했다. 또 IMF는 주요 그룹의 해체를 요구했고, 외국 회사는 한국 대기업에 대한 합병을 개시했다. 새로 출범한 국민의 정부는 IMF 극복에 국정의 최우선 목표를 설립했다. 문민정부의 실책을 고스란히 떠안은 것이었다.

국민의 정부는 경제위기 탈출에 전념했다. 정부는 고금리, BIS 기준 준수, 외자 유치, 정리해고, 구조 조정을 단행하여 IMF의 요구를 충실히 이행했다. 또 정부는 공무원의 대량 해고, 임금 삭감, 복지예산 축소를 시행했고, 대규모 차관을 도입했다. 아울러 정부는 55개 기업과 5개 은행의 퇴출, 9개 종금사 및 1개 증권회사의 영업 정지를 발표했다. 6대 이하 재벌의 경우에는 워크아웃, 5대 재벌의 경우엔 빅딜(대규모 사업거래)을 단행했다. 정부는 출자총액제한제도를 도입하여 과잉투자를 해소하였으며 결합재무제표와 사외이사제를 도입했다. 또 소액주주권을 강화하는 등 지배구조를 개편했으며, 기업지배권의 대물림 방지를 위해 변칙적인 상속, 증여를 금지하였다. 정부의 강력한 구조조정으로 부실기업의 사업이 정리됐고, 부채비율은 300%에서 2007년 99%까지 떨어짐으로써 기업의 재무건전성이 향상됐다. 아울러 소액주주권도 강화되었고, 대차대조표의 건전화도 개선되었다.

정부는 금융기관의 부실을 정리하고자 국민의 세금인 '공적 자금'을 투입했고, 금융시장을 개방하여 외국인의 주식투자 한도를 확대하였다. 그리고 분산되었던 금융 감독기능을 일원화하여 금융 감독 체계를 재정비했고, BIS비율로 대표되는 건전성 규제 기준을 마련했다. 정부의 개혁은 일정 부분 한계를 드러내기도 했다. 5대 재벌의 시장 독점력은 1997년의 41.9%에서 2002년에는 45%로 3.1%나 높아졌다. 빅딜을 추진한 분야의 경우 시장이 2~3개사로 과점화되는 경향이 나타나는 등, 재벌개혁은 성공적이지 못했다. 재벌개혁이 실패하게 된 것은 정부가 야당과 재벌의 저항을 제압하지 못하였기 때문이었다. 또 정부는 과도한 금융시장 개방으로 많은 금융회사들을 외국인에게 내주었고, 그에 따라 실익이 없는 금융시장 개방이었다는 비판을 받았다.

한편 IMF 사태는 한국민의 단결을 야기했다. 제일은행 매각 때 정리 해고 대상 직원들이 남은 직원을 위로하는 '눈물의 비디오'는 국민의 심금을 울렸다. 국민은 국난을 극복하고자 1998년 '금모으기 운동'과 '달러 모으기 운동'을 대대적으로 전개했다. 국가를 위하여 경제적 희생을 감내한 것이다. 외국에서는 한국민의 희생정신을 높이 평가했다. 가수들은 서로 돕고 희망을 가지자며 대중을 위로했다. 이 시기를 대표하는 'IMF 가요'는 '거꾸로 강을 거슬러 오르는 저 힘찬 연어들처럼', '사노라면', '사랑을 위하여', '세상이 그대를 속일지라도' 등이었다. 미국 메이저리그 야구 선수 박찬호는 강속구로 미국선수를 압도했고, 골프 선수 박세리도 US여자오픈 골프대회에서 우승함으로써 국민에게 용기를 줬다. '댄스 그룹' 붐으로 자취를 감췄던 포크 가수들도 무료 공연으로 대중을 위무했다. 한국전쟁 이후 어려웠던 시절을 회상하는 각종 전시회도 속속 열렸다. 전시회에는 '그 때를 아십니까'라는 문구가 선을 보였고, 구멍가게, 궁색한 음식, 골목길 등이 등장했다. 아껴 쓰고 나눠 쓰고 바꿔 쓰고 다시 쓰자는 '아나바다운동'도 활기를 띠었다.

한국은 2001년 8월 구제금융 전액을 상환함으로써 IMF의 기나긴 터널에서 탈출하는 데 성공했다. 구제금융을 신청한 지 3년 8개월 만의 일이었다. 하지만 IMF 사태는 한국 사회에 심각한 상처를 남겼다. 먼저 빈부격차가 극심하게 벌어졌다. 금융, 산업의 도산, 대량 해고로 중산층이 붕괴되는 결과를 가져왔다. 비정규직의 증가, 저임금, 가계 부채 등으로 내수 침체가 심화됐다. IMF 이후 10년간 한국 경제는 외국 자본이 기업과 금융을 장악하여 다량의 국부가 유출됐고 원화의 평가절하로 한국 기업의 가치가 크게 떨어졌다.

IMF 사태의 원인에 대해서는 여러 가지 시각이 있다. 먼저 국내적 요인을 강조하는 시각으로서, IMF 위기는 좁게는 문민정부의 치밀하지 못한 세계화정책에서 비롯됐지만, 넓게는 3공에서 6공까지의 경제정책에 근본적인 원인이 있다는 지적이다. 즉 정부의 과도한 민간부문 개입으로 시장메커니즘이 작동하지 못했고 관치금융, 정경유착, 대기업의 무분별한 기업 확장 등을 원인으로 보았다. 국외적 요인을 강조하는 시각은 충격론과 음모론이 있다. 충격론은 가장 일반적인 설명으로서 동남아시아 국가들의 외환위기로 인한 국제금융시장의 불안정성이 한국에 외생적 충격을 미침으로써 외환위기가 일어났다는 주장이다. 충격론은 외환위기를 정부가 예상하기 어려웠다는 점에 근거하고 있다. 음모론은 미국과 국제 투기자본이 구제금융을 통해 한국의 기업을 장악하려 했다는 것이다.

전반적으로 IMF 사태의 원인은 국내적 요인과 국외적 요인이 결합했다고 할 수 있다. 3공 때부터 정부가 관치금융을 통해 기업을 통제했고, 기업은 특혜금융에 안주하여 무리하게 사업을 확장했다.

그 같은 정경유착의 관행은 5, 6공을 거쳐 문민정부에 들어와서도 변함이 없었다. 그 위에 문민정부의 정책실패, 즉 외환정책, 금융감독대책, 업종전문화정책 등의 실패가 원인으로 작용했다. 대외적 요인으로는 국제투기자본의 '치고 빠지기'가 중요 요소였다. 1994년경 외국인 직접투자가 급증하는 과정에서 단기 이익을 노리고 유입되는 투기 자본이 몰렸다. 한국 기업은 단기자본을 손쉽게 빌려 사업 확장에 투입했다. 몇 개의 대기업에서 부도가 발생하자 투기자본은 급속히 자본을 회수하며 한국을 금융위기로 몰고 갔다. 그 결과 한국의 경상수지는 계속 적자를 기록했고, 단기 외채는 급증했다.

2) 한국 사회의 변동

IMF와 미국 정부는 한국 정부에 '신자유주의 세계화'를 강력히 추진할 것을 요구했다. 신자유주의 세계화는 한국 사회의 양극화를 야기했다. 양극화는 기업, 노동, 교육 등 제분야에서 가속화했다. 첫째, 기업 간의 양극화가 심화됐다. 기업은 명예퇴직 등의 구조조정을 단행하는 과정에서 수익성을 증대시켰고, 특히 상위 대기업의 수익이 높아져 기업 간의 격차가 극심해졌다. 둘째, 노동의 양극화가 심화됐다. '노동의 유연화'는 기업의 해고권만을 보장했고, 노동자의 자유취업권은 보장하지 않았다. 또 높은 봉급을 수령하는 대기업의 '좋은 일자리'는 대폭 줄어든 반면 저임금을 수령하는 임시직, 일용직 등의 비정규직은 급증했다. 그 때문에 1987년 이래 10년간 꾸준히 증가해온 중산층은 붕괴했고, 소득 격차는 크게 벌어졌다. 그리고 빈부차 심화는 내수시장의 위축을 가져왔다. 셋째, 교육의 양극화가 심화됐다. 교육비는 계층별로 상당한 격차를 보였다. 그 때문에 학생들 사이에서는 자본주의에 대한 인식이 악화됐다. 2005년 중고교생을 대상으로 한 자본주의의 이미지 설문조사에 의하면 41%

의 학생들이 자본주의의 이미지를 빈부격차라고 응답했다.

한편 IMF 사태는 한국인의 의식 구조를 변모시켰다. 첫째, 노동자들은 정리 해고, 비정규직 증가의 현실 속에서 '내 회사 의식'을 거둬들였다. 그동안 한국인들은 평생 직장과 공동체의 지원에 익숙해 있었다. 그러나 노사 간의 신뢰가 붕괴된 결과 화이트칼라 사이에서는 기술 유출과 금융 사고가 빈발했고, 블루칼라 사이에서는 고공농성, 단식 등 극한 투쟁이 재연됐다. 또 노동자들은 고용 불안이 일반화되자 단기적인 임금 인상과 고용 보호에 더욱 집착했다. 둘째, 한국인의 직업관이 크게 변화했다. IMF 사태를 계기로 한국 사회에서는 명퇴, 황퇴, 조퇴, 이태백, 삼팔선, 사오정, 오륙도 등의 용어가 유행했다. '고용 없는 성장'으로 일자리 창출은 한계에 부딪혔고, 청년 실업은 40만 명으로 증가했다. 일각에서는 청년층을 '88만원 세대', '인턴세대' 등으로 명명하기도 했다. 사람들은 일자리 부족과 구조조정 속에서 생존에 급급했다. 소극적인 실용주의가 대세를 이루었고, 성공, 도전, 모험 등의 가치는 생존, 적응, 안정의 가치로 수정됐다. 사람들은 희망찬 미래보다는 안정된 현실을 선호했다. 통계청의 '한국의 사회지표'를 보면 10년간 한국 사회의 변화는 상당했다. 1995년 조사에서 직업에 대한 관점은 안정성 30%, 장래성 30%, 수입 27%로 구성됐다. 외환위기 이듬해인 1998년 조사는 이전과는 매우 달라서 안정성 42%, 장래성 21%, 수입 18%였다. 2006년에는 3명 중 한 명꼴로 각각 안정성과 수입을 직업 선택의 우선적 고려 요인으로 선정했다. 사람들은 적성보다는 직업 안정성을 선호했고, 장래성은 고려 요인이 되지 않았다. 그에 따라 수험생 사이에서는 공무원, 교사 열풍이 불어 9급 공무원시험의 경쟁률은 1997년 48:1에서 2005년에는 84:1로 급증했다. 사람들은 안정적인 직업만 선호했고, 다양한 직업을 추구하지 않았다. 그에 따라 한국 사회는 다양한 가치관은 약화됐고, 획일적인 가치관이 득세하게 됐다.

셋째, 한국 사회에서는 공동체 의식과 배려 의식이 약화됐다. 국민은 '금모으기 운동'과 '공적자금' 투입 등으로 국가의 위기에 협조했고, 정리해고 등에 기꺼이 응했지만 경제위기가 끝난 뒤 별다른 보상을 받지 못했다. 사회안전망이 취약한 상황에서 개인주의가 강화됐고, 개인은 파편화되어 갔다. 일각에서는 개인의 파편화는 공동체 정신을 약화시켜 국가의 약화를 초래할 것이라고 경고했다. 즉, 오늘날 강대국에 둘러싸인 한국은 강력한 공동체 확립이 필수적인데, 국가가 약화되면 기득권도 유지할 수 없는 법이라고 경고했다. 한편에서는 양극화가 민주주의의 발전에 영향을 줄 것이라고 우려하면서 양극화 해소를 강력히 주장했다. 또 서구의 보수층은 사회통합과 안정을 중시하고 있는 데 비해, 한국의 보수층은 사회통합을 경시하고 있다는 비판이 제기됐다. 그에 따라 여러 가지의 양극화 해소방안이 제기됐는데, 먼저 '사회적 대타협'의 필요성이 제기됐다. 스웨덴의 경우는 '사회적 대타협'으로 세금, 사회복지, 고용문제를 해결했다. 그러므로 사회적 대타협의 모델로 북유럽 국가들이 거론됐다. 다음 양극화 해소 방안으로 조세제도의 개혁이 제기됐는데, 부의 재분배로 사회복지를 실시하자는 주장이었다. 또 한국에는 비정규직을 대변하는 노동조합이 없으므로 정부가 비정규직의 보호를 담당해야 하며, 아울러 정규직의 양보도 필요하다는 의견도 제기됐다.

3) 세계화의 가속화

IMF 사태 이후 한국에는 외국의 체인점이 대거 상륙했다. 1999년 7월 '에스프레소'라는 커피가 도입됐고, 그 뒤 전국적으로 테이크아웃 전문점이 개장됐으며, 그 결과 다방은 지방으로 이동했다. 월마트는 1998년 한국에 상륙했고, 1999년 7월에는 미국의 커피유통업

체인 스타벅스가 한국에 상륙했다.

에스프레소 커피(덕성여자대학교 소재)
1999년 7월 '에스프레소'라는 커피가 한국에 상륙했다. 몇 년 뒤에는 테이크아웃 전문점들이 개장했다.

한옥식의 스타벅스 건물(소공동 소재)
1999년 한국에 상륙한 스타벅스는 한국적 문양을 사용하여 현지화에 성공했다.

스타벅스는 코카콜라, 맥도날드와 함께 미국의 식음료 문화를 대표했다. 스타벅스는 커피전문점들이 밀집한 신촌에 국내 1호점을 개설했고, 이후 전국에 점포를 개설했다. 스타벅스는 한국에 진출하기 위하여 한국적 문양을 표기했는데, 2000년 300호점을 열었고, 10년 만에 매출은 20배로 증가했다. 일부 미국 기업들은 '글로벌 스탠더드'를 과신하다가 실패했다. 맥도날드는 한때 외식문화의 대명사로도 불렸지만 롯데리아에 밀려 매장수를 줄여야 했다. 맥도날드가 진출한 현지 국가에서 밀린 것은 이례적이었다. 코카콜라도 대부분 현지에서는 1위였지만 롯데칠성에 밀려 2인자에 머물렀다. 한국인이 식혜, 매실 등의 국산 음료를 애용했기 때문이다. 월마트도 해외시장에서는 처음으로 현지 매장에 밀려 철수해야 했다.

2001년 3월에는 동북아시아 최대 규모의 인천국제공항이 개항했다. 인천국제공항은 8년 4개월 공사 기간으로 '단군 이래 최대 공사'라는 평가를 받았다.

영종도는 비행거리 3시간 내에 인구 100만 명의 도시가 43개가 있었으므로 동북아 교통의 중심이 될 가능성이 충분했다. 정부는 1,700만 평의 바다를 메우고 부지를 확보했다. 인천 국제공항은 연간 운항 24만회, 여객 3천만 명, 화물 270만 톤의 처리 능력을 구비했다. 인천공항은 기존 공항의 개념과는 달리 항공, 정보통신, 물류, 레저시설을 구비했는데, 2008년까지 활주로 1개와 탑승동 1개, 여객계류장, 화물터미널을 추가 건설하고자 했다. 계획이 완수될 경우 인천 국제공항은 연간 운항회수 41만회, 여객처리능력 4천 4백만 명, 화물처리능력 450만 톤의 동북아 허브로의 성장이 기대됐다.

이 무렵 이민이 급증했다. 경제 위기 이후 40세만 되어도 직장을 지키기 곤란했고, 또 비싼 사교육비 등의 문제가 겹쳐 사람들은 이민을 선택했다. 2000년부터 이민이 급증했는데 가히 '이민 열풍'이라 할만했다. 외교통상부 자료에 따르면 1997년부터 2002년까지 이

민자 수는 미국과 캐나다가 각각 36,000여 명으로 비슷했다. 호주는 2,000여 명, 뉴질랜드는 2,300여 명, 기타 아시아 지역은 2,300여 명이었다.

해외 유학도 급증했다. 1990년대 전반까지만 해도 어학연수, 해외유학은 부유층의 전유물이었다. 한국교육개발원의 통계에 따르면 2004년 3월부터 2005년 2월까지 유학을 간 초·중·고 학생 수는 16,000여 명으로, 1998년 1,500여 명에 비해 10배 이상 증가했다. 유학에 대해서는 찬반론이 교차했다. 세계화시대에 영어는 필수라는 긍정론과 경상수지를 악화시키는 반애국행위라는 비판론이 제기됐다. 2001년 교육인적자원부의 통계에 따르면 외국 대학에 유학을 간 학생 수는 72개국에 15만 명에 이르렀고, 지역으로는 미국 39%, 캐나다 14.6%, 중국 10.9%, 일본 10%, 호주 7% 등의 순이었다. 2006년 조사에 따르면 4년제 대학생은 22%가 유학을 준비 중이었고, 유학 희망자는 97.6%였다. 특히 조기유학은 다른 나라에서는 찾아볼 수 없는 현상인데 그 때문에 '기러기 아빠'가 등장했다. 학생들은 조기유학으로 원어민 수준의 영어를 구사했다. '콩글리시'를 탈피하여 제대로 된 영어를 사용하기 시작한 것이다. 하지만 이들은 서구 문화에 대한 이해가 부족했다.

한국은 서구 문화를 적극 수용했다. 특히 음악 분야의 서구화는 눈부실 정도였다. 2000년 국내 교향악단의 수는 107개에 달했고, 유럽 각국에는 한국 음악도가 없는 곳이 없을 정도였다. 그러나 한국은 서구보다 문화 다양성이 낮다는 평을 받았다. 그런 가운데 외국인들과의 혼인으로 인한 다문화 가정 증가는 사회문제로 등장했다.

한편 유럽은 많은 외국인들이 방문하므로 문화 다양성이 높은 편이었다. 영국은 이슬람권과 문화 충돌이 있자 수업시간에 다문화 배우기를 실시했고 한국문화를 배우는 중, 고교도 등장했다.

2절 한국인의 일상생활

1. 의식주 생활

이 무렵 주거 형태는 아파트로 통일되는 경향을 보였다. 아파트는 고층화, 고급화 추세를 보여 '브랜드 아파트'가 등장했다. 주상복합아파트 같은 경우는 헬스장, 사우나 등 편의시설을 구비할 정도였다. 친환경 의식의 고조로 '자연속의 쉼터'와 같은 아파트도 들어섰다. 한편 아파트는 공급자 중심에서 수요자 중심으로 전환했다. 그런 가운데 전통적 주거공간의 향수로 한국형 아파트들이 많이 건축됐다. 그동안 특수층의 별장 개념이었던 전원주택이 점차 대중화됐다. 전원주택은 생활수준 향상, 환경친화적 주거 선호, 탈도시 경향 등의 영향으로 사람들의 선호대상이 됐다. 경제적 불안정으로 소형 임대주택도 많이 건축됐다.

식생활도 크게 변모했다. '웰빙 음식'이 대중적 관심의 대상으로 떠오르면서, 친환경 음식과 유기농 식품, 전통 음식이 인기를 얻었다. 웰빙 식품으로는 생선, 녹차, 다시마, 미역, 토마토, 바나나, 양배추, 된장, 버섯, 석류차, 유자차, 결명자차, 강낭콩 우유, 호두 우유 등이 인기를 끌었다.

패션도 많이 변모했다. 첫째, 복고풍이 인기를 끌었는데 특히 1960년대부터 1980년대까지의 패션이 재등장했다. 이 같은 복고 패션은 이른바 '패션주기'와 IMF 사태의 영향이 작용한 것이다. 둘째, 친환경 풍조로 자연과 잘 어울리는 패션이 유행했고, 옷감도 천연 물감으로 염색한 것이 인기를 끌었다. 셋째, 1970년대 이래 꾸준히 사랑을 받아온 청바지는 더욱 다양화 했다. 여성들은 통이 큰 청바지에 흰 셔츠, 큰 링 귀고리, 높은 굽의 하이힐을 신고 거리를 활보했다. 남성들은 종전부터 유행한 청바지를 입고, 티셔츠에 캔버스화를 애용했다.

2. 청소년 생활

컴퓨터의 대중화는 청소년의 문화를 바꾸었다. 아이들은 골목과 공터에서 놀기를 멈추고 실내에서 컴퓨터게임에 빠져들었다. 컴퓨터게임은 격렬한 경쟁으로 상대방을 압도해야 했으므로 인간적인 정서의 교류는 자리를 잡을 수 없었다. 그러므로 아이들은 컴퓨터게임을 하면서 구세대와 정서를 달리하게 됐다. 또 초등학생은 '특목고 열풍'에 휘말려들었다. 학부모들은 자녀들을 특목고에 진학시키려고 특목고 입시에 강한 학원에 보냈는데, 초등학교 4~6학년 학부모도 특목고 열풍에 가세했다.

한편 정부의 세계화정책으로 영어는 토익보다 말하기가 중요시됐다. 기업은 해외 MBA 수료자를 채용하기 시작했고, 그에 따라 영어 구사자에 대한 수요가 폭발적으로 증가했다. 많은 사람들이 영어를 유창하게 말하고자 필리핀, 말레이시아 등 동남아, 심지어는 남아공까지 유학을 갔다. 초등학생도 예외는 아니어서 2000년 이후부터 급증한 조기유학은 2005년 9,300여 명에 달했다.

중학생들은 거의 100% 고등학교에 진학했으므로 대학입시 경쟁이 극심했다. 외국어고등학교는 중학교 성적우수자를 선발함으로써 일반고와 같이 대학입시 경쟁에 뛰어들었다. 전체 고교생의 2%를 약간 상회하는 외고는 이른바 '명문'이라 불리는 대학에 많은 학생을 진학시켰다. 그 결과 한국 사회에서는 '외고진학 열풍'이 일었다. 특목고 입시설명회는 물론 특목고가 들어가는 학원과 전단지도 학부모의 주목을 받았다. 한편 외고 졸업생은 일부만이 어문 계열로 진학함으로서 외고 설립의 취지를 퇴색하게 했다.

한국 사회 일각에서는 학력의 하향평준화를 주장하며 평준화폐지론을 제기했다. 참여정부는 외고를 사교육의 주역, 평준화해체의 선봉으로 지목했다. 정부는 평준화폐지를 반대했고, 평준화지지론자들도 평준화폐지는 5%를 위하여 95%를 희생하는 것이라고 비판했다. 평준화폐지론자들은 특목고를 확대하거나 자립형 사립고를 개교하는 방식으로 대응했다. 그에 대해 IMF 사태를 계기로 심화된 '양극화' 상황을 이용하여 계층의 고착화를 노린다는 비판이 제기됐다. 참여정부는 공교육의 정상화는 양극화를 부분적으로 해소하고, 학벌 세습도 차단할 수 있다고 인식했다. 그에 따라 EBS에 수능전문 강의채널을 확보하고, '스타 강사'의 강의를 방영했으며, 학원을 대체하고자 기존의 보충자율학습을 '방과 후 학교'로 개칭했다.

한편 고등학교 학생들은 대학에 진학하려면 내신, 수능, 논술, 봉사활동 등을 이수해야 했다. 학생 1인당 과외비는 평균 34.7% 증가해 가구당 월 50만원을 넘어섰다. 전국 가계의 사교육비 지출액은 2004년 16~18조, 2007년에는 20조원에 이르렀다. 한국 고교생의 학습시간은 정규, 보충, 심화학습을 합쳐 주당 37시간을 초과하는 등 세계 최상위권이었다. 2005년 한국은 고교 1학년을 대상으로 한 학업성취도 국제비교(PISA)결과에서 2위를 차지했다. 주부들이 교육에 치중하는 경향도 계속됐다. 2004년 한 대학은 전업주부 자녀의 명문대학 입학률이 취업주부 자녀의 6배라고 발표했다. 그에 따라 초등학교부터 고등학교까지 12년간 자녀교육 프로그램을 관리하는 '로드 컨설턴트 엄마'라는 신조어가 등장했다. 일부 국가에서는 한국의 교육을 칭찬하기도 했지만 정작 한국 학생들은 행복해하지 않았다. 2004년 조사에 따르면 고교생의 69.7%가 '우울증' 증세를 보였다. 입시교육 밑에서 잠시나마 학생들의 숨통을 터준 것은 댄스 그룹인 '아이돌'이었다. 청소년들은 아이돌을 보며 잠시 입시교육을 잊었다.

한국 교육에는 많은 비판이 가해졌고, 그때마다 대책이 마련됐다. 주입식 교육이 도마에 오르면 논술시험제도를 도입했다. 그러나 논술시험에 대응하여 고액 논술과외가 등장했다. 한 번의 입시로 대학입학이 결정되는 것은 불합리하다는 비판이 제기되면 12회 이상의 내신시험을 치렀다. 그에 따라 학생들의 부담은 12번으로 증가했다. 그 밖에 공교육 부실 논쟁, 내신비중 논쟁, 지역할당 논쟁, 수능폐지 논쟁이 일었지만, 대학 입시를 어떻게 바꾸더라도 교육 문제는 해결되지 않았다. 입시과열은 명문대학 입학과 긴밀한 연관이 있었고, 명문대학 입학은 사회계층의 유지, 이동과 연관이 있기 때문이었다.

대학 입시과열은 많은 문제를 야기했다. 입시 교육은 식민지시기 이래의 권위주의적 교육 관행을 유지시켰다. 그 때문에 학생들의 인권의식이 약화되고 민주주의의 장래에 대한 우려도 제기됐다. 또 대학 입시과열은 학생들의 창의력을 약화시켰다. 학생들은 12년 동안 획일적인 교육을 받았기 때문이었다. '교실붕괴' 현상도 계속됐다. 일부 학생들은 학원에서 '족집게 교육'을 받느라, 수업시간에 수면을 취하기도 했다. 그에 따라 전인교육을 지향하는 대안학교가 주목을 받았다. 학생들은 성적이라는 잣대와 명문대학 입학이라는 결과로 소수의 승자와 다수의 패자로 나뉘어졌다. 결과적으로 대학

입시과열은 다수의 학생들을 패자로 만들었다. 성적 경쟁에서 낙오된 학생들은 수치심과 열등감을 가졌고, 성적 경쟁에서 승리한 학생들도 '상처뿐인 영광'을 안았다. 학생의 적성을 살려주고 행복을 보장해야 할 교육이 학생의 심성을 피폐하게 한 것이었다. 그런 가운데 무한경쟁 속에서 공동체의식이 희박해지는 것이 아니냐는 우려도 제기됐다. 그에 따라 한국에서는 교육 개혁의 필요성이 제기했다. 일각에서는 OECD 주최 학업성취도 국제비교(PISA)결과에서 1위를 차지한 핀란드 교육을 주목했다. 핀란드 교육당국은 아이들은 저마다 다른 가정환경으로 출발선이 다르기 때문에 공정한 경쟁이 불가능하다고 판단했다. 또 아이들 간의 경쟁을 허용할 경우 경쟁은 유치원생까지 연장된다고 인식했다. 그에 따라 핀란드는 학교 내의 경쟁을 인정하지 않았고, 성적표에는 등수를 매기는 대신에 학생 개인이 스스로 설정한 목표를 달성했는지 여부를 기재했다. 또 뒤쳐진 학교와 부진아에 더 많은 관심과 예산을 배정하고, 교사의 개인 지도를 강화하여 학습편차를 줄였다. 그 결과 핀란드는 학업성취도에서 세계에서 가장 낮은 학생 간 편차를 보였다.

한국 사회 일각에서는 대학 입시 문제는 교육의 틀 내에서 해결되기는 어려우므로 사회적 차원에서 논의할 필요가 있다는 주장이 제기됐다. 여러 주장을 살펴보면 첫째, 학생의 적성을 존중해야 하며, 그 적성을 살려 선택한 직업도 존중해야 한다는 지적이다. 이 주장은 직업에 대한 다양한 가치관의 확립이 필요하며, 학벌, 간판을 중시하기보다는 개인의 다양한 능력을 평가하는 것이 중요하다는 시각이다. 둘째, 고등학교만 졸업하더라도 기술, 예체능 등의 분야에서 성공할 방법을 마련해야 한다는 주장이다. 셋째, 인간을 이윤 추구의 대상으로 여기지 않는 인본주의적 가치관의 정립이 필요하다는 주장이다.

IMF 사태 이후 경제적 곤궁에도 불구하고 대학진학률은 증가했다. 그것은 기본적으로 대학을 졸업해야 취업을 할 수 있었기 때문이다. 그 결과 고교생들의 80%가 대학에 진학했는데, 높은 대학 진학률은 국민의 교육수준을 높인 측면도 있지만 학력 인플레를 부추긴 측면도 강했다. 대학에 진학한다고 해서 경쟁이 끝난 것은 아니었다. 학생들은 취직에 유리하다고 인식한 '명문 대학'에 진학하고자 편입시험을 준비하기도 했고, 취직에 필요한 '스펙'을 쌓았다. 학생들은 스펙을 쌓기 위하여 높은 토익 점수를 받아야 했고 자격증을 준비했으며, 해외연수 등으로 영어 실력도 쌓아야 했다. 대학생들은 맥주, 소주, 칵테일을 즐겨 마셨고, 호프집, 칵테일 바 등지에서 취업, 진로, 연애 등을 이야기했다. 대학생들은 취업에 집중했으므로 동아리 활동은 침체됐다.

한편 취직했다고 문제가 해결된 것은 아니었다. 2, 30대 직장인의 상당수는 비정규직이었고, 그에 따라 '88만원 세대'라는 신조어도 등장했다. '88만원 세대'의 저자들은 '승자독식'의 사회문제를 해결하고 '인간의 얼굴을 한 자본주의'를 수립하려면 청년들이 GRE 점수가 아니라 일치단결하여 세대의 목소리를 내야 한다고 주장했다.

대학의 최우선 목표도 취업률 제고로 변화했다. 그에 따라 대학들은 기업의 눈치를 보았다. 대학은 주차 요금을 받고, 커피점을 수용하는 등 상업화가 강화됐다. 또 대학은 신자유주의를 수용하여 시장의 수요가 적은 과는 폐과 처분했다. 그 결과 철학과, 독문과 등은 폐지되고 경영학과, 컴퓨터학과 등은 증가했다. 그에 따라 '인문학의 위기'는 심화됐다. 인문학의 쇠퇴는 인간 존중의 공동체가 와해되고, 정글같은 경쟁사회가 도래했다는 것을 의미했다.

4. 대중문화

1) '방'의 전성시대

이 무렵 한국인의 일상생활에 엄청난 변화를 가져다준 것은 인터넷이었다. 한국에서 인터넷은 1994년 상용화됐고, 1996년에는 인터넷 카페의 영향으로 PC방이 등장했다. 인터넷 카페는 간단하게 인터넷을 검색하거나, 문서작성 등을 하던 공간이었다. 1998년에는 온라인게임인 스타크래프트, 리니지가 출시돼 PC방 붐을 몰고 왔다. 초고속 인터넷과 고성능 PC가 가정에 별로 보급되지 않았기 때문에 PC방은 게임방 역할을 했다. 그러므로 인터넷 게임이 인터넷을 대중화시켰다고 할 수 있다. 경제위기로 게임방은 크게 증가했고 기존의 오락실이 게임방으로 전환했다. 1999년 ADSL과 국민PC 보급은 인터넷을 대중화시켰다. PC방은 처음에는 컴퓨터를 다수 배치한 것에 불과했지만 점차 인테리어와 서비스를 강화하는 등 고급 카페식으로 전환했고, 또 이용객이 즐길 수 있는 편의 시설을 확충하여 자판기, 원두커피 테이크아웃, 먹거리 제공과 핸드폰 충전 서비스, 만화방, 플레이스테이션 등 게임기를 설치했다. 한편으로 PC방은 노트북 컴퓨터를 대체하는 등 '움직이는 사무실'이었으며 증권투자방, 사교장, 휴식처의 기능을 담당했다. 그 결과 PC방은 세계적으로 경쟁력 있는 한국의 IT산업 상품으로 부상했고, 미국과 일본에도 한국형 PC방이 설치됐다. 그런 가운데 컴퓨터 게임 프로 선수들이 등장하여 청소년의 인기를 끌었다.

2000년경에는 서울에 DVD방이 등장했다. DVD는 비디오테이프를 대체했고, 밝고 깨끗한 DVD방은 어둡고 폐쇄적인 비디오방을 대체했다. 노래방은 경제위기 이후 실직자들의 대표적인 창업 직종이었으며, 서민들에게 저렴하게 오락을 제공했다. 노래방은 2000년대 들어 급증하여 2005년에는 3만 5천여 개로 증가했다. 그 뒤 노래방은 점차 감소하여 찜질방, 경마오락실로 전환했다.

한편 한국의 IT 기술은 세계 최고수준이라는 평가를 받았다. 그러므로 일부 외국인들은 한국의 IT 기술을 수학하고자 한국어를 공부했는데, 일각에서는 한국어를 배우는 이들이 프랑스어를 배우는 이들보다 많다고 평가했다. 통신수단으로 인기를 모았던 삐삐는 첨단 이동통신서비스인 휴대폰(PCS)에게 자리를 뺏겼다. 수신만 가능한 삐삐와는 달리 휴대폰은 발수신이 가능했는데, 2006년경 국민의 80%가 사용했다. 한국인의 온돌문화와 연계된 찜질방은 목욕탕에 불가마를 설치한 것이다. 찜질방은 경제 위기 이후 창업 열기로 급증한 결과 2004년 1,600개를 돌파했으며, 점차 대형화하여 건평 1만 평 이상도 등장했다. 찜질방은 기존의 사우나, 한증막, 온천, 목욕탕을 포괄했고, 참숯방, 황토방, 동굴방, 수면방, 안마, 헬스클럽, 식당, 놀이방, 노래방, PC방, 영화방, 소연회장, 정원, 공연장을 배치했다. 찜질방은 남녀의 구별도 없고 사랑방, 휴식처, 수면실, 공회당의 역할을 수행했다. 스크린 골프방은 2005년에 등장했는데, 내기를 좋아하는 한국인의 특성을 이용했다. 외국인은 수많은 '방'을 보고, 한국은 놀 곳이 많다고 평가했다.

2) 대중문화의 변화

대중교통수단은 더욱 편리해졌다. 서울지하철은 총연장이 세계 4위로서 도쿄, 뉴욕, 런던 다음이었다. 정시에 도착하는 서울 지하철은 시간이 일정치 않은 런던보다 우수하다는 평가를 받았으며, 뉴욕, 파리 지하철보다 깨끗하다는 평을 얻었다. 인천, 대구, 광주, 대전, 부산에도 지하철이 들어섰다. 시민들은 주5일 근무제 시행으로 더 많은 여행에 나섰고, 고속철도의 완공으로 지방여행이 더욱 편해졌다. 한편 환경에 대한 관심이 증가함에 따라 도시를 중심으로 생태 하천을 조성하는 현상이 유행했다. 각 지방자치단체들은 하천살리기 운동을 추진했으며, 성내천, 양재천, 홍제천, 불광천, 성북천 등은 그 대표적인 예라고 할 수 있다. 2005년 10월에는 인공 하천인 청계천이 모습을 드러내어 서울 도심의 풍경을 바꿔놓았다.

청계천
청계천은 1961년 복개공사의 완료로 복개도로가 들어섰다가 2005년 하천으로 복원됐다.

2000년대 접어들어 한국에는 새로운 축제문화가 등장했다. 그 중 하나는 세계를 놀라게 했던 거리응원이었다. 2002년 한국에서는 서울, 부산, 대구, 전주, 수원, 서귀포, 인천, 광주, 대전, 울산 등 10개 도시에서 월드컵 경기가 열렸다. 서울에서는 시청, 광화문, 종로, 지방에서는 대도시를 중심으로 대규모 응원이 펼쳐졌다. 6월 25일 독일과의 준결승 경기 때는 650만 명 이상의 시민들이 거리응원에 참가했는데, 국민 4명 중 1명꼴로 참가한 셈이다. 한국은 네덜란드인을 감독으로 영입하여 선진 축구기술을 연마한 결과 아시아에서는 처음으로 4강에 올랐다. 한편 한국 국민은 빨간 옷을 입고 거리로 몰려나와 응원전을 펼쳤고, 한국팀의 승리 때는 '기차응원'을 했

서울 월드컵 경기장
2002년 5월 한일월드컵(2002 FIFA WORLD CUP KOREA/JAPAN) 때 준결승 경기가
개최된 곳이다.

파주 축구 국가대표트레이닝센터(NFC)
한국 축구 국가대표팀의 훈련장소

으며, 응원곡으로는 '필승 코리아' 등이 유행했다. 2005년 8월에는
박지성 선수가 영국의 명문 축구 구단인 맨체스터 유나이티드에 입
단하여 활약했고, 이후 한국 선수들이 영국 프리미어리그 구단에 속
속 입단했다. 그 사이 한국 축구는 2010년 '남아공 월드컵'까지 7회
연속 본선에 진출했다. 한편 여가 시간의 증가로 테니스 코트, 간이
운동장, 생활체육관 등의 체육시설이 급증했고, 엄홍길, 박영석이

히말라야의 14개 8,000m급 고봉을 완등하는 쾌거를 올렸다.

한편 영화관은 '멀티플렉스'의 등장으로 보다 넓고 쾌적해졌다. 멀티플렉스는 기존의 '복합상영관'과는 달리 넓은 휴게공간, 먹거리, 오락시설 등의 문화 공간을 구비했는데, 주요 멀티플렉스로는 CGV, 메가박스 등이 있었다. 한편 막대한 제작비를 투입한 '블록버스터' 영화들도 제작됐는데, '쉬리'는 1999년 처음으로 상영된 블록버스터 영화였다. '블록버스터' 상영은 멀티플렉스의 등장과 함께 '천만 관중시대'를 기록하는 등 한국 영화의 중흥을 이끌었다.

IMF 사태로 한동안 침체에 빠졌던 한국 영화계에 활력을 넣어준 '쉬리'는 분단현실을 소재로 했고, 서울 시가지에서 벌어진 남북한 요원의 교전을 묘사하여 이목을 끌었다. 이후 '공동경비구역 JSA', '실미도', '태극기 휘날리며', '웰컴 투 동막골' 등 분단현실을 소재로 한 영화들이 크게 히트했다. 한국 영화는 2001년 상반기 시장점유율이 40% 이상으로 선전했다. '왕의 남자', '친구', '괴물', '실미도'는 1,000만 관중을 동원했다. 그 밖에 대중의 인기를 모은 영화는 '코믹 영화', '로맨틱 코미디', '조폭영화' 등이었다. 코믹 영화로는 '동갑내기 과외하기', '선생 김봉두', '어린 신부', '야수와 미녀', '미녀는 괴로워', '라디오 스타' 등이 대표적이었다. 로맨틱 코미디는 '8월의 크리스마스', '엽기적인 그녀', '연애소설', '첫사랑 사수 궐기 대회', '연애의 목적', '작업의 정석', '달콤, 살벌한 연인' 등이 인기를 모았다. 코믹한 내용을 곁들인 조폭영화는 '주유소 습격사건', '킬러들의 수다', '두사부일체', '신라의 달밤', '가문의 영광', '조폭 마누라 2', '주먹이 운다', '거룩한 계보', '달콤한 인생' 등이 있었다. 청소년들은 화끈한 폭력에 환호했고, 일부 청소년의 장래 희망이 '조폭'이라는 조사결과도 제출됐다. 조폭영화는 자극적인 영상으로 흥행에는 성공했지만 폭력을 미화하는 등 청소년의 심성에 좋지 않은 영향을 준다는 비판을 받기도 했다. 일각에서는 학교 폭력, 가출, 청소년범

죄 증가 등의 세태는 폭력영화의 영향을 받은 것으로 인식했다.

영화는 사회의 세태를 고스란히 반영했다. 새로 등장한 비디오저 널리스트, 디스플레이어, 나레이터모델, 향수감별사, 관광가이드, 텔레마케터, 큐레이터 등의 직업들이 영화에 등장했다. 외화는 '반지의 제왕' 시리즈, '해리포터' 시리즈, '미션 임파서블' 등이 인기를 끌었다. IMF 사태 직후인 1998년에 상영된 '타이타닉'은 극한 상황에서의 휴머니즘을 감동적으로 그려 흥행에 성공했고, '엑스트라'는 정치인, 기업인의 비리를 파헤쳐 대중의 호응을 받았다. TV 드라마는 '한류' 붐을 타고 풍성하게 제작됐다. '가을동화', '겨울연가', '대장금' 등은 대표적인 한류드라마였다. 기존의 '트렌디드라마'는 신데렐라 스토리가 가미되면서 비현실성이 심화됐다. 대표적인 드라마는 '토마토', '발리에서 생긴 일', '풀 하우스', '파리의 연인', '미안하다 사랑한다' 등이었다. 한편 여성의 주체성이 강조되는 가운데 '여자의 조건', '이브의 모든 것', '인어아가씨' 등의 '악녀 드라마'가 주목을 받았다. 그 밖에 중국의 '동북공정'에 대한 비판이 제기되는 가운데 '주몽', '대조영', '연개소문' 같은 사극이 각광을 받았다. 그런 가운데 한국 사회에서는 외모보다는 개성을 중시하는 경향이 대두했다. 영화 '고양이를 부탁해', TV 드라마 '내 이름은 김삼순'은 개성 있는 여성의 활약을 제시하여 여성들의 인기를 모았다.

한편 IMF 사태는 가요 판도에 일정한 변화를 가져왔다. IMF는 중년층을 다시 가요시장으로 이끌었다. 댄스, 랩을 좋아하는 신세대에게 가요시장을 내줬던 중년들이 가요에 관심을 갖게 됐다. 그에 따라 1970~1980년대 인기를 끌었던 가수, 그룹들이 속속 무대에 복귀했고, TV에서는 '70~80콘서트'를 방영하기 시작했다. 가요계에 휘몰아친 복고풍은 신세대 중심의 가요시장에 대한 반발을 뜻했다. 대중은 정리해고 등의 사회 속에서 애절한 발라드를 좋아했으며, 용기를 불어넣는 '넌 할 수 있어' 같은 노래에도 갈채를 보냈다.

한편 청소년들의 우상에도 변화가 있었다. 서태지가 은퇴할 무렵 '아이돌' 스타군단이 등장했다. 아이돌은 대개 10~20대 사이의 젊은 가수들이 남녀 별로 그룹을 결성하여 댄스 음악을 공연했다. '아이돌 시대'를 연 것은 H.O.T, SES, 젝스키스, GOD, 핑클, 신화 등이었고 이후 동방신기, 비, 슈퍼주니어, 원더걸스, 소녀시대 등으로 계승됐다.

연극은 순수연극과 대중 연극의 경계가 모호해졌다. 뮤지컬은 더욱 성장했고, 소극장 중심의 순수 연극이 인기를 모았으며, 해외 연극의 공연도 증가했다. 2000년대 베스트셀러로는 『그리스 로마 신화』, 『영어공부 절대로 하지 마라』, 『가시고기』, 『해리포터 시리즈』, 『보보스』 등이 있었으며, 세계 문학전집도 연간 100만 부 이상 판매됐다.

3절 민주주의 발전과 동아시아 협력론

1. 민주주의의 발전

IMF 사태 직후에 치러진 대통령 선거에서 김대중 후보가 대통령에 당선된 것은 한국 정치사상 처음으로 여야 간에 수평적으로 정권이 교체된 것으로 민주주의의 발전을 의미했다. 국민의 정부는 국가인권위원회를 설치하는 등 인권 보호에 관심을 가졌고, 특별검사제를 도입하여 부정부패를 방지하고자 했으며, 공직자의 청렴과 능력을 검증하고자 인사청문회법을 도입했다.

정부는 민주화의 일환으로서 지방자치제도의 정착을 추진하여 1999년 1월 중앙행정권한의 지방이양촉진 등에 관한 법률을 제정했다. 또 정부는 교부세

국가인권위원회
국민의 정부는 국가인권위원회를 설치하는 등 국민의 인권 보호에 힘썼다.

를 13.27%에서 15%로 상향조정함으로써 지방재정을 안정시키고 지방자치단체 간의 재정편차를 좁히려 노력했다. 하지만 집권 중반에 들어서면서 지방분권화의 속도가 지연됐다. 지방의원수의 감축, 지방의원에 대한 세비 미지급, 변화 없는 조례제정권 등은 주민의 참여를 제한했다. 교육위원이나 교육감의 선출에 있어서도 지역 주민의 참여가 제한되었다. 중앙권한의 지방이양은 권력의 분점을 의미했으므로 지방자치제도의 진전은 곤란했던 것이다. 국민의 정부는 IMF 극복에 집중했으므로 강력한 중앙집권을 필요로 했고, 그에 따라 지방자치제는 큰 진전을 보지 못했다고 볼 수 있다. 한편 시민단체들이 '풀뿌리 민주주의'를 표방하면서 대거 출범하여 1999년 시민단체의 수는 1,235개에 달했다. 시민단체들은 2000년 '총선연대'를 결성하고 '낙천낙선운동'을 전개하여 상당한 성과를 올렸다. 한편 노동운동도 꾸준히 성장을 거듭하여 1995년에는 '전국민주노동조합총연맹'이 결성됐다. 민주노총은 1996년 여당이 강행처리한 노동법을 '날치기'라 규탄하고 강력히 저지했다.

한편 참여정부는 정치면에서 많은 개혁을 단행하였다. 참여정부는 대통령직속위원회를 신설하여 학계, 전문가, 시민사회의 의견을 반영하고자 했다. 참여정부는 국정원장, 검찰총장, 국세청장 등 5대 권력기관장의 인사청문회를 시행했고, 국정원과 검찰 등 권력기관의 정치적 중립화도 추진했다. 노무현 대통령은 역대 대통령들이 누렸던 '제왕적 대통령' 자리에서 내려왔다. 노대통령은 당정 분리 원칙에 따라 집권당 총재직 겸임을 거부했고, 국회의원 공천권과 당직 임명권도 당 지도부에 돌려줬으며, 총선 뒤에는 정무수석실을 폐지했다. 대통령이 당 총재의 자격으로 당무·공천·선거에 개입해 당을 청와대의 하부기관으로 삼았던 권위주의적 관행과도 결별했다. 여당은 당정이 분리됨으로써 더 이상 청와대의 '거수기' 노릇을 하지 않아도 됐고, 국회는 독립성을 보장받았다. 하지만 노무현은 당정분리 정책으로 당내 굳건한 지지기반을 상실했다. 한편 참여정부는 민감한 사회적 의제들을 민주적으로 처리하려 했다는 평가를 얻었다. 참여정부의 민주화노력은 외국의 인정을 받았다. 2004년 노대통령이 한국 대통령으로는 처음으로 영국을 국빈 자격으로 방문했다. 이때 노대통령은 영국 근위기병대의 열병식을 받고 버밍엄궁까지 마차를 타고 행진하는 등 성대한 환영을 받았다. 2006년 10월 18일 영국의 『더 타임스』는 한국이 독재의 그늘을 벗어나 확실한 민주주의 국가로 자리를 잡았다고 평가했다. 2006년 시민단체는 5,556개에 달하는 등 폭발적인 성장을 거듭했고 운동 분야도 환경, 여성, 평화, 소수자 운동 등으로 확대됐다. 2007년에는 국민의 교육자치 요구에 부응하여 처음으로 교육감의 직접 선거가 실시됐다. 교육 민주화의 가능성이 열린 것이다. 한편 노동자계급을 대변하는 민주노동당은 2004년 총선에서 10석을 차지했다. 그에 따라 한국에서는 서구적 사회민주당이 정착하게 됐다. 2002년 국민 봉사를 기치로 출범한 공무원 노동조합은 2006년 공무원 노동조합법 제정으로 뿌리를 내리게 됐다.

한국은 1987년 이후 절차적 민주주의를 어느 정도 이룩했다. 많은 사람들은 한국의 민주주의가 완성된 것으로 인식했고, 정치적 무관심에 빠졌다. 한국의 민주주의는 세계적 찬사를 받았지만 여러 과제를 안고 있다. 먼저 사회 도처의 권위주의적 관행을 청산하고 민주적인 제도적 장치들을 마련해야 하며, 그 다음 국민도 선거와 국정에 적극적으로 참여해야 한다는 지적이 제기됐다. 또 한국의 민주주의는 권력기관을 국민의 철저한 통제하에 두어야 하는 과제를 안고 있다.

2. 남북교류의 진전

1998년 남한은 판문점을 통해 소들을 북한에 전달했고 '소떼 방북'은 남북 대화의 재개를 가져왔다. 국민의 정부는 '햇볕정책', 즉 대북포용정책을 주요 국정목표로 설정했다. '햇볕정책'은 남북한의 교류와 협력을 통해 한반도의 항구적인 평화를 추구했는데, 서독의 '동방정책'을 모델로 했다. 서독 사민당의 빌리 브란트 수상은 동독과의 교류 및 협력을 강조하는 '동방정책'을 추진하면서 외상에 자민당의 겐셔를 임명했다. 동독이 변하지 않자 서독에서는 동방정책에 대한 회의론이 대두되기도 했지만, 보수당인 기민당은 동방정책을 폐기하지 않았다. 그 때문에 겐셔는 여러 차례 정권이 교체됐음에도 불구하고 독일 통일 때까지 외상직을 수행할 수 있었다.

국민의 정부는 미국의 민주당 정부와 공조하면서 '햇볕정책'을 추진했다. 그에 따라 한국은 대북정책 추진에 있어서 주도권을 행사했고, 남북간의 각종 대화채널도 복원됐다. 정부는 비료, 식량의 대북 지원은 안정적 경제성장을 위한 '평화비용'이라고 주장했지만, 야당은 대북 지원을 상호주의가 결여된 '퍼주기'에 불과하다고 비판했다. 1998년부터 금강산 관광이 개시됐고, 많은 이산가족들이 상봉했다. 2000년 6월에는 남북정상회담이 북한의 평양에서 개최됐고, 남북정상은 '6·15공동선언'을 발표하고 1민족 2국가 2체제 유지와 교류, 협력에 합의했다. 2000년 시드니올림픽 개막식에서는 남북선수단이 공동 입장하는 장면을 연출하기도 했지만 남북 대화는 곧 난관에 직면했다. 2002년 6월 북한 경비정의 북방한계선(NLL)침범으로 남북 간에 교전이 발생했다. 한편 미국 공화당 정부는 2002년 1월 북한을 '악의 축'이라 규정하며 대북강경책을 전개했고, 이에 맞서 북한은 2003년 1월 NPT 탈퇴를 선언함으로써 2차 북핵위기 (2002~2005)가 발생했다.

참여정부는 출범하자마자 북핵 위기의 해결을 과제로 떠안았다. 참여정부는 기본적으로 국민의 정부의 대북포용정책을 계승했다. 참여정부는 '평화번영정책'을 표방하면서 2003년 북한과 금강산 육로관광에 합의했고, 야당의 요구를 수용하여 대북송금에 관한 특검을 실시했다. 한편 남북 간의 교류는 더욱 활기를 띠었다. 2004년 아테네올림픽 때는 남북선수단의 공동입장이 있었고, 개성공단도 모습을 드러냈다. 개성공단에 입주한 남한 기업들은 12월 첫 제품을 생산하여 서울의 백화점 등지에서 판매를 개시했다. 2006년 개성공단에서는 11개 기업의 공장이 완공됐다. 일각에서는 개성에서만큼은 남북통일이 실현됐다고 감격해했다. 그에 따라 개성공단 같은 공단을 북한 전역에 확대·설치해야 한다고 주장하기도 했다. 한편 미·일 정부는 강경한 대북정책을 추구했으므로 한국은 대북정책 운용에 어려움을 겪기도 했다. 그러나 참여정부는 남·북한, 미국, 러시아, 중국, 일본으로 구성된 6자회담에 적극 참여하면서 대북정책에 대한 주도권을 행사하려 했다. 결국 정부는 2005년 9월 북한의 핵 포기, 미국의 북한 안전 보장, 경수로 건설 등을 골자로 하는 북경의 '9·19 공동성명'의 성과를 이끌어냈다. 2005년 8월에는 조용필이 평양공연을 가져 북한 주민들을 감동시키기도 했다. 특히 북한 주민이 독도 가요인 '홀로 아리랑'에 눈물짓는 광경이 남

연변대학교
연변대학교는 주로 조선족 학생들이 공부하는 곳으로서, 남북교류의 중개 역할도 하고 있다.

한 TV로 중계됐다. 2007년에는 남북간에 획기적 사건이 일어났다. 2007년 5월 경의선과 동해선이 연결되어 분단 이후 처음으로 남북의 열차가 군사분계선을 통과했고, 12월에는 남측의 문산과 북측의 봉동(판문점) 간에 화물 열차가 정시 운행되기 시작했다. 2007년 10월에는 평양에서 남북정상회담이 개최됐다. 남북 정상은 북핵문제 해결을 포함하는 10개항에 합의하고, '남북관계 발전과 평화번영을 위한 공동선언'을 발표했다. 그 직후 남북 국방장관 회담이 평양에서 개최됐고 개성관광도 개시됐다.

한편 참여정부는 '동북아 균형자 역할'을 표방하면서 다각적 외교를 추구했다. 정부는 중국, 러시아와 긴밀한 관계를 유지하려 시도했고, 미국과는 수직적 관계에서 수평적 관계 전환을 추진했다. 미국은 주한 미군기지의 이전, 한국군의 역할 확대, 한국의 비용 분담 증대를 요구했다. 참여정부는 미국의 요구를 일정 부분 수용하여 용산 미군기지를 이전하는 한편, 미국을 설득하여 전시작전권 이양에 합의했다. 야당은 전시작전권 이양이 한미동맹의 약화, 대북억지력 약화를 야기할 것이라 비판했다. 그런데 참여정부는 이라크 파병, 한미 FTA 체결 등에서 드러났듯이 미국과의 동맹을 중시했다. 참여정부는 한미동맹의 기조를 유지하면서 유럽과 같은 다자안보협력체제 구축을 시도했다.

3. 동아시아 협력론의 대두

1) 한류의 등장

국민의 정부는 21세기를 문화의 세기로 규정하면서 문화관광부를 설치하여 전통문화를 체계적으로 계승하고자 노력했다. 1998년 문

을 연 한국예술종합학교 전통예술원은 악기, 노래, 춤을 수준 높게
교육했고, 1999년에 개교한 한국전통학교는 전통건축 등의 유형문
화재를 깊이 있게 교육했다. 2007년 개관한 남산국악당은 국악을 체
계적으로 공연했으며, 남산한옥마을은 전통정원과 전통한옥 등을 아
름답게 배치했다. 특기할 것은 민족 문화의 정수를 모아놓은 국립
중앙박물관이 2005년 8년간의 공사 끝에 개관한 것이다. 용산에 소
재한 중앙박물관은 부지가 9만 3천 평으로 세계 6위의 규모였다.

중앙박물관(용산 소재)
민족문화의 보고인 국립중앙박물관은 8년간의 공사 끝에 2005년 완공됐다.

국민의 정부는 '문화산업진흥기본법'을 제정했고, '한국문화콘텐
츠진흥원'을 설립했으며, 문화산업 예산도 1998년 168억 원에서 2002년
에는 1,958억 원으로 늘렸다. 정부는 부가가치가 높은 문화산업을
육성하고자 했고, 그에 따라 문화산업 예산은 영화, 출판, 한복, 디
자인, 공예, 게임, 방송, 애니메이션, 음악, 만화, 디지털 콘텐츠 등
에 집중됐다. 참여정부 들어서 문화산업은 비약적으로 성장했다. 2005년
국내 문화산업시장 규모는 54조 원에 이르렀고, 연평균 10.5%의 성
장세를 보였다. 영화, 온라인 게임, 음악, 캐릭터, 만화 등 국산콘텐
츠의 시장 점유율이 높아졌고, 문화산업 분야의 취업자도 급증했

다. 하지만 문화산업은 타 분야에 비해 지원이 부족한 편이었고, 순수예술 지원은 더욱 미약했다. 국산 콘텐츠의 글로벌 경쟁력의 강화를 위해서는 집중적인 문화산업 지원이 요구됐다.

이 시기 특징적인 문화현상은 '한류'가 개시된 점이었다. 한류는 중국, 일본에서 시작됐고, 곧 동남아시아로 확산됐다. 한류는 대중음악, 영화, TV 드라마 분야에서 시작됐다. 아시아인들은 H.O.T 등 한국의 댄스그룹에 열광했고, '쉬리' 등의 영화에 성원을 보냈으며, '겨울연가'에 박수를 보냈다. 한류는 한국의 민주주의의 발전과 연관이 있었다. 국민의 정부는 표현과 창작의 자유를 보장했고, 그 과정에서 '쉬리' 등의 영화가 탄생했다. 일본 영화계는 '쉬리'의 도심 총격전 장면을 보고 일본에서는 촬영이 불가능하다고 평가했다. 이들은 한국 영화가 부흥한 것은 한국 정부의 문화산업진흥책 때문이라고 지적하고, 일본 정부도 문화산업진흥책을 시행해야 한다고 요구했다.

한국은 수교 이후 중국과의 문화적 차이를 좁혔다. 한류는 패션, 휴대폰, 자동차, 화장품, 음식으로 확대됐다. 중국에서는 한류를 선호하는 무리인 '하한주'가 등장했고, 중국인의 한국관광은 10배 이상 증가했다. 한국에서도 중국 문화를 선호했고, 많은 학생들이 중국에 유학을 갔다. 중국과의 경제·문화 교류가 확대되자 세계 최고의 IT 강국인 한국의 문화, 정보는 실시간으로 중국에 전파되어 한·중 문화교류에 이바지했다. 그 밖에 한류는 관광객 유치, 상품 수출 증대, 제조업, 서비스업 발전, 문화산업 발달에 기여했다.

참여정부 들어서도 한류는 계속됐다. 한류는 과거처럼 '열풍'은 아니었지만 아시아 각국에서 하나의 장르로 정착함으로써 더욱 입지를 굳혔다. '대장금', '겨울연가' 등은 한류를 대표했고, '한류스타'들도 많이 탄생했다. 한편 한국 영화는 아시아는 물론 서구에 소개됐고, 국제 영화제에서 지속적으로 수상했다. 한국 영화는 한국의 정치적, 사회적 격변을 반영하였으므로 역동적이라는 평가를 받았다. 그에 따라 많은 외국인들은 한국 영화를 통해 한국의 정서를 이해하게 됐다. 한국은 세계적으로 인정받을 만한 우수한 문화유산이 많았다. 서구인은 어른을 공경하는 한국의 따뜻한 '정의 문화'를 동경했고, 심성 수양과 환경보호의 사찰문화를 칭송했다. 한국은 다종교 국가이지만 종교 간에 분쟁이 없어서 세계적으로 특이한 국가라는 평을 받았다. 이는 5천 년 동안 종교적으로 균형 잡힌 역사적 경험의 결과였다. 한국을 방문한 서구인은 미국과 같은 대도시보다는 한국의 전통문화가 보존되어 있는 지방 여행을 선호했다. 1999년에는 영국의 엘리자베스2세 여왕 부부가 안동의 하회마을을 방문하여 한국의 전통문화를 관람하기도 했다. 2006년 10월 18일 영국 언론『더 타임스』는 한국이 창조적인 에너지로 문화를 창조한다고 평가했고, 한국의 음악, 영화는 아시아는 물론 서구에도 영향을 주고 있다고 호평했다. 2006년 한국은 런던에 한국문화원을 열었고 영국 리버풀에서는 한국문화축제를 개최했다.

2) 동아시아 공동체 논의

개항기 때 등장한 동아시아 담론은 한국이 식민지로 전락하고 일본이 동아시아를 침략하는 상황에서 무기력한 모습을 보였다. 일본은 '대동아공영권'을 부르짖으며 아시아 지배를 노렸지만, 제2차 세계대전의 패배로 그 야욕이 좌절됐다. 제2차 세계대전 이후 구축된 냉전체제하에서 동아시아는 동서진영으로 분열됐고, 한반도는 남북으로 분단됐다. 냉전 기간 동아시아는 한·미·일과 북·중·소의 대립구도로 일관했으며, 한국의 대외 교역은 미·일 일변도였다. 이 같은 상황에서 동아시아 공동체 논의는 자리할 여지가 없었다. 동아시아 담론이 활성화된 것은 냉전체제의 해체와 한·중의 수교라는 대격변이 있었기 때문이다.

1992년 수교 이후 한·중의 교역은 큰 폭으로 증가했다. 한·중 간의 교역액은 1992년의 63억 달러에서 2006년에는 1,180억 달러로 19배로 증가했고, 인사 교류도 13만 명에서 482만 명으로 37배 증가했다. 한국의 교역은 2006년 기준으로 중국(18.6%), EU(12.5%), 일본(12.4%), 미국(12.1%), ASEAN(9.7%) 순이었다. 이같이 중국은 한국의 가장 큰 교역, 수출, 투자, 방문 대상국이고, 한국 또한 중국의 3번째 교역 대상국이다. 대중 무역수지는 1992년 10억 7천만 달러 적자였지만, 2006년에는 209억 달러로서 최대 무역수지 흑자를 기록했다. 한·중은 2005년에 교역 규모 1,000억 달러를 달성했고, 2007년 전면적 협력동반자 관계로 발전했다. 한·중 간에는 최고위층의 방문이 빈번하여 정치적 신뢰도 증가했고, 그 과정에서 북핵문제 등의 현안에 긴밀하게 공조했다. 중국은 한국의 대북포용정책을 긍정적으로 평가했고, 한반도 평화를 지지했다. 중국은 국제회의에서 한국과 협력했고, 6자회담 의장국으로서 한반도 평화에 중요 역할을 수행했다. 중국 국무원 측에서도 한·중관계가 역사적으로 가장 좋다고 평가했다. 한국에서도 중국에 대한 관심이 고조되어 한국 대학의 70%인 128개 대학이 중국관련 학과를 개설했으며, 2004년에는 중국어능력시험에 55,000명의 한국인이 응시했다. 중국의 CCTV−4는 2001년 한국 방송을 개시했고, 부산국제영화제에 소개된 중국 영화들은 인기를 끌었다.

한편 아시아 금융위기는 아시아의 경제협력을 모색하는 계기를 마련했다. 세계화에 대한 동아시아지역 차원의 대응으로서 동아시아 협력론이 제기됐다. 유럽 국가들은 유럽공동체(EU)를 결성한 결과 경제력이 미국과 대등해졌고, 세계경제에도 영향력을 과시하고 있다. 동아시아에서도 EU와 같은 협력기구를 창설하자는 논의가 제기됐다. 이전부터 한·중·일 삼국은 아시아 태평양 경제협력체

(AFEC)에 가입하여 경제, 기술 협력을 한 바 있었고, 동남아시아 국가연합(ASEAN)과 협력하여 아세안+한·중·일 회의(ASEAN+3)를 창설하기도 했다. ASEAN+3는 아시아 금융위기에 대응하여 아시아 금융협력기구를 설립하기로 하는 등 궁극적으로 아시아 공동체의 수립을 지향하고 있다.

동아시아의 평화공동체 구상이 가장 활발하게 논의된 곳은 한국이다. 한국의 동아시아 담론의 연구 성과는 중·일에 비해 독보적이라는 평가를 받고 있다. 한국에서 동아시아 담론이 가장 활발하게 논의되는 이유는 한반도의 통일이 동아시아의 평화체제 구축과 긴밀한 연관이 있기 때문이다. 최근 중·일을 비롯한 아시아에서 강세를 보이고 있는 한류 현상은 한국 내에서 아시아에 대한 관심을 고조시켰다. 한국의 동아시아 담론은 동아시아 평화공동체 수립과 서구중심주의 탈피에 초점이 맞춰졌다.

현재 동아시아의 평화공동체 구상은 현실적인 벽에 직면하고 있다. 중국은 중화주의의 관념에서 완전히 탈피하지 못한 결과 중국중심의 동아시아 질서를 선호하는 것으로 보인다. 일각에서는 중국의 '동북공정'을 중화주의의 부활로 인식하기도 한다. 일본은 동아시아 공동체보다는 서구 선진국과의 연대를 더 선호하는 것처럼 보인다. 일본은 1998년 극우파의 주도로 우경화하고 있지만, 제국주의 침략사를 반성하며 평화를 추구하는 세력도 분명히 있다. 한국과 일본은 독도 문제, 교과서 문제 등으로 대립하고 있고, 중국과 일본은 영토 문제, 과거사 문제 등으로 대립 중이다. 동아시아 삼국 간에는 제국주의시대의 불행했던 과거사를 청산해야 하는 과제들이 산적해 있다. 향후 이 같은 문제들은 삼국 국민의 역사 인식의 폭이 넓어지면서 점차 해결될 것으로 기대된다. 그리고 동아시아 삼국은 독자적인 국민국가로 공존하면서 꾸준히 평화공동체를 모색할 것으로 전망된다. 그런 점에서 한국의 동아시아 담론은 소중한 자산이 될 수 있을 것이다.

한국이 동아시아 담론을 선도하려면 한국 사회의 수준을 한 단계 높일 필요가 있다. 오늘날 한류는 한민족의 문화 창조능력을 세계에 유감없이 보여주며 한국 국민에게 자부심을 안겨주었다. 그런데 한류는 민주주의의 선물이기도 하다. 그러므로 한국의 동아시아 담론이 서구 문명의 대안을 제시하거나 동·서문명의 융합에 성공하려면 한국 민주주의의 수준이 서구의 선진국 수준을 넘어설 필요가 있다.

참고문헌

강만길 외, 『통일 지향 우리민족해방운동사』, 역사비평사, 2000.

공제욱·정근식, 『식민지의 일상 지배와 균열』, 문화과학사, 2006.

구대열, 『한국 국제관계사 연구』 1, 역사비평사, 1996.

곽건홍, 『일제의 노동정책과 조선 노동자』, 신서원, 2001.

김광운, 『북한 정치사 연구』 1, 선인, 2003.

김세중·문정인 편, 『1950년대의 한국사의 재조명』, 선인, 2004.

김용구, 『세계외교사』, 서울대학교 출판부, 1995.

민주화운동기념사업회, 『유신과 반유신』, 선인, 2005.

_____, 『1970년대 민중운동 연구』, 선인, 2005.

_____, 『한국 민주화운동사 연표』, 선인, 2006.

신명직, 『모던뽀이 경성을 거닐다』, 현실문화연구, 2003.

신성곤·윤혜영, 『한국인을 위한 중국사』, 서해문집, 2005.

전상숙 외, 『일제 파시즘 지배정책과 민중생활』, 혜안, 2004.

연세대학교 국학연구원, 『일제의 식민지배와 일상생활』, 혜안, 2004.

오장환, 『한국 아나키즘운동사』, 국학자료원, 1998.

유영익, 『수정주의와 한국현대사』, 연세대학교 출판부, 1998.

은수미, 『IMF 위기』, 책세상, 2009.

이송순, 『일제하 전시 농업정책과 농촌 경제』, 선인, 2008.

이영미, 『한국 대중가요사』, 민속원, 2006.

이용원, 『제2공화국과 장면』, 범우사, 1999.

이정은, 『3·1 독립운동의 지방시위에 관한 연구』, 국학자료원, 2009.

이지누 편, 『잃어버린 풍경』, 호미, 2005.

전명혁, 『1920년대 한국 사회주의 운동연구』, 선인, 2006.

전재호, 「민족주의와 역사의 이용」, 『사회과학연구』 7, 서강대학교 사회과학연구소, 1998.

한국민족운동사학회, 『한국민족운동사연구』 38, 국학자료원, 2004.

한국정신문화연구원 편, 『1960년대의 정치사회변동』, 백산서당, 1999.

_____, 『1960년대의 대외관계와 남북문제』, 백산서당, 1999.

한국정신문화연구원 현대사연구소 편, 『한국현대사의 재인식』 2, 오름, 1998.

_____, 『한국현대사의 재인식』 4, 오름, 1998.

_____, 『한국현대사의 재인식』 5, 오름, 1998.

한림대학교 아시아문화연구소, 『미군정기 한국의 사회변동과 사회사』 1, 한림대학교 출판부, 1999.

한배호 편, 『한국현대정치론』 2, 오름, 1996.

허수열, 『개발없는 개발』, 은행나무, 2005.

허영란, 『일제 시기 장시 연구』, 역사비평사, 2008.

허 종, 『반민특위의 조직과 활동』, 선인, 2003.

현광호, 『한국 근대 사상가의 동아시아 인식』, 선인 2009.

나카무라 마사노리, 우재연·이종욱 역, 『일본전후사』, 논형, 2006.

마이클 하워드, 차하순 역, 『20세기의 역사』, 가지않은길, 2000.

엘리자베스 키스·엘스펫 K. 로버트슨 스콧, 송영달 역, 『코리아』, 책과 함께, 2006.

존 오버더퍼, 이종길 역, 『두 개의 한국』, 길산, 2002.

찾아보기

■ 현광호

역사학자. 고려대학교 사학과를 졸업했고, 동대학교에서 문학박사 학위를 취득했다. 외세의 한국 인식과 한국의 외세 인식에 대해 연구를 했다.

주요 저서로는 『대한제국의 대외정책』, 『대한제국과 러시아 그리고 일본』, 『한국 근대 사상가의 동아시아 인식』, 『세계화시대의 한국근대사』, 『세계화시대의 한국현대사』, 『서구 열강과 조선』, 『고종은 외세에 어떻게 대응했는가』, 『대한제국의 재조명』, 『새로운 시각으로 보는 개항기 조선』 등이 있다.

그밖에 다수의 한국근대사 논문을 집필했다.